U0921338

珍藏本
纪念版

汉译世界学术名著丛书

狄德罗哲学选集

江天骥 陈修斋 王太庆 译

2017 年 · 北京

本书是北京大学哲学系外国哲学史教研室组织翻译的。其中"哲学思想录"、"哲学思想录增补"、"对自然的解释"等篇是陈修斋翻译，王太庆校阅的；"关于物质和运动的哲学原理"、"达朗贝和狄德罗的谈话"、"达朗贝的梦"、"谈话的继续"等篇是王太庆翻译，江天骥校阅的；"拉摩的侄儿"是江天骥翻译，陈修斋校阅的。翻译时根据的是阿赛札（J. Assézat）所编的《狄德罗全集》（Oeuvres Complètes de Diderot）巴黎伽尔尼耶兄弟出版社（Garnier Frères，Libraires-Editeurs）1875 年版第一、二、五卷，也曾参考了 Jean Varloot：Diderot—textes choisis；J. S. & J. Kemp：Diderot，Interpreter of Nature；以及"拉摩的侄儿"的法文单行本和歌德所译该书的德文译本等。

汉译世界学术名著丛书
（120年纪念版·珍藏本）
出 版 说 明

2017年2月11日，商务印书馆迎来120岁的生日。120年前，商务印书馆前贤怀揣文化救国的理想，抱持“昌明教育，开启民智”的使命，立足本土，放眼寰宇，以出版为津梁，沟通中西，为中国、为世界提供最富智慧的思想文化成果。无论世事白云苍狗，潮流左右激荡，甚至战火硝烟弥漫，始终践行学术报国之志，无改初心。

迻译世界各国学术名著，即其一端。早在20世纪初年便出版《原富》《天演论》等影响至今的代表性著作，1950年代后更致力于外国哲学和社会科学经典的译介，及至1980年代，辑为“汉译世界学术名著丛书”，汇涓为流，蔚为大观。丛书自1981年开始出版，历时三十余年，迄今已推出七百种，是我国现代出版史上规模最大、最为重要的学术翻译工程。

丛书所选之书，立场观点不囿于一派，学科领域不限于一门，皆为文明开启以来，各时代、各国家、各民族的思想与文化精粹，代表着人类已经到达过的精神境界。丛书系统译介世界学术经典，引领时代思想，为本土原创学术的发展提供丰富的文化滋养，为推动中国现代学术和现代化进程做出了突出的贡献。

为纪念商务印书馆成立120周年，我们整体推出“汉译世界学术名著丛书”120年纪念版的珍藏本，寄望既利于文化积累，又便于研读查考，同时向长期支持丛书出版的译者、编者和读者致以敬意。

两甲子后的今天，商务印书馆又站在了一个新的历史时间节点上。我们不仅要铭记先辈的身影和足迹，更须让我们的步伐充满新的时代精神。这是商务人代代相传的事业，更是与国家和民族的命运始终紧密相连的事业。我们责无旁贷，必须做好我们这代人的传承与创造，让我们的努力和成果不仅凝聚成民族文化的记忆，还能成为后来人可以接续的事业。唯此，才能不负前贤，无愧来者。

商务印书馆编辑部

2017年10月

目　次

哲学思想录

（1746）

谁读这个？

——柏尔修讽刺诗第一首第二行

我写到上帝；我不打算有多少读者，而只切望有几个人赞成。如果这些“思想”使任何人都不喜欢，它们就只能是坏的；可是如果它们使所有的人都喜欢，我就认为它们是可憎的了。

一

人们无穷无尽地痛斥情感；人们把人的一切痛苦都归罪于情感，而忘记了情感也是他的一切快乐的源泉。因此，情感就其本身性质说，是一种既不能说得太好也不能说得太坏的因素。但使我感到不平的是人们总是从坏的方面来看情感。如果有人说了一句话对理性的敌人有利，人们就以为伤害了理性了；可是只有情感，而且只有大的情感，才能使灵魂达到伟大的成就。如果没有情感，则无论道德文章就都不足观了，美术就回到幼稚状态，道德也就式微了。

二

情感淡泊使人平庸。如果当问题在于保卫祖国的时候，我去抵抗敌人，我就只是一个通常的公民。如果一位朋友的死亡使我眼看着自己的死亡，我的友谊就只是一种瞻前顾后的友谊。生命对我如果比情妇更宝贵，我就只是一个和别人一样的情人。

三

情感衰退使杰出的人失色。一勉强就消灭了自然的伟大和力量。你看这棵树；多靠它的枝叶茂密，你才得到它的清凉宽广的浓荫：你可以一直享受到冬天来到，凋尽它的绿叶。当迷信完成了使气质衰老的工作时，诗歌，绘画、音乐中就再没有出色之处了。

四

会有人对我说，那么有强烈的情感倒是一种幸福了。是的，如果一切情感都和谐一致，当然是这样的。要在它们之间建立起一种充分的和谐，而又不要顾虑凌乱。如果希望为恐惧所制约，好体面为爱生命所制约，贪图快乐为关心健康所制约，你就既看不到放荡的人，也看不到冒失鬼，也看不到懦夫了。

五

有意摧残情感，是绝顶的蠢事。一个像疯子一样折磨自己的虔信者，打算什么也不向往，什么也不爱，什么也不感受，如果真做到这样的话，结果将变成一个真正的怪物完事，这才是好打算！

六

一种品质，在一个人身上成为我尊重的对象，能不能在另一个人身上成为我轻视的对象呢？当然不能。不以我的一时之见为转移的真理，应该是我的判断的准则；我绝不会把我在那个人身上当作一种德性景仰的品质看成这个人身上的一种罪恶。我会不会认为，虽则自然与宗教应该一视同仁地管理一切的人，却只有某些人可以作出完美无疵的行为呢？更加不会；因为他们这种专有的特权是从哪里得来的呢？如果巴柯谟[1]和人类断绝交往而把自己埋在孤独之中是对的，就不能禁止我模仿他；我一模仿他，就应当算是和他一样有道德的；我看不出为什么成百的别人就不能有同我一样的权利。可是这样就会出现一种多么奇怪的景象：整个省份的人，因为害怕社会的危险，就散居在森林之中；居民们都为了修成圣者而过着野兽一样的生活；在各种社会情爱的废墟上竖起了

① 巴柯谟，四世纪初时隐修士清规的创立者。——译者

千百根圆柱；出现了一个柱居人[①]的新民族，为宗教而剥夺了自己的自然感情，不再做人而装成塑像，以便做真正的基督徒。

七

什么样的声音！什么样的叫喊！什么样的呻吟叹息啊！是谁把这些痛哭流涕的死尸都关在这些牢狱中的呢？这些不幸的人都犯了什么罪呢？有一些用石块捶打着自己的胸部；另外一些用铁爪子撕裂着自己的身体；大家眼睛里都有着悔恨、痛苦和死亡的神情。是谁罚他们受这些苦的呢？……是他们触犯了的上帝……那么这上帝是什么样的呢？是一位充满了善心的上帝……一位充满了善心的上帝竟会欢喜把自己浸在眼泪里！这些恐怖不会伤害他的仁慈吗？如果有些罪犯必须使一个暴君的狂怒平息，他们还能再多做些什么呢？

八

有一些人，不应当说他们敬畏上帝，但是很可以说他们是害怕上帝的。

① 柱居人即住在圆柱上的人。古时有些隐修士，为了与世隔绝，就独自住在一根圆柱顶上修行。——译者

九

就人们为我描绘出的最高实体的形象看来，就他易怒的倾向看来，就他报复的严酷看来，就表示他任其覆灭与肯加救援的人数比例的某些比较看来，最正直的人是会倾向于愿他不存在的。如果人能得到相当的保证在另一个世界里没有什么可怕的，那么人在这个世界上是会相当平静的：认为上帝不存在的思想，从不曾使任何人感觉恐怖，但是认为有一个像人们为我描绘的那样上帝存在的那种思想则大为不然。

十

不应该把上帝想像得太好，也不应该把他想像得太坏。公道存在于过分的仁慈与残酷之间，有限的受罪也同样存在于免罪与永恒的受罪之间。

十一

我知道，对那些迷信的阴暗观念，一般是赞成的多而遵从的少；有一些信徒就并不认为要热爱上帝就必须痛恨自己，要虔信宗教就必须在绝望中过活：他们的虔信是愉快的，他们的智慧是非常有人性的；可是俯伏在同一祭台脚下的人们之间的这种感情上的差别，是从哪里产生的呢？难道虔诚也遵从这该死的气质的法则吗？啊！怎么能否认气质呢？气质在一信徒身上的影响只是表现得太明显了。他照着他的心情，或者看到一个爱报复的上帝，或者看到一个慈悲的上帝，或者看到地狱，或者看到敞开的天堂；他或者怕得发抖，或者燃烧着爱；这是一种大冷大热的冷热病。

十二

是的，我是主张迷信比无神论对上帝更有害的。普鲁泰克说："我宁愿人们认为世界上从来没有普鲁泰克存在过，也不愿人们认为普鲁泰克是不公正的，易怒的，反复无常的，妒忌的，爱报复的，并且是那样使人不快的。"

十三

只有自然神论者可以和无神论者对抗。迷信者是无能为力的。他的上帝只是一个想像的东西。除了关于物质的困难之外，他还要碰到由他的概念的错误而产生的一切困难。对一个万尼尼来说，一个柯某，一个莎某，将比世界上所有的尼古拉们和巴斯噶们更麻烦一千倍。[①]

① 万尼尼(1585—1619)，意大利无神论哲学家，以"无神论罪"于1619年被烧死。此处的柯某和莎某系指英国的自然神论者柯特华兹和莎夫兹柏利。尼古拉(1625或1628—1695)，道德家及神学家，有名的"道德论"的作者。巴斯噶(1623—1662)，有名的法国数学家、物理学家、哲学家，著有为基督教作辩护的"思想录"。——译者

十四

巴斯噶有正确之处;但是他胆小而且轻信。他是有才华的作家和深刻的理论家,如果不是天意把他交给了那些由于自己的怨毒而牺牲了他的才能的人,他一定可以阐明这个宇宙。如果他能让当时的神学家们去负责解决他们的争端;如果他能充分利用他从上帝得来的智能,献身于追求真理,毫无保留并且不怕冒犯上帝,尤其是如果他能拒绝认那些其实不配做他学生的人做老师,那该多好!天才的拉·莫德说拉·丰丹的话,也很可以用在巴斯噶身上:认为亚尔诺、德·沙西和尼古拉比他好些,是相当愚蠢的。

十五

“我告诉你上帝是没有的;上帝创造世界是一种妄想;世界的永恒性并不比一个心灵的永恒性更不合适;因为我不能设想,运动虽然这样好地具有着守恒的品性,却如何产生出宇宙来,而为了要解除这一困难,就来假设一个我更不能设想的东西的存在,这是可笑的;如果物理世界范围内所表现出的那些奇事显得有某种智慧,那么在道德世界范围内统治着的无秩序就把全部的天意化为乌有了。我告诉你,如果一切都是一个上帝的作品,那么一切就都应该是不可能更好的:因为如果一切不是不可能更好的,那就是上帝无能或有恶意了。那么,我对他的存在不甚明了,也就是最好的了:既是这样,我又要你们这些启迪干什么呢?如果也同样证明了整个的恶也不失为一种善的源泉；证明了布利丹尼古斯这个最好的王子死了是好的，而尼隆这个最坏的人统治国家也是好的[①]；那么怎么样可以证明不用同样的方法就不可能达到同样的目的呢？容许罪恶以便显示德性的光芒，这样只有一点很不足道的好处，而弊病却是很实在的。”无神论者说，这就是我对你们的反驳；你们将如何回答呢？……“因为我是个大罪人，因为我如果丝毫没有要畏惧上帝的地方，我就不会打击他的存在。”这话让夸夸其谈的人去说吧：这话可能触犯真理；礼貌也不容这样说，并且这话显得缺乏仁爱。因为一个人犯了不信上帝的错误，难道我们就有理由伤害他吗？只有当缺乏证明的时候，才求援于詈骂。在两个辩论者中间，要是一百人都打赌说某一个人错了，那个可能错了的人也会动怒的。曼尼普[②]曾对尤比德说：“你不回答而大发雷霆，那么你是错了吗？”

十六

有一天有人问一个人是否有过真正的无神论者。他回答道：你相信有过真正的基督徒吗？

---

① 布利丹尼古斯是罗马皇帝格老地的儿子，尼隆是格老地的养子，继他的位做罗马皇帝。布利丹尼古斯是被尼隆毒死的。——译者

② 曼尼普，希腊哲学家，纪元前三世纪时人，犬儒派。——译者

十七

全部形而上学的胡扯，都抵不过一个“即以其人之道还治其人之身”的论证。要服人，有时只要唤醒身体上或精神上的感觉就行了。有人就曾用一根棍子，为庇罗派的人证明他否认自己的存在是错了。加尔都士[①]手里拿着手枪，就可以给霍布士一个同样的教训：“不拿钱来就拿命来；这里只有咱们俩，我比你强，咱们之间不是什么公道问题。”

十八

无神论所受到的巨大打击，并不是出于形而上学者之手的。要动摇唯物主义，马尔布朗士和笛卡儿的那些卓越的沉思，还不如马尔丕基[②]的一个观察适当。如果说唯物主义这一危险的假设在我们今天已经摇摇欲坠，荣誉是应该属于实验物理学的。只是在牛顿、穆申勃洛克[③]、哈特措克[④]和纽文蒂特[⑤]的作品中，人们才找到关于一个具有最高智慧的实体的存在的充足证据。多亏这些伟大人物的工作，世界才不再是一个神，而是一架机器，有它的齿轮、

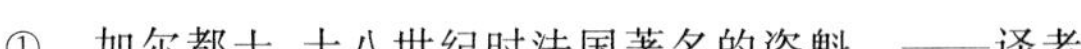

① 加尔都士，十八世纪时法国著名的盗魁。——译者

② 马尔丕基(1628—1694)，杰出的意大利生物学家和解剖学家。——译者

③ 穆申勃洛克(1692—1761)，荷兰数学家。——译者

④ 哈特措克(1656—1725)，荷兰哲学家和光学家。——译者

⑤ 纽文蒂特(1654—1718)，荷兰数学家。——译者

缆索、滑车、弹簧和悬摆。

十九

本体论的那些精细推论，至多只是使人成为怀疑论者；只有对自然的认识，才使人成为真正的自然神论者。单单细菌的发现，就消解了无神论的一个最有力的反驳。不管运动是物质的本性，还是物质的偶然性质，我现在已深信它的结果最后在于发展：一切的观察都向我指明，单单腐烂是不会产生任何有机物的；我可以承认，最卑微的昆虫的机构是和人的机构一样奇异的，我也不怕人们由此推论说分子的一种内部活动既然能产生昆虫，似乎也就产生了人。如果有一位无神论者在二百年前提出一个看法，认为也许有一天会看到一些人完全成形地从地心中冒出来，就像我们看到一群虫子从一块发臭的肉中孵化出来一样，我倒很想知道一个形而上学者是如何回答他的。[①]

二十

我曾试用经院学派的烦琐推论去反对一个无神论者，结果是徒然；他甚至就从这些推论的弱点中取得了一个相当有力的反驳理由。他说：“人们已为我把许许多多无用的真理证明得无可争辩

① 这里狄德罗是指勒地关于昆虫的生殖的实验，正如前一条中的意思一样，他在这里是想谈由于望远镜和显微镜这两种奇异的仪器的发明而获得的那些发现。——全集编者原注

了；但上帝的存在，道德上的善和恶的实在性，灵魂的不死，在我还依旧是问题。怎么！让我弄清楚这些题目，比起让我相信三角形三内角的和等于两直角来，难道不重要些吗？”当他以巧妙的雄辩家的神气让我一口一口慢慢喝尽了这一杯思想的苦酒时，我又提出一个问题，重掀起这场战斗，这个问题在一个正踌躇满志于最初胜利的人看来，应该显得很奇怪……我问他，你是一个有思想的东西吗？……他以一种自满的神气回答道：“你难道能怀疑这一点吗？”……为什么不能呢？我对那个制服了我的对方觉察到了些什么呢？……一些声音和一些运动吗？……可是哲学家在一个被他剥夺了思想机能的动物身上也同样看到这些：为什么我要承认你具有笛卡儿不承认蚂蚁具有的那种东西呢？你在外表上做出了一些动作，相当适于哄骗我你有思想；我是被引得相信你实际上在思想的了；但是理性不让我立刻下判断。它对我说：“在外表行动和思想之间，毫无本质的联系；可能你的对手和他的表一样没有思想：是不是应当把人习惯于和它谈话的第一个动物当作一个有思想的东西呢？有谁告诉过你所有的人就不是像鹦鹉一样，在你不知道的时候被教会说话的呢？……”他答复我说：“这个比喻至多只是很巧妙而已；我们不应当根据运动和声音，而应当根据观念的连贯，各个命题之间的前后一致，以及各个推论之间的联系，来断定一个东西在思想：如果有一只鹦鹉对什么话都能回答，我将毫不动摇地宣布这是一个有思想的东西……可是这个问题和上帝的存在有什么共同之点呢？难道你一给我指明了我认为最有智能的人也许只是一个自动机械，我就会比较倾向于承认自然中有一个心智吗？……”我又说：这是我的事，可是你得同意，否认你的同类有

思想能力将是发疯。“当然，可是由此就会得出什么结论来呢？……”由此可见，如果这个宇宙，我说什么宇宙！如果一只蝴蝶的翅膀给予我一个心智的一些迹象，而这些迹象比起你仅仅从你的同类赋有思想能力这一点得到的那些征象来，要明显一千倍，那么，否认有一位上帝存在，比起否认你的同类有思想来，也要狂妄一千倍。然而，尽管如此，我还是诉诸你的灵明，你的意识：你有没有注意到，在任何一个人的推理、活动及行为中，都比一个昆虫的机构中有更多的心智，条理，灵敏，和一贯性呢？神性印在一个小虫的眼睛中，不是和思想能力印在伟大的牛顿的作品中一样明显吗？怎么！实际世界难道不如理论世界更证明有一个心智存在吗？……这是什么样的主张！……你答辩说：“可是，我像承认我自己在思想一样，甘愿承认旁人也有思想能力啊……”好，我同意这一点，自负我是没有的；可是我不是以我的证明比你的高明而得到了补偿吗？由自然的作品证明自然中有一个最高实体的心智，不是比由哲学家的著作证明一个哲学家有思想能力更清楚吗？那么你再想一想，我还只是以一个蝴蝶的翅膀，以一个虫子的眼睛来反驳呢！而我本来是可以用整个宇宙的重量把你压倒的。要么就是我自己大错特错，要么就是这证明比人家在学校里教导的证明好得多。就是根据这一推论，及若干其他同样简明的推论，我才承认有一位上帝存在，而并不是根据那些枯燥的形而上学的观念组织，这套组织是不适于揭露真理的，而只能给真理一种谬妄的气氛。

二十一

我打开一位有名的教授[①]的笔记本，读到这样的话："无神论者们，我同意你们所说的运动是物质所固有的；从这里你们得出什么结论呢？……是说世界是原子的偶然投掷所造成的结果吗？我也同样宁愿你们告诉我说，荷马的'依利亚德'或伏尔泰的'亨利亚德'是许多字的偶然投掷所造成的结果。"我要留心把这个推论说给一个无神论者听去：这个比喻会给他一个很重的打击。他会告诉我说，根据分析掷骰子的规律，如果一件事是可能的，对它的发生我就不应该感到惊奇，至于这件事的难于发生，将从投掷的次数得到补偿。同时以十万颗骰子，要掷出十万个六来，我是有很多次数可以赢的。人家提议让我用来偶然产生"依利亚德"的字母，不论是怎样一个有限的数目，也总有这样一个数目的投掷次数，可以使这一提议对我有利的；要是约定的投掷次数是无限的话，我的好处甚至也是无限的。他又将继续说：你愿跟我同意，物质是永恒存在的，而运动是为它本性固有的。为了报答你这好意，我将跟你假定世界是没有界限的；原子之多是无限的，而这使你惊讶的秩序是毫无悖谬之处的：而从这彼此的同意中，不能得出别的结论，只能是偶然产生这宇宙的可能性是很小的，但投掷次数的量是无限的，这就是说，事情的困难，是绰有余裕地为投掷次数之多所补偿了。

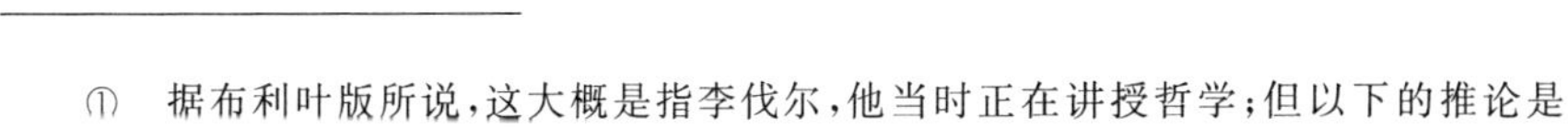

① 据布利叶版所说，这大概是指李伐尔，他当时正在讲授哲学；但以下的推论是在一切教授的笔记本中都基本上可找得到的。——全集编者原注

那么,如果说有什么当为理性所不能接受的话,就是这样的假定,就是说物质既然是永恒运动的,并且在无数次的可能的组合中,既然也许有无数令人赞叹的安排,而在它连续地出现的无限多次的安排中,竟不会碰到一次这种令人赞叹的安排。因此,心灵与其对于这宇宙的实在产生感到惊奇,倒不如更应该对这种假设的混沌之持久感到惊奇。

二十二

我把无神论者分为三类。有一些是干脆地告诉你说上帝是没有的,并且也是这样想的:这是真正的无神论者;有相当多的人是只知道想这问题,并且很情愿决定这个或正或反的问题的:这是怀疑论的无神论者;更多的人是愿意没有上帝的,他们做得好像深信这一点的样子,并且好像他们是无神论者那样生活:这些是吹牛皮的家伙。我讨厌这些吹牛皮的家伙;他们是虚伪的;我可怜那些真正的无神论者;我似乎觉得对于他们一切安慰都死绝了;而我为那些怀疑派祈求上帝;他们缺乏光明。

二十三

自然神论者肯定有一位上帝存在,肯定灵魂不死和它的后果:怀疑论者对这些问题都不加确定;无神论者则否定它们。因此,要成为有道德的人,怀疑论者就比无神论者多一种理由,而比自然神论者少某种理由。若没有对立法者的恐惧,没有性情上的倾向及对于道德的实际好处的认识，则无神论者的正直将缺乏基础，而怀疑论者的正直则将是基于一个“或许”之上的。

二十四

怀疑论是不适合于一切人的。它得有一个前提，就是一种深刻的并且不计利害的考察：那种因为不知道可信的理由所以怀疑的人，只是一个无知的人。真正的怀疑论者是思考并且权衡过这些理由的。但权衡推理并不是一件小事。我们有谁确切地知道这种推理的价值呢？对于同一真理，拿出一百条证明来，任何一条都不会没有赞同的人的。每一个心灵都有它的望远镜。在你眼里根本不存在的一个反驳，在我眼里却如一个巨像屹立着：一个理由在你觉得轻如鸿毛，在我却重如泰山。如果我们对本身固有的价值看法是如此分歧，我们又将如何对相对的分量取得一致呢？请告诉我，究竟需要多少道德上的证明才能与一个形而上学的结论相平衡呢？究竟是我的这副眼镜不准还是你的不准呢？那么，既然权衡理由是这样困难，既然没有一个问题不是有人赞成有人反对，并且几乎总是同等的分量，为什么我们要决断得这样快呢？我们这种如此断然的口气是从哪里来的呢？那种独断的自满，总是事与愿违，这种情形我们不是碰到过千百次吗？“试笔”的作者曾说（第三卷，第十一章）：“当人家对我把那些似乎是真的东西确定为必然无误时，就使我对那些东西觉得讨厌：我喜欢这些使我们的命题的冒险性减弱或缓和的字眼，如偶然、任何、某种、据说、我想以及诸如此类的字；而且如果要我去教育儿童的话，我将让他们口中

常带着这种探询的而不是决断的答话的口气，如：这怎么说？我不懂，可能是，真的吗？之类，使他们毋宁到六十岁也保持着学徒的样子，而不是像他们现在那样，才十岁就俨然像老博士了。”

二十五

什么是上帝？这问题是对小孩就提出的，而哲学家对它也很难回答。

人家都知道一个小孩到什么年龄应该学写字，学唱歌，学跳舞，学拉丁文，学几何。唯独在宗教这件事情上就丝毫不管他力所能及的程度了；他刚一有点懂事，人家就问他：什么是上帝？就在同一时刻，从同一张嘴里，他学到有小鬼，有精灵，有“狼妖巫”，还有一个上帝。人家以这样一种方式再三叮嘱他一条最重要的真理，这种方式就使他有一天可以在他理性的裁判所前面贬抑这条真理。实在，如果到了二十岁，他发现上帝的存在在他头脑里是和一大堆可笑的偏见混在一起，因此就来否认它，并且也像我们的审判官处理一个偶然和一群恶棍搅在一起的好人一样来处理它，这又有什么令人奇怪的呢？

二十六

人们对我们谈上帝谈得太早；另一缺点是人们又不够坚持上帝的在场。人们已把上帝从他们之中驱逐出去了；他们把他禁闭在一个圣殿中；寺院的围墙挡住了他的视线；在这外面他就不存在了。你们是多么傻啊！把这些拘束你们的观念的藩篱摧毁；把上帝扩大；看到他到处都在，或者就说他根本不存在。如果有一个小孩要我来教育的话，我就要使上帝成为他一个如此实在的伴侣，使他觉得成为一个无神论者比起和上帝分开也许更不值得。我将不引一个他有时认为比他更坏的旁人做榜样，而直截了当地告诉他：上帝听着你，而你说谎。年轻人是喜欢能感觉到的东西的。因此我将在他周围增加许多表示上帝在场的记号。例如，假若在我家里要有一个聚会，我就要为上帝指定一个座位，而我将使我的学生习惯于说：我们是四个，上帝，我的朋友，我的师傅和我。

二十七

无知和好奇是两个很软的枕头；但要觉得它们确是这样软，必须有生得和蒙田一样好的头[①]。

二十八

有沸腾的心灵和热烈的想像的人们，是和怀疑论者的迟钝不相容的。他们宁愿匆忙地作一选择而不愿不作任何选择；宁愿陷于错误也不愿过不确定的生活：或者因为不相信自己的胳膊，或者因为怕那水深，总之人家看到他们永远挂在那树枝上，他们完全感

① “啊！无知和好奇，是一个多么柔软并且良好的枕头，来安置一个生得很好的头。”见蒙田“试笔”，第三卷，第十三章。——译者

觉到那树枝是很软的，而他们宁愿挂在那里，不愿投身在激流中。他们肯定一切，虽然他们丝毫也没有留心地考察过：他们对什么也不怀疑，因为他们既无这种耐心，也无这种勇气。受着那决定他们的微光的支配，如果凑巧他们也碰到真理，这并不是由于摸索，而是突然的，并且好像是由于天启。他们就是在独断主义者中间所谓信徒中的自称得天启的幻想者。我曾经见过这不安定的一类中的一些个人，他们就不能设想人如何能把心灵的平安和犹疑不决结合起来。“不知道自己是谁，自己从哪里来，到哪里去，和为什么来了，竟是幸福的生活的方法！”怀疑论者冷冷地回答道，我自夸不知道这一切，而并不更不幸些，如果当我问到我的境况时，我发现我的理性哑口无言，这丝毫不是我的过错。整个一生我将不知道那我不可能知道的，而并没有什么忧愁。对于那些我不可能给自己的知识，并且我既然被剥夺了这种知识，它们对我大概也不是十分必要的，我为什么要因为没有它们而觉得遗憾呢？我们这时代第一流的天才之一[①]曾说过：这样我将也一样喜欢为没有四只眼睛、四只脚和两只翅膀而认真发愁了。

二十九

人家应该要求我追求真理，但不能要求我一定找到真理。一个诡辩就不能比一个可靠的证明更深地打动我吗？我被迫同意把假的当作真的，而把真的当作假的来加以抛弃；但是，如果我是无

① 指伏尔泰。——译者

辜地弄错了,我又怕什么呢?人并没有因为在这个世界中曾有智能而在另一世界中得到报偿:那么就会因为在这个世界中缺乏智能而在另一世界中受到惩罚吗?因为一个人不善推理就罚他,这是忘了他是一个傻子而把他当作一个坏人一样来处理了。

三十

什么是怀疑论者?这就是一个哲学家,他曾怀疑过他所相信的一切东西,而相信他的理性和感觉的合法应用给他指明为真的东西。你还要什么更确切些的定义吗?使庇罗派人认真起来,你就会看到怀疑论者了。

三十一

凡是从来没有被当作问题的,都是丝毫没有经过证明的。凡是未经毫无成见地考察过的,就是从来未经很好地考察过的。因此,怀疑论是走向真理的第一步。它应该是一般的,因为它是真理的试金石。如果哲学家为了确定上帝的存在,是从怀疑其存在开始,那么还有什么命题能逃脱这种证明呢?

三十二

不信有时是傻子的毛病,而轻信则是聪明人的缺点。聪明人对广阔的可能看得很远;傻子则几乎只把实际存在的东西看作可能的。也许就是这一点使得一个很怯懦而另一个很冒失。

三十三

相信得太多和相信得太少同样是冒险。做一个多神论者比做一个无神论者，其危险既不多些也不少些：而只有怀疑论能同样保证在任何时候任何地方都不趋于这相反的两极端。

三十四

一种半怀疑论是一个心灵软弱者的标志；他显得是一个怯懦的推论者，让推论出来的结论把自己吓倒；他是一个迷信者，以为束缚他的理性就是尊崇了他的上帝；他是一种无信仰者，怕对自己撕破假面具：因为如果如半怀疑论者所深信那样，真理在考察中丝毫不会失去什么，那么对那些他怕加以探测的，像放在一个他不敢接近的圣殿里那样放在他脑子的一个角上的有特权的概念，他的灵魂深处究竟怎样想的呢？

三十五

我听到到处都在喊不信神。基督教徒在亚洲是不信神的，伊斯兰教徒在欧洲，罗马天主教徒在伦敦，加尔文教徒在巴黎，冉森教徒在圣雅各路以上，莫利那教派在圣美达郊区以下都是不信神的人。那么究竟什么是不信神的人呢？所有的人都是，还是没有人是不信神的呢?

三十六

当那些虔信的人对怀疑论大发脾气时,我觉得他们是不大了解自己的利益的,或者是他们自相矛盾的。如果确实一种真的宗教信仰之为人采取,和一种假的宗教信仰之为人抛弃,是只要很好地认识就够了,那么将很可以希望一种普遍的怀疑散布于全球,一切民族都愿把他们的宗教的真理当作问题来探讨一番:我们的传教士将发现他们的事业的一大半已经完成了。

三十七

凡是经过选择而没有保持他因教育而接受的宗教信仰的人,是不能以是一个基督教徒或伊斯兰教徒自负的,正如不能以生来不是瞎子或跛子自负一样。这是一种幸运,而不是一种功劳。

三十八

一个人若为一种他认为虚伪的宗教信仰而死,他将是一个疯狂的人。

一个人为一个虚伪的,但他信以为真的宗教信仰而死,或为一种真的,而他并没有证明的宗教信仰而死,是一个热狂的盲从者。

真正的殉道者是为一种真正的,并且共真理已为他证明了的宗教信仰而死的人。

三十九

真正的殉道者是等待着死亡；狂信者则奔向死亡。

四十

一个人在麦加，若跑去侮辱了穆罕默德的遗骸，推翻了他的祭台，扰乱了整个清真寺，他一定会被处以长棍贯体的刑罚，也许不会被封为圣者。这种热心已不再时行了。玻利欧克德在我们今天将只是一个疯子。

四十一

那种天启、奇迹、非常的使命之类的时代是过去了。基督教已不再需要这种胡诌了。一个人若在我们之间想来充当约拿那样的角色，跑到街上去大喊说："再过三天，巴黎就要没有了；巴黎人啊！赎罪吧！用麻袋和灰把自己盖起来吧！否则过三天你们就要死了！"他将马上被抓住，并且被拖到一个法官面前去，法官也就一定会把他送进疯人院。他将很可以说："人民啊！上帝爱你们就不如爱尼尼微人吗？你们就比尼尼微人罪少些吗？"人们也不会有那样的兴致去回答他；而把他当作一个幻想者，人们也不会等他那预言的期限的。

以利亚高兴时可能从另一世界回来；人们就是这样，他将会做出一些伟大的奇迹，要是他在这世界里受到很好的接待的话。

四十二

当有人向人民宣告一种与占统治地位的宗教相冲突的教条，或某种违反公共治安的事时，就算他用一些奇迹证明了他是负有上帝的使命的，政府也还是有权惩治他，而人民也有权喊着：“把他钉上十字架！”把人心交给一个骗子的诱惑，或交给一个幻想者的梦想，有什么危险不会发生呢？如果说耶稣基督的血曾喊着对犹太人复仇，那是因为当他们使他流血时，他们塞住耳朵不听摩西和先知们宣告他是弥赛亚的声音。就算一位天使刚从天上下来，就算他用许多奇迹来支持他的理论，如果他的说教违反耶稣基督的法律，保罗也还是愿人家把他斥为异端而予以弃绝的。因此要判断一个人的使命，应该不是凭那些奇迹，而是看他的教义是否符合他自称被差遣到他们中间的人民的教义，**尤其是当这人民的教义已被证明为真的时候**。

四十三

在一个政府之中，一切革新都是可怕的。即使最健康最温和的宗教，就像基督教，它的巩固下来也不是没有引起某些麻烦的。基督教会的最初的儿女，是不止一次地背弃了为他们规定的节制和忍耐。请允许我在这里引几段朱里安帝的一篇敕令中的片断；

它们将非常清楚地表现出这位哲学家君主的天才,和他那时的虔信者的脾气。

朱里安说:“我曾想像,那些加利利人的首领们将感觉到我的办法和我的前任的办法是多么不同,而他们将会对我有些满意的;他们在他统治之下曾遭受到放逐和囚禁,并且人家曾把他们之中称为异端的人杀害了许多……在我的统治之下,则曾召回了被放逐的人,释放了被囚禁的人,并且发还了被剥夺的财产。但是这一类的人是如此不安和狂暴,以致一旦他们失去了彼此互相吞噬和对于无论信从他们的教条或遵奉法律许可的宗教的人加以迫害的特权,就不惜任何手段,不放过任何机会来激起叛乱;这些人是毫不顾真正的虔信,并且毫不尊重我们的法度的……可是我们并不要人把他们拖到我们的祭台脚下,也并不要人对他们施残暴……至于这个下贱民族,似乎是他们的首领激起了他们的叛逆精神;这些首领对我们加在他们的权力上的限制极为愤怒;因为我们曾禁止他们进我们的法庭,而他们也不再有处理遗嘱、谋夺合法继承人的位置和侵占遗产的方便了……因此,我们禁止这一民族聚众骚动,以及在其煽动叛变的祭司处结党谋反……我们的官吏已不止一次受那些暴民的伤害,并有被投石打死的危险,愿此敕令使我们的官员得保平安……让这些暴民平静地到他们的首领那里去,让他们在那里祈祷,在那里受训诲,在那里举行他们所接受的宗教仪式;我们允许他们这样:但是让他们放弃一切作乱的计划……如果这些集会被他们用作叛乱的机会,那是他们以身试法,将自取其咎;特此谕知……你们这些无信仰的百姓,应当太太平平地生活……而你们仍忠信于你们本国的宗教和你们祖先的神的人们,

不要迫害你们的邻人,不要迫害你们的同胞,比起他们的邪恶之当受谴责来,他们的无知是更当受怜悯的……要使人归依真理,当凭理性而不是凭残暴。因此我晓谕你们,我忠诚的臣民,让那些加利利人过平安日子。”

这就是这位君主的感情,对于他,人家可以责备他是异教,但不能责备他背教:他的幼年是在各个不同的师傅手下,并且是在各个不同的学校中度过的;而到了比较长大时,他作了一个不幸的选择:他不幸地决定遵奉他祖先的宗教,和信他本国的那些神。

四十四

有一件事使我惊奇的,是这位有学问的皇帝的作品居然一直传到了我们手中。这些作品中包含着一些文辞,固然丝毫无害于基督教的真理,但对于他当时的某些基督徒是相当不利的,足可引起教父们所具有的那种要消灭他们的敌人的作品的特殊注意。大圣格里哥利显然是从他的先辈们那里承继了那种未开化人的热忱,使他热衷于反对文学和艺术。如果一直是这位教皇那样,那我们将也和回教徒的情形一样了,他们全部可读的书就只限于他们的可兰经。因为,那些古代的作家,如果到了一个对宗教原则上欠通的人手中,他以为遵守文法规则也就是使耶稣基督从属于杜那[①],并且确实自以为必须把古代的废墟加以修葺,那么这些作家

① 杜那,拉丁文法学家,直到十七世纪一直占古典教学的独占地位。“杜那”是最早印成的书籍之一。——译者

的命运将会是怎样呢？

四十五

可是，那些圣书上的上帝，并不是一个这样清楚地印在它们之中的字，以致那些圣史家的权威，是绝对地独立不依于世俗作者的证据的。如果必须在我们那样形式的圣经中找出上帝的意旨，我们将是到了何等田地啊！那拉丁文的译文，有多少不是蹩脚可怜的？即使圣经的原文也都不是文章中的杰作。那些先知、使徒和传福音者都是照他们所了解那样写的。如果能容许我们把希伯来民族的历史看作是一种简单的人类心智的产物，那么摩西和他的那些后继者是不会胜过底德李维、萨鲁斯德、恺撒和约瑟的，所有这几位，人家都一定不会猜想他们是凭灵感而写作的。人家不会认为宁爱耶稣会士贝吕叶而不爱摩西吗？在我们的教堂中保存着一些图画，据说是天使和上帝自己画的：如果这些画是出于勒·秀欧或勒·布伦之手，我对这不可记忆的传统能有什么可反对的呢？也许根本就没有了。但当我来观察这些“天上的”作品，而看到不论在构图及在落笔方面，每一步都违反了绘画的规则，艺术的真实到处被弃置不顾时，我只能猜想作者是个无知之徒，因而必须揭露这传统是神怪不经的。如果我不是知道圣经中所包含的东西说得好或说得坏是多么无关紧要，我怎么不会拿这些图画来和圣经作比附呢？那些先知都自诩他说的是真话，而并不自诩说得好。那些使徒岂不都只是为他们所说或所写的东西的真实性而死，而并不是为别的东西而死的吗？回到我所讨论之点来，保存那些世俗

作家的作品，关系岂不重大？这些世俗作家，至少在关于耶稣基督的存在和奇迹，关于彼拉多的气质和性格，以及关于最初的基督徒的行为和殉道等方面，是不能不和这些圣史家一致的。

四十六

你将对我说，整整一个民族都是这事实的证人，你敢否认它吗？是的，只要没有某一位不属于你们一派的人的权威再对我证实，并且我也不知道这位某人是不会热狂和诱骗的，我就将敢于否认。还有。就算有一位公认为大公无私的作者对我说：有一个城中裂开了一个深坑；为这事去问了神，神的回答是说，如果人们把自己所有的最宝贵的东西丢进去，这坑就会合拢；有一位勇敢的骑士自己投入了这深坑，神的话果然应验了，我也不大相信；他若只是简单地说，某地裂开了一个深坑，人们花了相当大的时间和劳力把它填平了，我还要相信得多些。一个事实愈不像，则历史的证据就愈失去分量。即使只有一个老实人告诉我说："皇帝陛下正对同盟军获得了一次全胜"，我可以毫无困难地相信；但即使全巴黎都对我保证说，在巴西有一个死人刚刚复活了，我也丝毫不会相信。一个历史家欺骗了我们，或者是整个民族都错了，这并不是什么奇怪的事。

塔尔昆计划要在罗慕洛斯所建立起来的军队中增加一些新的

骑兵队。有一个卜者对他说，如果没有神的授权，在这军队中做任何改革都是渎神的。塔尔昆为这教士的放肆所激怒，决定要给他一个难堪，并亲自使那妨碍他的权威的技艺失灵，就让人把这卜者叫到公共场所来，对他说："卜者，我所想的事是可能的吗？如果你的学问确如你所吹嘘的那样，就应该使你能够回答。"这卜者毫不惊慌，问了那些卜鸟，就回答说："是的，大王，你所想的是可以做的。"于是，塔尔昆就从他袍子底下抽出一把剃刀，并且手里拿了一块石头，对卜者说："近前来，为我用这剃刀来切开这石头；因为我想这是可能的。"纳维乌斯，这就是这卜者的名字，转向人群，确有把握地说："让人用这剃刀来切石头吧，如果它不马上分开，就让人把我拖到刑场去。"果然，完全出人意外，人们看到石头的坚硬在剃刀的切割下让步了！它的各部分很快地自行分开，以致剃刀就割到了塔尔昆的手，并且在他手上割出了血。惊奇的人民大声欢呼；塔尔昆就放弃了他的计划，并自己宣布为那些卜者的保护人，人们把那剃刀和石头的碎片封存在一个祭坛下面，人们为这卜者立了塑像：这塑像到奥古斯丁在位时都还存在；而不论世俗界和宗教界的古人，在拉克当斯、哈利加纳斯的德尼和圣·奥古斯丁的作品中都为我们证明这事是真实的。

你已经听到了历史的记载了；现在请听一听迷信的说法。迷信的昆都斯对他的兄弟西塞罗说："对于这，你如何回答？你必须自陷于一种可怖的庇罗主义，把那些人民和历史家都当作蠢人，并且把历史都烧了！否则就得承认这事实。你宁愿否认一切，也不肯承认神们参加我们的事务吗？"

"我在这里不能任意使用哲学家的证据，因为这些证据可能是真的，可能是假的，也可能是虚构出来的。我们需要的证据和理由，就是对经常遇到的事情，尤其是对那些使我不能相信的事情应当指出的理由……抛开罗慕洛斯的占卜杖吧，你说最热的火也不能燃烧它，阿图斯·纳维乌斯的砺石也不能磨损它吗？神话在哲学中是应该没有地位的。你以一个哲学家的身份，首先应当详细考察迷信的本质，其次考察迷信的起源，再次考察迷信的持续……伊特鲁斯康人有那个从土里掘出来的孩子制定了他们的法度。我们有谁呢？阿图斯·纳维乌斯吗？……你认为那些没有人的知识的人建立了神的学问吗？”（西塞罗：“论迷信”，第二卷，第八十，八十一章）但这是那些国王，那些民众，那些民族和全世界的信仰。“好像世界上最普遍不过的事莫过于庸俗无知，或者好像自己下判断必须接受庸俗群众的意见似的！”以上就是这位哲学家的答复。就让人为我引证一个唯一的奇迹，这答复是不适用的吧！那些教父们，大概是看到了利用西塞罗的原则有很大不便，就毋宁更喜欢承认塔尔昆的事件，而把纳维乌斯的技术归之于魔鬼。这魔鬼真是一副好机器啊！

四十八

一切民族都有这一类的事实，对这种事，为了要奇异怪诞，所缺的就是真实；用这些事，人们来推证一切，但丝毫也不能证明什么；人们不是不信神的人就不敢否认它，而不是傻瓜也就不能相信它。

四十九

罗慕洛斯受了雷击,或者是被那些元老暗杀了,总之是从罗马人中失踪了。人民和兵士为此而窃窃私议。国家的秩序都乱了,而新生的罗马内部陷于分裂,外面又有敌人环视,正处于覆灭的边缘,于是有一位普洛居莱庄严地起来并且说:"罗马人,你们所怀念的这位君主,他根本没有死:他已经上天去了,他在天上就坐在尤比德的右边。他曾对我说,去吧,叫你的同胞们安静,告诉他们罗慕洛斯是在神们之中;向他们保证我一定保佑他们;让他们知道他们敌人的力量永远不会胜过他们:命运要他们有一天成为世界的主人;只要让他们把这预言一代一代传下去,一直传到最远的后代。"这是欺骗的好机会;而如果我们考察一下当时罗马的事态,我们当会承认普洛居莱是个有头脑的人,并承认他能够抓住时机。他在人们心中引进了一个成见,这对于他祖国未来的伟大,不是无用的……"那个宣传信仰这件事的人多么感到新奇:人民对于罗慕洛斯的那种希望,由于对不朽的信仰,使人愉快起来了。那个人的赞美和当时的恐惧使这件事传播出去了;以后由于有些人赞美上帝,崇奉上帝的缘故,人们便祈请罗慕洛斯来拯救世界。"这就是说,让人民相信这一显灵的事件;让那些元老也装作相信它,并且让罗慕洛斯有享祭的祭坛。但事情不会就止于此的。不久,罗慕洛斯就根本不是向简单的一个特殊的个人显现了。他是有一天向一千多人显现的。他根本不是受雷击,那些元老根本没有趁暴风雨的时机干掉他,而是整个民族眼看着他在电光雷声中升上天空

的;而这一事件,随着时间的推移,就匿迹在这样许许多多的文件中,以致到了下一世纪,坚决不信神的人们对它也要很感到困惑了。

五十

仅仅一个理论上的证明,也比五十件事实更能打动我。多谢我对我理性的极端信任,我的信仰决不是听凭第一个碰到的江湖卖艺的人摆布的。穆罕默德的大祭司,你使跛子能正常地走路,使哑巴说话,使瞎子复明,使瘫子痊愈,使死者复活,甚至施行那远没有试过的奇迹,使残废者所缺的手足再长出来;使你大吃一惊,我的信仰将丝毫不因此而动摇。你愿我变做你的新信徒吗?那么把所有这些幻术都收起来,让我们来讲理吧。我对我的判断比我的眼睛更靠得住。

如果你对我宣传的宗教是真的,那么它的真理就能够被揭示出来并且能用颠扑不破的理由来加以证明。把这些理由找出来吧。当你只需要一个三段论就可以克服我时,为什么要用一些奇迹来窘我呢?怎么!那么使一个跛子能正常走路,在你竟比给我讲明道理还容易些吗?

五十一

一个人躺在地上,没有感觉,没有声音,不热,也不动。人家把他翻过来,又翻过去,摇他,用火烧他,什么都弄不动他:连热的火也试不出他有什么生命的征象;人家认为他是死了。他是死了吗?不。这是加拉谟的教士的替身。“当他高兴的时候,就模仿一种痛哭的人的声音;随即失去知觉,躺在那里像个死人一样,不但揪他捏他毫无感觉,就是用火烧他,他也全无痛苦之感,除非后来由于受了伤,他才觉得痛,等等。”(圣·奥古斯丁:“神城论”,第十四卷,第二十四章)如果某些人在我们今天碰到这样一件事,他们倒可以因此大获其利了。人家将会让我们来看一具死尸在一个受天命者的遗骸上复苏;那位冉森派大员的集子[①]中将充满了关于一次复活事件的记载,而那位立宪党人也许要觉得被搅糊涂了。

五十二

波尔特—罗亚尔的逻辑家[②]说,必须承认圣奥古斯丁与柏拉图一致的主张,即对真理的判断和关于辨别的规则是不属于感觉而属于心智的:在感觉中没有真理性的判断。甚至于那种可以从感觉得到的确定性,也是扩展得不很远的,并且有好些事物,人们以为是凭感觉的媒介而知道的,因而对它们根本没有一种充分的信心。因此,既然感觉的证据和理性的权威相冲突,或根本不能和理性的权威相匹敌,这就根本没有什么可抉择的:在好的逻辑中,就必须坚持理性。

---

① 指议政院议员蒙日隆献给国王的一部记载奇迹的作品。——译者

② 波尔特—罗亚尔是著名的冉森派修道院,编了许多教科书,其中就有“波尔特—罗亚尔逻辑学”;逻辑家指亚尔诺和尼古拉。——译者

五十三

一个郊区[①]响彻了欢呼声：有一个受天命者[②]的遗骸在那里一天之中就作了比耶稣基督一生还多的奇迹。人们向那里跑着，都拥到那地方去，我也随着人群去了。我还没有走到那里，就听到喊：奇迹！奇迹！我走到近处，仔细看了一看，只见一个小跛子由三四个善男信女扶着在走来走去；人们为此大为惊叹，老是重复喊着："奇迹！奇迹！"奇迹究竟在哪里呢？你们这些傻瓜！你不看见这骗局无非是换了几根拐杖吗？这里面有奇迹，就正如永远有鬼怪一样。我可以打赌，凡是那些看见了鬼怪的人，都是事先就怕鬼怪的，而这些在那里看到奇迹的人，也都是事先就打算定了要看到奇迹的。

五十四

可是，关于这些所谓奇迹，我们却有一部厚厚的集子记载，简直可以向最坚决地不信的人挑战。作者是一个参议员，是一个严肃的人，曾讲过一种唯物主义，其实是相当一知半解的，但也没料到会有改变信仰的遭遇：他是他所记述的那些事实亲眼目睹的证人，而对于这些事他是能够毫无私见毫无利害关系地加以判断的，

---

① 圣马赛尔郊区，为圣美达尔教堂所在地。——译者

② 助祭教士巴利，冉森派的热狂者都到他的坟上去求治病，蒙日隆把那些事迹都搜集记载成一个集子，见第五十一节注一。——译者

他的证据还有千百个旁人一起可以作证。所有的人都说他们是看见了,而且他们的见证是要多可靠就有多可靠的:原始的证明书都保存在公共的档案里。对此如何回答呢?如何回答吗?只要关于他的想法问题没有解决,这些奇迹就是丝毫不能有所证明的。

五十五

一切推理,凡是对两方面都能证明的,就不论对这一方面或那一方面都不能证明。如果热狂主义有它的殉道者,就像真正的宗教有殉道者一样,如果在那些为真正的宗教而死的人之中,也曾有一些热狂者;那么,我们要是可能的话,就来数一数死者的数目,然后相信,否则我们就去寻求别的可信的缘由。

五十六

使人坚决不信宗教的,无过于那些虚伪的皈依宗教的缘由了。人们总是对那些不信教的人说:你是什么人,竟敢攻击一种为保罗们、台尔杜良们、阿塔纳细亚们、克立索斯顿们、奥古斯丁们、居卜良们①以及许许多多其他有名的人物这样勇敢地保卫过的宗教?你大概一定是觉察到了这些绝顶的天才所没有觉察到的某种困难;那么你就向我们表明你比他们还知道得多吧!否则,如果你承

① 保罗、台尔杜良、阿塔纳细亚、克立索斯顿、奥古斯丁、居卜良,这些是最初的基督教的奠基者、保卫者和传播者。——译者

认他们比你知道得多，你就为他们的决定牺牲你的怀疑吧！这是浅薄的推论。教士们的灵明根本不是一种宗教的真理的证据。还有什么宗教崇拜比埃及人的更荒谬的？可是又有什么教士比埃及的教士更开明的！……不，我不能崇拜这根葱。它比别的蔬菜有什么特权呢？我若把我的敬礼滥施之于本来给我吃的东西，才是大傻瓜呢！一棵我所浇灌，在我们菜园子里生长并死亡的植物，真是可笑的神灵啊！……“住口！可怜的人，你的渎神的话真使我发抖：这难道是给你去推理的！你在这个问题上知道得比那神圣的红衣主教团还多吗？你是什么人，竟敢攻击你的神灵，并且给他们的教士来上课？你难道比这些全世界都来求教的神谕更明白道理吗？不论你怎么回答，我将真佩服你的傲慢或你的冒昧……”基督徒们就永远不会感觉到他们的全部力量，并且不会把这些不幸的诡辩让给那些以诡辩为唯一手段的人去作吗？“我们不要去理那些一般的从两方面都可以说而其实从两方面都不能说的东西。”（圣·奥古斯丁：“神城论”）榜样、奇迹和权威可以造成一些受骗者或伪善者：只有理性才能造成信仰者。

五十七

人们同意：最重要的是只用坚实可靠的理由来保卫一种宗教；可是人们又很高兴迫害那些致力于揭穿坏理由的人。那么怎么！做基督徒还不够，还一定要因那些很坏的理由而做基督徒才行吗？虔信的人们，我告诉你们，我并不是因为圣奥古斯丁是基督徒才做基督徒；而是因为做基督徒是合理的，所以才做基督徒的。

五十八

我知道那些虔信的人;他们是很容易惊慌的。如果他们一旦断定这一作品包含着某种和他们的观念相反的东西,我就等着受那些为他们散布过的,牵涉到千百个比我好的人的一切诽谤吧!如果我只是一个自然神论者和一个大罪人,那我倒不会吃多大亏。很久以来他们就谴责过笛卡儿、蒙田、洛克和贝尔;我希望他们还会谴责许许多多别的人。可是我向他们宣布,我并不自诩比这些哲学家中大部分的人更诚实,也不自诩是更好的基督徒。我生在罗马的、使徒的天主教会之中;并且我以我全部的力量服从着它的决定。我愿意死在我祖先们的宗教之中,并且我相信它对任何一个从来没有和上帝有过任何直接交往,并且从来没有见过任何奇迹的人是不能再好的。这就是我的信仰的告白;我几乎可以确定他们对这是会不满意的,虽然也许在他们之中没有一个能够作出一个更好的告白。

五十九

我有时也曾读过阿巴第、于埃[①]及其他的人的作品。我充分认识我的宗教的那些证明,并且我承认它们是伟大的;但即使它们

① 阿巴第:“论基督教的真理”,1729 年。于埃:“关于人类精神的弱点的哲学论文”,1728 年。——译者

再伟大一百倍，基督教对我也还是没有证明的。那么为什么要强迫我像相信三角形三内角之和等于两直角一样坚定地相信在上帝中有三位呢？一切证明对我应该能产生和它的力量的程度成比例的一种确信；而几何学的，道德的和物理学的证明在我心中的作用应该是不同的，否则这种区别就没有什么意义。

六十

你摊给一个不信教的人一本书，你想要借着它对他证明神性。但在开始考察你的那些证据之前，他不会不问你一些关于这本集子的问题。他将问你，这集子永远是一样的吗？为什么它的篇幅现在没有几世纪以前那样大了呢？人家有什么权利把为别的教派所尊敬的这个或那个作品去掉，又把别的教派所摒弃的这个或那个作品保留着呢？你偏偏取中这一稿本，究竟是根据什么呢？是谁引导你在这许多不同的抄本中作选择呢？有这许多不同的抄本，正是这些神圣作家的作品并不是照它们最初的纯粹的原本传到你们手中的明显证据。但如果正如你必须承认那样，由于抄写者的无知，或由于异端的恶意，已把这些抄本弄坏了，那么在证明神性以前，你就必须先把这些抄本还它个本来面目；因为你的证据总不会落在一本被割裂了的作品集子上，我也不会靠这样的集子来建立我的信仰的。可是，你将要谁来做这种修改呢？教会。但是要我承认教会必然无误，只有给我证明了圣经上的神性才行。因此，你看，我就必须陷于怀疑论之中了。

要克服这一困难，只有承认信仰的最初基础纯粹是人性的；承

认稿本的选择，各段文字的订正，最后那集子的编成是照批评的规则行事的；而我也根本不拒绝照这些规则的可靠性的大小，对这些圣书上的神性增加某种程度的信仰。

六十一

正是在寻找证明时，我发现了一些困难。这些包含着让我信仰的缘由的书本，同时也给了我不信的理由。这是些公共的军械库。在那里，我看到了自然神论者武装起来反对无神论者；自然神论者和无神论者又和犹太人作斗争；无神论者、自然神论者和犹太人又联合起来反对基督徒；基督徒、犹太人、自然神论者和无神论者又跟伊斯兰教徒打架；无神论者、自然神论者、犹太人、伊斯兰教徒和基督教中的许多教派，又对基督徒群起而攻之，而怀疑论者又单独反对着所有这一切。我是这些争斗的评判者：我拿着天平在这些争斗者之中衡量；天平的两臂随着加在它们上面的重量而上升或下降。经过长久的摇摆之后，它倾向于基督徒这一边了。但它的重量比相反方面的抵抗力，仅只超过了一点点。我自己是我的公正性的证人。这超过的分量我看来不很大，原因并不在我。我是真心诚意地在证明上帝的。

六十二

这种意见分歧曾使自然神论者想到一种推论，这种推论与其说是坚实可靠的，也许更可以说是奇怪的。西塞罗在要证明罗马人是世界上最好战的民族时，就巧妙地从罗马人的敌人口中取得了这种供认。高卢人，如果你们在勇敢方面还要让人一筹，你们让谁呢？让罗马人。巴尔特人，次于你们，什么人是最勇敢的呢？罗马人。阿非利加人，如果你们要怕什么人的话，你们怕谁呢？罗马人。自然神论者对你说，让我们照他一样来问问其余的宗教信徒吧。中国人，如果不是你们的宗教最好，那么是什么宗教最好呢？自然宗教。伊斯兰教徒，如果你们要背弃穆罕默德的话，你们将采取一种什么样的宗教崇拜呢？自然教。基督教徒们，如果真正的，宗教不是基督教，是什么宗教？犹太人的宗教。可是你们，犹太人，如果犹太教是假的，那么什么教是真的？自然教。可是，西塞罗又接下去说，那些被人一致公认为居第二位，而自己又不把第一位让与任何人的人们，无可争辩地是应当居第一位的。

哲学思想录增补

(1770)

一

在宗教问题上，怀疑远不是不敬神的行为，而应当被看作好事情，因为怀疑是由于一个人谦卑地认识到自己的无知，并且是由于害怕误用理性以得罪上帝而产生的。

二

承认在人的理性和永恒的理性即上帝之间有某种符合，而又认为上帝要求牺牲人类的理性，这就是确定上帝同时又愿意又不愿意。

三

如果说我们是从上帝取得理性的，而上帝又要求牺牲理性，这就像一个弄幻术的人，把他给你们的东西弄个遮眼法又偷回去了。

四

如果我舍弃了理性，我就再没有导引者了：我将盲目地接受一种第二性的原则，并且假定那正成问题的东西。

五

如果理性是天所赋予的东西，而对信仰也同样可以这样说，那么天就给了我们两种不相容的而且彼此矛盾的礼物。

六

要解除这一困难，就得说信仰是一个幻想出来的原则，在自然中是根本不存在的。

七

巴斯噶、尼古拉以及一些别的人曾说："说一位上帝因为一个有罪的父亲的错误就以永恒的刑罚惩罚所有无辜的孩子们，这是一个杰出的并且和理性不冲突的命题。"可是，如果那明明白白地宣告渎神的命题都是和理性不冲突的，那么什么是一个和理性冲突的命题呢？

八

我在夜间迷失在一个大森林里，只有一点很小的光来引导我。忽然来了一个不认识的人，对我说："我的朋友，把你的烛火吹灭，以便更好地找到你的路。"这不认识的人就是一个神学家。

九

如果我的理性是从天上来的，那么通过它对我说的就是天上的声音；我就必须听它。

十

功与过是不能归之于理性的运用的，因为世界上的全部善意也不能帮助一个瞎子辨别颜色。我不得不在有明显证据的地方看到明显证据，而在没有明显证据的地方看到缺乏明显证据，除非我是一个傻子；可是傻是一种不幸而并不是一种罪过。

十一

自然的造物主，既不会因为我曾是一个聪明人而给我报偿，也不会因我曾是一个傻子而给我惩罚。

十二

而他甚至也不会因你曾是一个坏人而惩罚你。怎么！你曾是一个坏人难道还不已经够不幸吗？

十三

一切道德的行为都伴随着内心的满足；一切罪恶的行为则伴随着懊悔；而心灵是毫不羞耻也毫不懊悔地承认它反对这样那样的一些命题；因此不论相信它们或摒弃它们都既无所谓道德也无所谓罪恶。

十四

如果要做好事还必需一种神恩，那么耶稣基督的死又有什么用呢？

十五

如果有十万人受罪以使一个人得救，魔鬼总是占便宜，没有让他的儿子去死。

十六

基督徒的上帝是一个很看重他的苹果而很不看重他的孩子们的父亲。

十七

除去了一个基督徒对于地狱的恐惧,你就将除去了他的信仰。

十八

一种在一切时间一切地方使一切人都感兴趣的真的宗教,应该是永恒的、普遍的并且显明的;任何一种宗教也没有这三种性质。因此一切宗教都三倍地被证明是假的。

十九

只有几个人能作证的事情,是不足以证明一种宗教应该为所有人同等地相信的。

二十

人们用来支持宗教的那些事情是古老而且奇异的,这就是说,是最可疑不过的事情，用来证明最不可信的东西。

二十一

用一个奇迹来证明福音，就是用一个违反自然的东西来证明一个荒谬的东西。

二十二

可是上帝对那些没有听见说过他的儿子[①]的人将怎么办呢？他将惩罚那些没有听见的聋子吗？

二十三

他对那些听见讲过他的宗教而没有能够理会的人又将怎么办呢？他将惩罚那些不会大踏步前进的侏儒吗？

二十四

为什么耶稣基督的那些奇迹是真的，而厄斯居拉伯、地亚那的亚波罗纽斯[②]和穆罕默德的那些奇迹就是假的呢？

① 指耶稣。——译者

② 厄斯居拉伯是希腊医神，地亚那的亚波罗纽斯是一个毕泰戈拉派的显圣者。——译者

二十五

可是所有当时在耶路撒冷的犹太人都因看了耶稣基督的奇迹而公然皈依了吗？根本没有。他们绝不是相信他，而是把他钉上了十字架。必须承认这些犹太人真是一些绝无仅有的人；人们到处都看到许多民族被仅仅一个假的奇迹所引诱去了，而耶稣基督虽有无数真的奇迹却对犹太民族丝毫无能为力。

二十六

应当加以重视的，正是犹太人的不信的奇迹，而并不是他的复活的奇迹。

二十七

恺撒曾经存在是和二加二等于四一样可靠的；耶稣基督曾经存在也是和恺撒一样可靠的。因此，耶稣基督复活了，也和他或恺撒曾经存在是一样可靠的。这是什么逻辑啊！耶稣基督和恺撒的存在可并不是一个奇迹。

二十八

我们在“居兰先生传”中读到，说在一间屋子里起了火，“圣体”

一到场，立刻这火灾就止住了。就算是这样吧。可是我们同样也在历史中读到，一个修道士在一块圣饼上放了毒，一个德国皇帝吞下它立刻就死了。

二十九

在那圣饼上面除了面包和酒这些表面现象之外还有别的东西，否则就得说毒已进入耶稣基督的身体和血液了。

三十

这身体发霉了，这血液变酸了。这上帝就在他的祭坛上被蠹虫吞吃掉了。盲目的人民，愚蠢的埃及人，张开眼睛看一看吧！

三十一

耶稣基督的宗教，被一些无知的人宣传着，曾造成了那些最初的基督徒。这同一个宗教，为一些学者和博士宣讲着，在今日却只造成了一些不信的人。

三十二

有人说对一种立法的权威的服从是不容抗辩的，这说法遭到人们反对。可是，在这个世界上，哪里有一种宗教是没有一种同样的权威的呢？

三十三

是儿童时的教育禁止一个伊斯兰教徒去受洗礼；是儿童时的教育禁止一个基督徒去受割礼；是人的理性使人同等地看不起洗礼和割礼。

三十四

路迦福音中说，上帝圣父是比上帝圣子更大的，“父比我大”。可是，教会看不起这样明确的一段经文，却痛斥那些照字面坚持他的父所立约书的字句的谨慎信徒。

三十五

如果教会当局可以任意处理像这样全部圣经中再明确不过的一段话的意义，那么也就没有一段我们能自诩完全了解，没有一段教会不能在将来把它弄得全都合乎自己的心意。

三十六

“你是彼得，我要把我的教会建造在这磐石上。”[①]这究竟是一位上帝说的话，还是配得上“阿高老爷”的“乱弹”的东西呢[②]？

三十七

“In dolore paries”（创世纪）。“你生产儿女必多受苦楚”，上帝对那不尽责任的女人这样说。而那些雌的动物又对他有什么冒犯之处，却在生产时也一样多受苦楚呢？

三十八

如果须照字面来了解“父比我大”，则耶稣基督就不是上帝。如果须照字面来了解“这是我的身体”，则耶稣就当是亲手把自己给了他的使徒们；这和说圣德尼在人家把他的头砍下来以后还吻自己的头是一样荒谬的。

① 见“马太福音”，第十六章第十八节。这里是玩弄字眼，因为“彼得”（Petrus）原义就是“石头”或“磐石”。——译者

② 塔布洛的“阿高大人的乱弹与杂感及高拉尔君的嘉言钞”初版于 1572 年，是一部充满了笑谈，同时又有很多真的科学知识的集子。——译者

三十九

据说耶稣曾退隐到橄榄山，并在那里祈祷。而他向谁祈祷呢？他自己向自己祈祷。

四十

“这位上帝，他使上帝死了以慰上帝”，这是那位翁当子爵[①]说得很出色的一句话。写出来拥护或反对基督教的一百厚册对开本的书，也不如这两行笑谈更明白。

四十一

说人是一种力量与软弱、光明与盲目、渺小与伟大的复合物，这并不是责难人，而是为人下定义。

四十二

人是像上帝或自然把他造成的那样的；而上帝或自然是不做任何恶的东西的。

---

① 翁当子爵，格斯高涅的绅士，旅行家，生活于十七世纪。——译者

四十三

那我们称之为“原罪”(le péché originel)的,尼依·德·朗克洛[1]称之为“元罪”(le péché original)[2]。

四十四

引证几个传福音者之间的符合一致,真是无耻绝伦,因为有一些在这几部福音中很重要的事实,在另外几部福音中就一字未提。

四十五

柏拉图曾就三个方面来考虑“神性”,即仁慈、圣智和能力。要在这里不看到基督教的“三位一体”就得闭起眼睛。将近三千年前,雅典的哲学家就已把我们叫做“圣言”的叫做“道”(λογὸς)了[3]。

① 尼依·德·朗克洛(1620—1705),生于巴黎,是以机智和美貌出名的女子,她的沙龙里常聚集着当时有名的作家及大人物。——译者

② 这里是在玩弄字眼,法文 original 一字除也有与 originel 一字相近的“原始”、“本原”等意义之外,尚包含有“新奇的”、“古怪的”、“特别的”等意义,因此这里包含有对基督教“原罪”说的嘲弄之意。——译者

③ “圣言”就是“圣子”,是“三位一体”中第二位。“道”或译音作“逻戈斯”。——译者

四十六

“三位一体”中的三位，或者是三种偶然属性，或者是三种本体。中间的是决没有的。如果这是三种偶然属性，我们就是无神论者或自然神论者。如果这是三种本体，我们就是异端。

四十七

圣父判断人是须受他永恒的报复的；圣子则判断人是配受他无限的仁爱的；圣灵则守中立。如何能把这种天主教的废话和上帝意志的统一性弄成一致呢？

四十八

很久以来人们就曾请神学家们把关于永罪的教条和上帝的无限仁慈调和一致；而它们迄今还仍旧那样。

四十九

如果从对一个罪人的惩罚中已不能得到任何好处，为什么还要惩罚他呢？

五十

如果就仅仅是为他本身而惩罚他，那就是很残酷而且很恶劣的了。

五十一

没有一个好父亲愿意像我们这个天上的父的。

五十二

在冒犯者和被冒犯者之间有着怎样的比例？在冒犯和惩罚之间有着怎样的比例？真是一大堆野蛮和凶残！

五十三

而这上帝，为什么要这样大发雷霆呢？人们岂不是会说，我也能做点什么来维护或反对他的光荣，维护或反对他的平静，维护或反对他的幸福吗？

五十四

人们但愿上帝使那丝毫不能反对他的恶人在一种绵延无尽的

火中受焚烧;而人们却几乎不能允许一个父亲给一个累及他的生命,他的荣誉和财产的儿子一种暂时的死亡!

五十五

基督徒们啊!那么你们对于善和恶,对于真理和谎言都是有两种不同的观念的。那么你们是最荒谬的独断主义者,或最过分的庇罗派。

五十六

人所能犯的全部罪恶并不是全部可能的罪恶;而只有能犯全部可能的罪恶的人,才能够得上受一种永恒的惩罚。为了使上帝成为一个无限地爱报复的东西,你们就把一抔泥土变成为一个有无限能力的东西了。

五十七

听了一个神学家夸大着一个被上帝造得淫荡好色而和被上帝造得很讨人喜欢很漂亮的女邻人睡了觉的人的行为,人们岂不是要说,在宇宙的四角都已放了火吗?喂!我的朋友,听一听马可·奥略勒,你就会知道你是由于两段肠子不正当而淫荡的摩擦而使你的上帝发怒。

五十八

这些凶恶的基督徒译作“永恒”的这个字，在希伯来文原来只是表示“可经久”的意思。是由于一个希伯来语言学者的无知，及一个解释者的残酷的脾气，才有了那关于受罪的永恒性的教条。

五十九

巴斯噶曾说：“如果你的宗教是假的，而你相信它是真的，则丝毫不冒什么危险；如果它是真的，而你相信它是假的，则须冒一切危险。”一个回教教士可以和巴斯噶有完全一样的说法。

六十

说作为上帝的耶稣基督曾受魔鬼的引诱，这是一个配收入“天方夜谭”的故事。

六十一

我但愿一个基督徒，尤其是一个冉森教派的人能使我感觉到上帝降生成人“对人有什么好处”。但如果要想稍稍利用这教条，也还是应该不把打入地狱的人数扩大到无限。

六十二

一个年轻女孩子过着独居的生活；有一天她接受了一个带着一只鸟的年轻男人的拜访；她的肚子变大了；而人家就问是谁造成这个孩子的？问得好！这是那鸟呀！

六十三

可是为什么莉达的天鹅及加斯多和波鲁斯的小火焰①使我们发笑，而我们不笑福音中所说的鸽子和火舌呢？

六十四

在最初几世纪，有六十种福音差不多是同样地被人相信的。人们对其中五十六种已因其幼稚和拙劣而加以摈弃了，在那依旧被保存着的几种之中就一点也没有幼稚和拙劣的东西了吗？

六十五

上帝给了人们一个最初的法律；他然后又取消了这一法律。

---

① 按希腊神话，莉达为斯巴达王丁达尔之妻，为主神尤比德所爱，尤比德化为天鹅以取悦莉达。加斯多和波鲁斯为莉达与尤比德的双生子。——译者

这种行为岂不是有点像一个立法者自己弄错了，而经过一段时间又承认自己弄错了吗？一个至善的神难道应当变卦吗？

六十六

世界上有多少种宗教，就有多少种信仰。

六十七

世界上一切教派的信徒都只是一些异端的自然神论者。

六十八

如果人不生而有罪就是不幸的，那他岂不是命定了要来享受一种永恒的幸福，而凭他的天性又永不能使自己有资格享这种幸福的吗？

六十九

以上就是我对基督教的教条的一些想法：关于这种教条的教训，我将只说一句话。那就是，对一个天主教家庭的父亲来说，要是深信必须逐字逐句地照着福音书中的格言来行事，深信否则就会受所谓地狱的处罚，期待着极度的困难来达到以人的软弱决不能及的完善程度，我看不出对他的孩子除了一脚把他踏在地上踩个稀烂，或生下来就把他扼死以外，还有什么好办法。用这种办法他可以使他免于下地狱的危险，并可以保证他得永福；我主张这种行为决非有罪，而当被看作是无限可嘉许的，因为它是基于父亲的爱的动机，这种爱要求一切好的父亲要为他的子女做一切可能做的好事。

七十

既然把无辜者杀死是保证他们得享无限的幸福，而让他们活着则几乎一定是把他们奉献给一种永恒的不幸，那么宗教的训诫和社会的法律禁止杀害无辜，岂非实际上是很荒谬并且很残酷的吗？

七十一

怎么，拉·贡达民先生，为他的儿子种牛痘以保证他不出天花是可以允许的，而把他杀了以保证他不入地狱就不能允许？你真是开玩笑。

七十二

“如果真理在少数人中间获得了充分的胜利，而这少数人是优秀的，那就应当予以接受；因为真理的本性并不在于使多数人喜爱。”

〔全集编者按语〕我们在这里放进两段以前未经发表的“思想”，原是载在“隐修院”图书馆所藏狄德罗的手稿上的。它们确是与前面相联系的，而其中一段，即第二段，在头上还有标记："哲学思想。"

*　　*　　*

古时候，在推尔纳特岛上，是对任何人，甚至连祭司在内，都不许谈论宗教的。在那里只有一个唯一的寺院；有一条法律明文禁止有两个寺院。在那里既没有祭坛，也没有塑像，也没有神像。一百个祭司，有一笔相当可观的收入，为这寺院服役。他们既不唱，也不说，而只是无比沉默地用手指指着一座金字塔，塔上面写着这样几个字："有死的凡人们，崇拜上帝，爱你们的兄弟并且使你们自己对祖国有用。"

*　　*　　*

一个人已为他的子女、妻子和朋友所辜负；不忠的伙伴已弄得他倾家荡产并使他陷入困苦之中。满怀着对人类的彻骨憎恨和深刻的轻蔑，他离开了社会而独自隐居在一个岩洞中。在那里，他双拳靠在眼睛上，沉思着一种能和他的愤恨相称的复仇的方法，他说："这些坏东西，我将做些什么来惩罚他们的不义，并且使他们全都罹受他们所当受的不幸呢？啊！要是能够想出办法……使他们都怀抱着一个巨大的怪诞的妄想，使他们把这妄想看得比他们的生命还重要，而对于它，他们永远不能懂得！……"立刻他从洞中窜了出来，大喊着："上帝！上帝！……"无数的回声在他周围重复着"上帝！上帝！"这可怕的名字就被从地的一极传到另一极，而到处都惊愕地听到这名字了。首先人们匍匐下拜，然后他们起来，彼此询问、争论、怒恼、痛斥、仇恨、互相扼杀，而这个愤世者的夙愿就满足了。因为一个永远同等地重要而不可理解的东西的历史，在过去就是这样的，在将来也还是这样。

对自然的解释

（1753 初版，1754 修订）

给准备研究自然哲学的年轻人

年轻人，拿起这书来读一读吧！如果你能够把这作品一直读到完，你将不会不能了解一部更好的作品。因为我并不打算怎么教导你，而只想给你一种训练，所以你采取我的观念还是抛弃我的观念，在我是无关紧要的，只要这些观念占用了你的全部注意力就行了。另一位更精明的人将会教你认识自然的力量；我则只要做到使你试一试你的力量就够了。再见。

又及——再说一句话，我就让你去了。心里要永远想着：自然并不是上帝；一个人并不是一架机器；一个假设并不是一件事实；并且确信：凡是你以为觉察到有某种东西和这些原则相反的地方，你就是根本没有了解我。

从黑暗中

我们能看到那在光明中的事物

——路克莱兹："论事物本性"第六卷

一

我要写到的是自然。我将让这些思想就照着对象在我思考中呈现的次序，在我笔下接连出现；因为它们这样只会更好地表现出我的精神的运动和进程。这些思想，将或者是关于实验技术的一些一般观点，或者是关于一种现象的一些特殊观点，这种现象似乎占据了我们的一切哲学家，并且把他们分成了两类。有一些，在我看来是有很多的仪器而很少观念的；另一些则有很多观念而根本没有仪器。真理的利益将要求那些思考的人终于肯和那些行动的人结合起来，以便使思辨的人免得从事运动；使操作的人在他所从事的无限运动中有一个目标；使我们的一切努力彼此联合起来并且同时被导向对付自然的抵抗；以及使得在这种哲学的联盟中，每人都充当一个适合于他的角色。

二

有一条在我们今天以最大的勇气和力量被宣示出来的真理①，是一个好的物理学家②所决不会忘记，并且一定会有最有利的后果的；这就是：数学家们的领域是一个理智的世界，其中为人

① 参看"一般的及特殊的自然史"（毕丰及道彭顿著），第一卷，第一讲。（狄德罗原注）

② 狄德罗所用"物理学"或"物理学家"的名词，有时是广义地指全部自然科学或自然科学家，有时则即指狭义的"物理学"或"物理学家"。此处系用广义。——译者

们看作严格真理的东西，当它们一被拿到我们的地球上来时，就绝对地失去这种好处了。人们曾由此得出结论说：应该由实验的哲学，来改正几何学的计算；而这一结论甚至曾为几何学家们所承认。但以实验来改正几何学家的计算有什么好处呢？坚持实验的结果岂不是更简捷些吗？从实验结果中人们看到：各种数学，尤其是超越感性范围的高等数学，没有实验是根本不能导致任何精确的东西的；这是一种一般的形而上学，其中物体都被剥夺了它们的个体性质；并且余下的将至少可以做一本大著作，或可叫做“实验在几何学上的应用”，或“度量误差论”。

三

我不知道在赌博的机灵和数学的天才之间是否有某种关系；但在一种赌博和数学之间是有很大关系的。除开一方面由运气所给予的不确定性不管，或者把这和另一方面由抽象性所给予的不精确性相比，有一部分赌博是可以被看作一个不定系列的要按照已知条件加以解决的问题的。没有一个数学问题不能适用这同一定义的，并且数学家的“东西”也和赌博者的东西同等地在自然中不存在。不论是这方面和那方面，都是一种由人约定的事。当几何学家骂形而上学者时，他们决不会想到他们自己的全部学问也只是一种形而上学。有一天有人问道：什么是形而上学者？一位几何学家回答道：这就是一个毫无所知的人。化学家，物理学家，博物学家，以及一切从事于实验技术的人，在他们的判断中也一样地过于愤激，在我看来几乎是在为形而上学报仇，而把同样的定义用之于几何学家身上了。他们说:所有这些关于天体的高深理论,所有这些理论天文学的巨大的计算,如果仍不免要柏莱德烈[①]或勒蒙尼叶[②]来观察天空,那到底有什么用呢?而我说:有福的是这样的**几何学家**:在他,一种穷尽了一切抽象科学的研究也一点不会减弱他对艺术的趣味;对他,贺拉西与塔西佗将同牛顿一样熟习;他知道发现一条曲线的性质,也能感受一个诗人的美;他的精神和作品将属于一切时代,并且将获得一切学院的荣誉!他决不会看到自己跌进黑暗之中;他将根本不用怕身未死而名先灭[③]。

四

我们正接触到科学上一个大革命的阶段。由于我觉得人心似乎都倾向于道德学,文艺,博物及实验物理学,我几乎敢于断定,不用再过一百年,在欧洲将数不出三个大几何学家。这门科学将停止于贝努义们,欧拉们,莫柏都依们,克莱罗们,拉·丰丹们,达朗贝们及拉·格朗日们[④]所达到的地步。他们将树立起赫拉居利的界柱。人们将再不会出此范围了。他们的作品将在未来的若干世

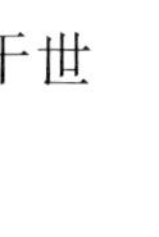

① 柏莱德烈(1692—1762),英国天文学家,曾测量了金星的直径,并且由于发现了“光行差”的现象,他第一个给地球绕太阳转动以充分的证明;1747年他又发现了地轴的章动。——译者

② 勒蒙尼叶(1715—1799),法国天文学家,曾参与“百科全书”的工作。——译者

③ 显然系暗指达朗贝。——译者

④ 丹尼尔·贝努义(1700—1782),让·贝努义(1710—1790),欧拉(1707—1783),莫柏都依(1713—1765),克莱罗(1713—1765),拉·丰丹(1705?—1771),达朗贝(1717—1783),拉·格朗日(1736—1813),以上均系名数学家。按1753年及1754年版无“及拉·格朗日们”等字。——译者

纪中存在，就像埃及的金字塔一样，其中刻着象形文字的大石块使得我们对建造它们的人的力量和才能有一个惊人的观念。

五

当一门科学刚开始产生时，由于社会上人们对发明家表示极度的敬仰，渴想亲自认识一种轰动一时的东西，希望以某种发现来出名，以及抱着同著名人物分享一种头衔的野心，于是一切人的心都转到这方面来了。在这一时刻，这门科学有无数各种不同性格的人物来研究它。这些人或者是些苦于无事可做的时髦人物；或者是些反复无常的人物，他们为了一门时髦科学而丢掉其他科学，想在这门科学中来获取他们在其他科学中所求而不得的名誉；有些是把这当作一种职业；另外一些是为趣味所驱使的。这样许多人的努力联合起来，也就相当迅速地使这门科学发展到了它所能达到的地步。可是，随着它的界限的扩大，敬仰的程度却日益缩小了。人家就只对那些以巨大优点出名的人还有敬仰。于是这个人群就缩小了；一个发财已变得又稀罕又困难的国度，人家也就不再去了。这门科学也就只剩下一些靠此赚饭吃的雇佣，以及若干有天才的人，他们在这一阵风过去以后仍旧能出名很长一段时期，并且是明知他们的工作的无用的。人家永远把这些工作看作是给予人类以光荣的惊人的功业。这就是几何学的简要历史，也是一切将不再能教人什么或讨人喜欢的科学的简要历史；我甚至认为博物学也并不例外。

六

当我们来把自然现象的无限繁多，同我们理解力的局限性及我们器官的拙劣相比时，则除了我们工作的迟缓，我们工作的长久并且时常的中断，以及创造天才的难得，除了那联结一切事物的大链条的若干不相连续的断片之外，我们又还能期待什么呢？……即使实验哲学将世世代代工作下去，以致它所聚集起来的材料，最终将多得变成超乎一切组合的数目字之外，也还是离精确的全部列举很远。如果这些现象都被我们认识了，那么要把我们用来指示各种不同部类的现象的单独名词都包括进去，岂不是得多少册书？哲学的语言什么时候才能完全呢？当它完全了的时候，人们中又有谁能懂得它呢？如果上帝为了要比以自然界的奇迹更明白地显示他的全能，竟肯在他亲手着笔的纸张上把宇宙的构造申说出来，你相信这本大书对我们会比宇宙本身容易了解些吗？这位哲学家，以他所禀赋的全部脑力，还靠不住只是抓住了一位古代几何学家用以确定球形和圆柱形的关系的那些结论，他会懂得了这本大书中的多少页呢？在这些篇页中，我们将得到一种测定精神能力范围的相当好的尺度，以及对我们的虚夸的更好得多的讽刺。我们将可以说：费尔玛[①]达到某页为止；亚几米德又曾到了再多几页。那么什么是我们的目标呢？是要做一件永不能完成的，将是远超乎人类智力之上的工作。我们岂不是比那些塞那尔平原的最

① 费尔玛(1601—1665)，法国大数学家。——译者

初居民更傻吗？我们知道从地上到天上有无限的距离，然而我们还是建塔。但就得猜想有一天我们泄了气的骄傲不会放弃这工作吗？从哪里看出它在这地上住得太狭窄和太不舒服，就固执地要在大气之外建造一座不能住的宫殿呢？即使它这样固执，就不会为语言的混乱所阻止吗？这种混乱在博物学中只是太显著并且太讨厌了。此外，“效用”为一切划定了界限。“效用”将在若干世纪之后给实验物理学划定界限，正如它现在已差不多为几何学划定了界限一样。我给予这一研究若干世纪，因为它的用处的范围比任何抽象的科学都无限地更广阔，并且它毫无异议地是我们真正知识的基础。

七

当事物仅仅是在我们的理智中时，这是我们的意见；这是一些概念，它们可能是真的，也可能是假的，可能被认可，也可能被反对。它们只有在和外界的东西联系起来时才成为坚实可靠。造成这种联系的，或者是一串以许多实验连成的不断的锁链，或者是一串以许多推理连成的不断的锁链，这锁链一端连着观察，而另一端连着实验；或者是一串以许多实验到处分布在许多推理之中而造成的锁链，就像一些重物悬挂在一条两端系着的线上一样。若没有这些重物，那么空气中一有极小的振动那根线就会摇动起来了。

八

我们可以把在自然中没有任何基础的概念，比之于北方的森林，其中的树木都是没有根的。只要一阵风，一件轻微的事实，就把整个树木的森林及观念的森林推倒了。

九

人们几乎很难感觉到搜求真理的法则是多么严格，而我们的方法的数目是多么有限。一切都归结到从感觉回到思考，又从思考回到感觉：不停地重新进入自己里面去，又从里面出来，这是一种蜜蜂的工作。如果你不重新进入装着蜡的蜂房里面去，你就白白地跑了许多地方。如果你不知道把这些蜡做成蜂巢，你就白白聚集了许多无用的蜡了。

十

但不幸的是查问自己比查问自然更容易更简捷。同样，理性是倾向于停留在它自身之中，而本能则倾向于四外散布。本能总是不停地观看，尝味，接触，聆听；而在研究动物之中也许比听一位教授的课有更多的实验物理学可以学。在动物的行为中根本没有欺骗手段。它们趋向它们的目标，而毫不顾虑它们周围的东西；如果它们使我们惊讶了，这根本也不是它们的意向。惊奇是一个伟大现象的第一个效果：这是要哲学来消除它的。在一个实验的哲学课程中所要做的，是要使它的听众更多受教，而不是使他更加惊愕。以自然的现象自豪，好像自己是这些现象的创作者一样，这是模仿一个编纂“试笔”的人的蠢事，这个编者是不能听到蒙田的名字而不脸红的。人常常有机会提供的一个伟大的教训，就是承认自己的不足。老老实实地说一声：“我对这点什么也不知道”，以取得旁人的信任，比之勉强要想解释一切，弄得呐呐不能出口，使自己显出一副可怜相，不是要好得多吗？一个人对他所不知道的就爽爽快快直说他不知道，倒使我容易相信他企图向我说明的东西。

十一

惊讶常常来自这样的情形，就是：在那其实只有一件奇事的地方，人们假定它有好多件；亦即来自这样的情形，就是：人们以为在自然中人们数到多少个现象就有多少个特殊的事件，而其实自然也许从来就只产生过一个单独的事件。甚至似乎是这样：如果自然必须产生好多个事件，则这些事件的不同结果也将是彼此孤立的；将有许多组彼此独立不倚的现象；并且哲学假定为连续不断的这一普遍的锁链，也将在好些地方断了。一个单独事实的绝对独立是和全体的观念不相容的；而没有全体的观念，也就没有哲学了。

十二

自然似乎喜欢以无数不同的方式来变化同一机构[①]。它只是在以一切可能的面貌滋生了无数个体以后,才放弃了一个产品的品种。当我们来考察一下动物界,而看到在四足动物中没有一种没有一些机能和部分,尤其是内部的机能和部分,完全和另一种四足动物相似时,我们岂不是很情愿相信,自古以来就只有一个最初的动物,是一切动物的原形,自然只是把它的某些器官拉长一下,缩短一下,形状改变一下,数目增多一些,或磨灭掉一些吗?试想手的五指若并到了一起,而那种构成指甲的东西是那样多,一直扩大膨胀到把整个都包起来盖起来;这样你所有的就不是一只人的手,而是一只马的蹄了[②]。当我们看到不管怎样的一种原形的外貌继续不断变化,使一个"界"以不可感觉的程度接近另一"界",并且使这两"界"的"边境"(如果可以容许用"边境"这个名词的话,这里其实是并无实在的划分的)住满了,我说使这两"界"的"边境""住满了"一些不确定的、模棱两可的东西,大部分被剥夺了这一"界"的形状、性质及机能,而披上了另一"界"的形状、性质及机能,谁不会感觉自己被引到相信自来就只有一个东西,是一切东西的

① 参看"自然史"中"驴的历史";及一个小的拉丁文作品,名叫 Dissertatio inauguralis metaphysica de universali naturae systemate, pro gradudoctoris habitu, 1751 年在爱尔兰根印行,而在 1753 年由 M 先生〔莫柏都依〕带到法国。(狄德罗原注)

② 见道彭顿先生著"一般的及特殊的自然史",第四卷,马的描述。(狄德罗原注)

原形呢？但是，不论对这一哲学的猜测是跟包曼博士[①]那样承认为真的，或跟毕丰先生一样摈斥为假的，人们将不否认不应该把它当作对实验物理学的进步，对理性的哲学的进步，对有关有机组织的现象的发现和解释是必需的假设。因为很显然，自然不能在各部分中保持这样的相似，并且在各种形状方面造成这样的变化多端，而不常常使那种它在另一种有机体中掩藏起来的东西，在这种有机体中显露出来。这好比一个喜欢变换新装的女人，她的各式各样不同的服装，有时让这一部分露了出来，有时又让另外一部分露了出来，这样就给那些跟踪她的人某种希望，希望有一天可以认识她的全貌。

十三

人们已发现了在两性之中有同样的精液。包含这种液体的部位已不再是不知道的了。人们看到了当自然强烈地迫使一个女性找男性时，忽然来到女性某些器官中的那些奇怪的强烈的性欲[②]。在性的接触中，当我们来比较一下一方面的快感的征象和另一方面的快感的征象，而由于看到两方面同等地具有特征的、清楚的、引起脉搏跳动的昂奋状态，确定两方面的性欲都已得到满足时，我

① 这是莫柏都依在上面狄德罗原注中所引“论文”上用的假名。狄德罗在本书第五十节中将发挥并讨论莫柏都依的论点。这里他只取了其中关于物种进化的假设。莫柏都依把他的假设扩充到植物和矿物方面；曾提到一些如狄德罗所说的“不确定的”东西，如“水螅，蛔虫”之类。——译者

② 参看“一般的及特殊的自然史”中“谈生殖”部分。（狄德罗原注）

们不能怀疑是一样有相似的精液流出的。但在女人方面是在哪里并且怎样流出的呢？这液体变成了什么？它是循着什么道路流出的？这只有当自然——它并不是在一切方面并且到处同等地神秘的——在另外一个物种中揭示出来时，我们才会知道：这似乎将以这样两种方式之一发生：或者是那些形状在器官中将更加明显、或者是这种液体的流出，以其异常的丰富，将在它开始流出的地方以及在流出的整个路途中都变得显而易见。凡是我们在一个东西中已经清楚地看到的，不久也会在另一个相似的东西中显现出来的。在实验物理学中，我们学会在大的现象中看出小的现象；同样在理论的物理学中，我们也学会在小的物体中认识大的物体。

十四

我把科学的广阔园地，看作是一个广大的原野，其中散布着一些黑暗的地方和一些光明的地方。我们的工作的目的，应该是或者扩大光明地方的界限，或者在原野中增加光亮的中心。一种是属于创造的天才的事；另一种则要有使事情日趋完善的聪明智慧。

十五

我们有三种主要的方法：对自然的观察、思考和实验。观察搜集事实；思考把它们组合起来；实验则来证实组合的结果。对自然的观察应该是专注的，思考应该是深刻的，实验则应该是精确的。人们很难得看到这些方法都结合起来。同样地，创造的天才也不是寻常的。

十六

哲学家看到真理常常只如拙劣的政治家看到机会一样，从光秃的一面看，他肯定说要抓住它是不可能的；而正在这时候，那行动者的手却碰巧就放到了那有头发的一面。可是必须承认在这些实验的行动者之中，有一些是很不幸的：其中有一位用了他毕生的精力来观察昆虫，而什么新的也没有看到；而另一位只是顺便看了一眼，却看到了水螅[①]，或雌雄同体的木虱[②]。

十七

是在宇宙间缺少天才人物吗？根本不是。是在他们之中缺乏深思熟虑及研究吗？更不是。科学的历史上充满了著名的名字；地球的表面盖满了我们的工作的纪念碑。那么为什么我们只有这样少的确实知识呢？是由于什么样的宿命，科学只有这样少的进展呢？难道我们就命定了永远只能是小孩子吗？我已经宣布过对这些问题的答案了。抽象科学占据最优秀的心灵时间太长而结果太少了；或者是人们根本没有研究那有必要知道的东西，或者是人们在他的研究中既没有选择，也没有观点，也没有方法；文字是无

① 这是指特朗勃莱在1740年偶然发现了水螅。——译者

② 是指列文虎克(1632—1723)在1695至1700年间在显微镜下发现了木虱的胎生现象，据他说，木虱是“没有和雄的交接而生出小木虱来的”。——译者

穷无尽地增加了，而对事物的知识却仍旧是那样落后。

十八

研究哲学的真正的方式，过去和将来都是应用理智于理智；应用理智及实验于感觉；应用感觉于自然；应用自然于工具的探求；应用工具于技术的研究及完善化，这些技术将被掷给人民，好教人民尊敬哲学。

十九

要使哲学在俗人眼中成为真正可尊重的，只有一个唯一的方法：这就是为他指出哲学伴随着效用。俗人永远总是问："这有什么用？"决不要使自己处于不得不回答他说"毫无用处"的境况；他不知道那使哲学家明白的和那对俗人有用的是两种极不相同的东西，因为哲学家的理智是常常为有害的东西所弄明白，而为那有用的东西所弄糊涂的。

二十

事实，不管它们具有什么性质，总是哲学家的真正财富。但理性哲学有一个偏见，就是认为那不知道数自己的钱的人，将几乎丝毫不比那只有一块钱的人更富。理性哲学在把它所占有的事实加以对照比较和联系方面所做的事情，不幸比在搜集新的事实方面所做的事情多得多。

二十一

搜集事实和把事实联系起来，是两件很艰苦的事情；因此哲学家们对这两件事情就作了分工。有一些毕生从事于聚集材料，这些人是有用的、劳苦的工匠；另外一些人是骄傲的建筑师，专门忙于让人动手来操作。但时间已推翻了理性哲学直到今天所建筑起来的几乎所有的建筑物。那满身灰尘的工匠，从他在盲目挖掘着的地下，迟早会给这用脑力竖立起来的建筑带来致命的一下；它就倒塌了；而只剩下一些乱七八糟的材料，直到另外一个冒失鬼又企图来给它作一新的组合。对于建立体系的哲学家，自然也将如过去对伊壁鸠鲁、路克莱兹、亚里士多德、柏拉图一样，给予一种很强的想像力，一种很好的口才，一种以动人的卓越的形象来表现自己的观念的技术，这样的哲学家多么幸福啊！他所建立的建筑物有一天可能倒下；但他的塑像将在废墟中仍然屹立着；而从山上滚下来的石头也不会砸碎它，因为它的脚并不是土做的。

二十二

理智有它的偏见；感觉有它的不定性；记忆有它的限制；想像有它的朦胧处；工具有它的不完善处。现象是无限的；原因是隐蔽的；形式也许是变化无常的。我们只是处在这样许多障碍的前面，并且自然又从外面来和我们对立，一种实验又很迟缓，一种思考又很受限制。哲学想用来推动世界的就是这样一些杠杆。

二十三

我们曾区别了两种哲学,实验的和理性的。一种是绑着眼睛的,永远在摸索着前进,抓住一切落到它手上的东西,而最后碰到了一些贵重的东西。另外一种聚集了这些贵重的材料,并从事于把它们做成一个火炬;但这所谓的火炬,直到今天对它的用处,比那摸索对它的对手的用处却小些,而这也是应该如此。实验把它的运动增加到无限;它是不停地在行动中的;实验把理性用来寻找类比的全部时间都放在寻找现象上。实验的哲学既不知道从它的工作中什么东西将要出来,也不知道什么东西将不会出来;但它总是毫不懈怠地工作着。反之,理性的哲学权衡着各种可能性,一作出宣告就立刻停止了。它大胆地说:光是不能分析的:实验的哲学倾听着它,并且在整整几个世纪中都在它面前沉默不语;然后突然一下指着那分光的三棱镜[①],并且说:光被分析开了。

二十四

实验物理学纲要

实验物理学一般地研究存在,性质及运用。

“存在”包括历史,性状,生成,保存及毁坏。

① 大家知道,这一伟大发现是牛顿作的。—— 译者

历史是关于经历，加入，排出，代价，预兆，等等……

性状是关于内部及外部一切显见性质的描写。

生成是从最初的本原直到完善的状态。

保存是关于固定在这一状态的一切方法。

毁坏是从完善的状态起直到分散或萎败、分解或消溶的所知的最后程度。

“性质”是一般的或特殊的。

那些为一切东西所共同，并且只在量上变化的性质我称之为一般的。

那些构成这样一个东西的性质，我称之为特殊的；这些特殊的性质或者属于实体全部，或者属于分开的或分解的实体。

“运用”扩充到比较，应用及组合。

比较或者是以相类似的来作，或者是以不同的来作。

应用应该是尽可能最广泛并且最多样的。

组合是相类的组合或者是奇怪的组合。

二十五

我说相类的或者奇怪的，因为在自然中一切都有它的结果；最荒唐的实验是如此，最合理的实验也是如此。实验的哲学，并不对自己提议什么，是永远满意于来到它这里的东西的；理性的哲学是永远什么都知道了的，甚至当它对自己提议的东西并不来到它那里时也是这样。

二十六

实验的哲学是一种纯朴的研究，它几乎不要求心灵有任何的准备。我们对哲学的其他一些部门是不能这样说的。大部分哲学部门增长我们中间的猜测的癖好。实验的哲学则长久地压制着这种癖好。人们迟早会讨厌拙劣的猜测的。

二十七

观察的兴趣是在一切人身上都可以引起的；实验的兴趣则似乎应该只有在富人身上才能引起。

观察只要求一种感觉的惯常运用；实验则要求有源源不绝的费用。似乎可以希望那些大人物们，在他们所想出来的其他许多不那么可贵的倾家荡产的方法之外，再加上这一种方法。就全盘好好考虑一下，那么他们与其被那些经纪人剥夺了财产，倒不如被一位化学家弄穷还好些；与其被那种他们不断地追求而总是得不到手的快乐的魔影所扰乱，倒不如被那种有时也可使他们愉快的实验物理学弄得昏头昏脑还好些。对那些财产有限，而自己感觉到想从事于实验物理学的哲学家，我也很愿意给他一种劝告，就像我的朋友为一个美丽的妓女的快乐所诱惑时我给他的劝告一样：

“你就占有莱依丝〔妓女名〕吧，只要你不为她所占有。”①

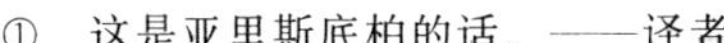

① 这是亚里斯底柏的话。——译者

对那些心胸相当广阔，足以想出一些系统，并且足够豪富，可以用实验来证实这些系统的人，我也将给他们这一劝告：你就有一个系统吧，我同意这一点；但不要让它支配了你："你就占有莱依丝吧。"

二十八

实验的物理学，在它好的效果方面，可以比之于那位父亲的劝告，他在临终时对他的孩子们说，在他的田地里埋着一个宝藏；但他不知道在什么地点。他的孩子们就来掘地；他们并没有发现他们所寻找的那个宝藏；但他们在那一季里获得了一次出乎他们意料之外的大丰收。

二十九

下一年，这些孩子中有一个对他的兄弟们说：我已经仔细地考察过我们父亲留给我们的那块地，而我想已发现了宝藏的地点。听，我是怎样推论的。如果宝藏是埋在地里，那么在地的界墙内应该有某些标志着地点的记号；而我看到在向东的角上有一些特别的痕迹；那里的土似乎是动过的。我们由我们去年的工作可以确信，那宝藏决不是在地表面的；那么它一定是藏在地中心。让我们不停地掘，一直挖到我们拿到这吝啬鬼的窖藏为止。所有这些兄弟，与其说被这推理的力量所吸引，倒不如说为对财富的欲望所吸引，就动手来工作。他们已经挖得很深而丝毫没有发现什么；正开始要抛弃希望并且开始听到不满的嘀咕了，他们之中有一个忽然看见有些碎片在闪闪发光，就想到是发现了一个矿藏。实在，这是一个古时曾开采过的铅矿，于是他们就来开采，并且获得很丰富的产物。由观察及由理性哲学的系统的观念所提示的实验的结果，有时就是这样。那些化学家和几何学家也是如此，他们在固执地要解决一些也许不可能解决的问题时，常得到一些比这问题的解决更重要的发现。

三十

做实验的长久习惯使那些最粗糙的操作者也有一种有灵感性质的预感。这全在于他们和苏格拉底那样自己骗自己，而且把它叫做“守护神”。苏格拉底有一个考察人及衡量环境的很奇异的习惯，以致在最微妙的境遇中，他能秘密地在自己心中作一种敏捷而正确的组合，随即作出一种猜度，所猜的事情总是差不离。他判断人正如有鉴赏能力的人判断精心的作品一样，是凭感觉。在实验物理学中也是一样，我们那些实验的巨匠是凭本能的。他们曾这样经常这样切近地看到过动作中的自然，以致他们能相当精确地猜到他们以最奇怪的试验想来挑动它时它可能遵循的过程。因此他们要给那些受他们传授来从事实验哲学的人们的最重要的帮助，与其说是教他们实验的方法程序及结果，倒不如说是传给他们这种猜测的智能，凭这种智能，人们可以说远远地就嗅到一些未知的方法，一些新的实验，一些不知道的结果。

三十一

这种智能是怎样传授的呢？这需要具有这种智能的人亲自下去清楚地认识它是什么；用可以理解的明白的概念来代替那“守护神”，并且把这些概念向别人发挥出来。例如，假使他发现了设想对立或相似，或者觉察对立或相似，乃是一种方便，而这种方便的根源，是在于当单独考量事物时，对事物的物理性质有一种实践认识，或者当把事物联系起来考量时，对事物彼此交互的效果有一种实践认识——于是他就扩充了这一观念；他将依靠在他记忆中呈现出来的无限的事实；这将是关于曾在他头脑中经过的一切显得杂乱无章的东西的忠实历史。我说杂乱无章；因为对这一串基于这样一些对立或相似的猜测，还能给什么别的名称呢？这些对立或相似是这样远，这样不可知觉，以致一个病人的幻梦也既不会显得更奇怪，也不会显得更不连贯。有时没有一个命题是不能反驳的，或者在这命题本身就可以反驳，或者是在它和在它之前或在它之后的命题的联系中可以反驳。这是一个不论在其假设的前提及其推论的结果中都这样脆弱不可靠的整体，以致人常常不屑去作从这里推论出来的观察或实验。

例

三十二

第一组猜测

(1) 有一种物体叫做“鬼胎”。这种奇特的物体生在女人体内；而据有些人说，是并没有男人的合作的。生殖的神秘不论是以什么方式完成，总一定是有两性在其中合作的。这种“鬼胎”就不会是一种聚集：或者是在与男人交合时从女人身上流出的所有元素的聚集，或者是在男人与女人的各种不同的接触中从男人身上流出的所有元素的聚集吗？这些元素，在男人体中本来是安静的，而流到并且停留在某些性情热烈、想像强烈的女人体中，就不会在那里烧热，激发，并且活动起来吗？这些元素，在女人体中本来是安静的，而或者由于男人的枯燥与无用，以及不会使人怀孕的和纯粹性欲的运动，或者由于女人的粗暴及对引起的欲望的勉强压制，就不会活动起来，从它们原来储存的地方出来，而到达子宫之中，停留在那里，并且在那里自行组合起来吗？这种“鬼胎”就不会是这种或者从女人体内流出的元素，或者是由男人所供给的元素单独组合的结果吗？但如果这种“鬼胎”是如我所假定的那样一种组合的结果，那么这种组合将也同样有和生殖的法则一样不变的法则的。因此“鬼胎”将是一种固定不变的构造。让我们拿起解剖刀，把“鬼胎”打开，并且看一看；也许我们甚至会发现那些“鬼胎”会由于某些有关性别的痕迹而有所区别。这就是我们可称为从不知道的东西到知道得还很少的东西的方法。那些从自然中曾经获得或正在取得实验物理学的天才的人，就是以惊人的程度具有这种非理性的习惯；有许多的发现，就是靠诸如此类的梦想而得到的。要教给学生的就正是这一类料事如神的本领，如果这也可以教的话。

（2）但如果人们随着时间往前进展而发现了鬼胎是从来没有未经男人的合作而在女人体内生出来的，这样，我们对这异常的物

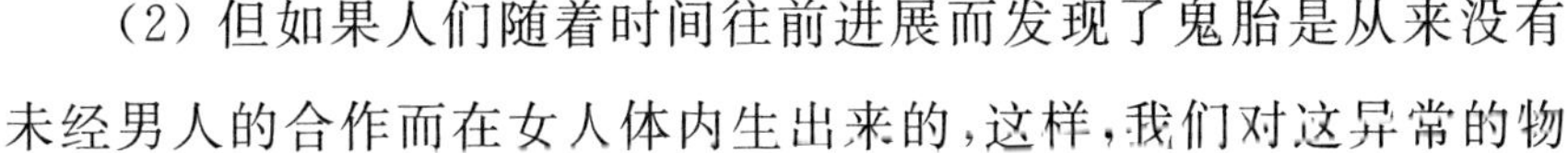

体就将可以作出以下一些新的猜测，比前面那些猜测或然性更大得多。这一被称为“胎盘”的满布血管的组织，我们知道，是一个小圆帽形的，像一种菌子那样的东西，在整个妊娠期间，都以它的凸出部分和子宫相连着的；脐带则有如它的柄；在分娩的阵痛中，这胎盘和子宫脱离开来，而当一个妇女很健康，她的分娩也很顺利时，胎盘的表面是平的。假定这些东西，不论它们的生成或形体构造，也不论它们的用途，都从来只是物体的抵抗力、运动的法则及普遍的秩序所决定它们的那样，而如果发生了这样的情况，就是这个小圆帽样的东西，它看起来只是粘贴在子宫上的，从妊娠一开始就一点一点地从边上脱开了，以致正好随着体积的增大，分离的程度也愈来愈大，这样我就曾想到，这些完全脱空无所依附的边，将永远要靠拢来，并且要形成球形；而那脐带，被两种相反的力所拉着，一方面是那胎盘凸出的分离开的边要把脐带缩短些；而另外一方面是那胎儿的重量则要把脐带拉长，这样这脐带将比通常的情形短得多；而到了一个时候，这些脱开的边将完全连起来，而形成一种蛋一样的东西，在它的中心我们将看到一个构造奇特的胎儿，如生出来的那种怪胎那样，血管闭塞，缩成一团，并且像窒息了的样子，而这个蛋将依旧取得营养。直到它的重量终于使它表面还粘连着的一小部分也脱离开了，它就孤零零地落在子宫中，而也像母鸡生蛋一样被排出体外，它和鸡蛋本来有某种类似，至少在形状上很相像。如果这些猜测在一个鬼胎中被证实了，然而又被证明这鬼胎之在女人体内生成，是并未和男人有任何接触的，那么显然可见，这胎儿是在女人体内已经完全形成了的，而男人的行动只是协助其发展。

三十三

第二组猜测

假定地球有一个玻璃的硬核，如我们有一位最大的哲学家所主张的那样[①]，并且这核外面覆盖着尘土，我们就可以肯定，由于离心力的法则的结果，使游离的物体接近于赤道，并且使地球成为一个扁的球状，这种尘土在两极应该比在任何其他纬度都薄；以致也许这核在其轴的两端就裸露出来，而磁针的方向及北极光的现象应该正是由于这种特点，这种北极光可能只是带电物质的流。

磁和电很像是出于同样的原因。为什么这不会是地球的旋转运动，及构成地球的物质的能和月亮的行动的结合的结果呢？潮汐、水流、风、光、地球的游离微粒的运动，也许甚至整个地球的外壳在其核上的运动等等，以无数的方式作着一种连续不断的摩擦；这些显然地并且不停地行动着的原因的结果，在许多世纪中，就造成了可观的产品；地球的核心是一大块玻璃；它的表面只是覆盖着一些玻璃磨损了的东西，一些砂，和一些可以成为玻璃的物质；玻璃在一切物质中是最能由摩擦而生电的：为什么这地球的电的全部质量不会是所有这些或者在地球表面、或者在它的核上所作的摩擦的结果呢？但从这一般的原因，应该推想可以凭某种试验引申出一种特殊的原因，这种原因将可以在两种巨大的现象——我是指北极光的位置和磁针的方向——之间建立一种磁和电之间一

① 指毕丰在其“关于地球的学说”中所说的。——译者

样的联系，这种磁和电之间的联系的存在，是人家已经以单单用电而使没有磁性的针成为磁针而证明了的。人家可以承认也可以反对这些观念，因为它们还仅仅只在我的理智中有实在性。是要靠实验来给它们以更大的坚实可靠性，并且是要物理学家来想像出这些实验，经实验后或者把这些现象分开，或者终于确定了它们是相同的。

三十四

第三组猜测

在人们发电的地方，那种带电的物质散布出一种刺鼻的硫磺的气味；对于这种性质，化学家们不是就有权插手了吗？为什么他们没有用他们手中所有的一切方法来试一试充满尽可能多的带电物质的液体呢？人们只是还不知道含电的水是否比单纯的水能使糖溶解得更快或更慢。我们的灶火能使某些物质，如炼过的铅，增加相当多的重量；如果电火经常地用在这在锻炼中的金属上，就更增加这种效果，那么从这里不是可以得出电火和通常的火之间的一种新的类似之点吗？有人曾试验过这种异常的火是否会带给药剂某种性能，是否会使一种物质更有效验，一种单方更灵验；但人们不是把这些试验丢弃得太早了吗？为什么电就不会改变结晶体的形成和它们的性质呢？有多少猜测可凭想像来作出，并且用实验来证实或摧毁啊！请看以下的一节。

三十五

第四组猜测

大多数气像学中的现象、鬼火、蒸汽、陨星、天然的及人工的磷、霉烂及发光的木头，这些除了电之外还有别的原因吗？为什么人们不对这些磷来作些必要的实验来证实它呢？为什么人们不想到要来认识一下这空气是否也和玻璃一样本身是个带电的物体，就是说，只要摩擦及打击它就能发电的物体呢？谁知道空气中若充满了含硫的物质，是否就不会比纯粹的空气带电更多或更少呢？如果以一根与空气接触面很大的金属棒，在空气中很快地转动，将可发现空气是否带电，以及这金属棒是否将从空气中受到电。如果在实验时我们燃烧硫磺及其他物质，我们将可认识什么是增加空气的带电的性质及什么是减少这种性质的。也许两极的冷空气是比赤道的热空气更容易感染电的；而因为冰是带电的而水则不带电，谁知道是否应该认为由于这些永久不化的大量冰块，集结在地极附近，并且也许在那在两极比在别处更裸露的玻璃地核上运动，才有磁针的方向，及北极光的出现这些现象呢？这两种现象似乎同样是由于电而起的，如我们在“第二组猜测”中所已说到的那样。观察已经碰到了自然中一个最普遍最有力的能源；现在是要实验来发现它的结果了。

三十六

第五组猜测

(1) 如果把乐器的一根弦张紧,并且以一个轻的障碍物把弦分成不等的两部分,而使之不会阻碍其中一部分的振动与另一部分的振动的交通,我们知道这一障碍物就决定了那较长的部分分成若干振动着的段,以致弦的两部分表现出一种和谐一致,并且较长部分的各段,每一段都是包括在两个不动的点之间的。既然物体的发声并不是其较长部分的分为各段的原因,而两部分的和谐一致仅仅是这种划分的一个结果,我就曾想过,如果以一根金属的棍棒来代替乐器的弦,并且用力击打这棍棒,它也就会在它的长度中形成若干像肚子一样鼓起来的波和若干波节;一切有弹性的物体,不论是不是能发声的,将都是这样;这种现象,人们以为是振动的弦所特有,其实是在一切击打中都会以一种或强或弱的方式发生的;这是属于运动的传递的一般法则的;在被触动的物体中,有许多无限小的振动着的部分,以及许多无限地接近的节或不动的点;这些振动着的部分和这些节,就是当一个物体被触动以后——有时并没有移动位置,有时是在位置移动停止以后——我们在这物体中用触觉可以感觉到的那种颤动的原因;这一假定是符合下述这种颤动的性质的,就是被接触的物体,并不是与接触者的能感觉部分的全部表面相接触的整个表面都在颤动,而是以散布在被接触的物体表面的无数的点,在无数不动的点之间在振动着的;看起来很显然,在有弹性的连续的物体中,均匀地分布在全部质量中

的惯性力，在任一点中起着对于另一点的一个小障碍物的作用；假定一条振动着的弦被击打的部分是无限地小，并因此振动的波也无限地小，波节也无限地接近，则我们就照着一个方向并且可以说仅仅在一条线上，有了在一个立体的物体被另一立体的物体所冲击时在所有各方面所发生的情况的缩影了；振动着的弦的被隔断部分的长度一经确定，就没有任何原因能够在另外的部分增加不动的点的数目了；既然不论敲击的力量有多大，这点的数目总是一样的，并且既然只有振动的速度在物体的冲击中有变化，那颤动将会较强或较弱；但不论冲击的力，物体的密度，以及各部分的凝聚力有多大，振动的点和不动的点的数目的比例将是一样，并且这些物体中静止不动的物质的量也将是经常不变的。因此，几何学家要找出在一个被冲击的物体中运动分布的一般规律，只要把对于振动着的弦的计算推广到角柱体上，球体上，和圆柱体上就行了；这种规律是直到现在还远未经人寻求的，因为人们甚至不曾想到这种现象的存在，而相反地倒假定运动均匀一致地分布在全体之中；虽然在冲击中，颤动由感觉的道路指示出振动着的点分布在不动的点之间这种现象的实在性；我说在**冲击中**，因为好像在没有发生任何冲击的运动的传递中，一个物体是就像最小的分子那样被投掷出去的，并且运动是全体同时一致的。并且在所有这些情形中都是丝毫没有颤动的；这就使冲击的情形和别的情形有区别了。

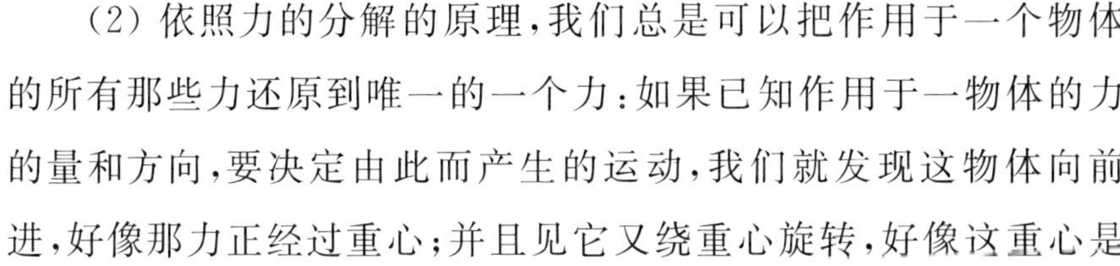

（2）依照力的分解的原理，我们总是可以把作用于一个物体的所有那些力还原到唯一的一个力：如果已知作用于一物体的力的量和方向，要决定由此而产生的运动，我们就发现这物体向前进，好像那力正经过重心；并且见它又绕重心旋转，好像这重心是

固定的，而那力环绕着这重心起作用，正如环绕着一个支点一样。因此，如果有两个分子彼此互相吸引，它们将依照它们的引力、形状等等的法则而一个准备受另一个的处置。如果这一有两个分子的系统吸引了一个和这系统彼此互相吸引的第三个分子，这三个分子也将依照它们的引力、形状等等的法则而一些准备受另一些的处置，依此类推，还可以推到另外一些系统和另外一些分子。所有这一切将形成一个系统A，在这系统中，不论那些分子是否彼此接触，是在运动着还是静止着，它们都将抵制一种倾向于扰乱它们的安排的力，而永远倾向于：或者如果那扰乱的力一停止，就回复到它们最初的秩序，或者如果那力继续发生作用，就相对于它们的引力、形状等等的法则以及那扰乱的力的作用来安排。这系统A就是我所谓的一个弹性的物体。在这一般的及抽象的意义之下，行星系统，宇宙也就只是一个弹性物体：混沌是不可能的；因为由于物质的原始性质，本质上就存在着一种秩序的。

(3) 如果我们想着这系统A是在真空之中，它将是不可摧毁的，不可扰乱的，永恒的；如果我们假定它的各部分散布在广阔的空间中——正如那些性质，就像引力，当没有任何东西限制它们作用的范围时，就扩散到无限[①]——这些部分，它们的形状将毫无变化，并且将为同样的力所激动的，将重新自行安排起来，正如它们曾被安排起来一样，并且将在空间的某一点和时间的某一顷刻，重新形成一个弹性的物体。

(4) 如果我们假定这系统A是在宇宙之中，它将不是如此；其

① 关于这一点，参看本篇末狄德罗的注解。——译者

结果在这里也是一样必然的；但一种断然如此的原因的作用，在这里有时是不可能的，并且在宇宙的一般系统或弹性体中，组成成分的数目总是如此之大，以致我们不知道那些特殊的系统或弹性体原来是怎样的，也不知道它们将变成什么。因此，就不必以为引力在充满中构成如我们这里所注意到的硬性和弹性，而物质的这一属性在“真空”中就足以构成这些性质，并且产生疏散、密集以及一切依存于此的现象，难道不是很显然的吗？那么为什么这属性就不会是我们一般的系统中的这些现象的最初原因呢？在这一般的系统中，有无限的原因制约着这种属性，并且使得在特殊的系统或弹性体中的这些现象的数量变化无穷。这样，一个折叠起来的弹性体，就只有当那使它的各部分向一个方向接近的原因，又这样使它们向相反的方向离开，以致它们再没有了以它们彼此的引力相互起的显著作用时，这弹性体才会断裂；一个被冲击的弹性体，也只有当它的好些振动着的分子在最初摇动时就被弄得离开与它们混杂起来的不动的分子，以致它们再没有了以它们彼此的引力相互起的显著作用时，这弹性体才会爆裂。如果这冲击猛烈到足以使那些振动着的分子全被弄得出了它们显著的引力的范围之外，这物体就将还原为原来的那些成分了。但在这种一个物体所能经受的最强的冲撞，和那只引起最微弱的颤动的冲撞之间，有一种或是实在的或是理想的冲撞，由于这种冲撞，物体的各个分离开了的成分，将不再彼此接触，而它们的系统并没有摧毁，它们的排列也并没有打散。我们将让读者自己去把同样的这些原理应用到密集、疏散等等之上去。我们在这里将仅只再指出一点，就是在由于冲击而起的运动的传递，和没有冲击的运动的传递之间，是有区别

的。未经冲击的一个物体的移动是它的所有各部分都同时一致地移动的，不论经由此道而传递的运动量有多大，即使它是无限的大，这物体也根本不会毁坏；它将继续是整个的，直到有一下冲击，使得它的若干部分在其他一些仍旧不动的部分之间动了起来，而其最初的振幅就有这么大，以致那些振动的部分不能再回到原来的地方，也不能再回到原来的排列系统为止。

(5) 前面所说的一切，其实都只是关于单纯的弹性体，即关于以同样的物质、同样的形状、为同等的力所激动并且依照同一引力法则而运动的微粒所构成的系统。但如果所有这些性质都是可变的，则结果将有无数混合的弹性体。所谓一个混合的弹性体，我是指一个由两个或好几个系统合成的系统，组成这些系统的是不同的物质，有不同的形状，为不同量的力所激动，并且也许甚至依照不同的引力法则而运动，其中一些微粒排列在另一些之间，依照一种所有各微粒所共有的法则，并且我们可以把这个法则看作是它们的相互作用的产物。如果我们以某些动作，能把其中一种排列好的物质的所有微粒驱除出去而使这合成的系统简单化，或者是引进一种新的物质而使这系统有更进一步的组合，使那新的物质的微粒排列在原系统的微粒之间，并且改变了所有微粒共同的法则；这样在这由微粒的不同排列而合成的系统中，其硬度、弹性、压缩性、疏散性及其他依存的性质，将会增加，减少，等等。铅是几乎没有硬度，也没有弹性的，如果我们把它熔解，就是说，如果我们在构成铅的分子的合成系统中，安排进另外一个由空气，火等等分子合成的、构成熔解铅的系统，则它的硬度将更减低而其弹性则增加。

（6）把这些观念应用到无数其他类似的现象上去，并以此作成一本巨著，将是很容易的。最难发现的一点将是：一个系统的那些部分，当它们排列在另一系统的各部分之间时，有时把一个具有排列着的其他部分的系统驱除出去而使这系统简单化，就像在某些化学作用中所发生的，这种现象是凭着什么样的机械作用而发生的。依照不同法则的引力似乎不足以说明这现象；而那种排斥的性质是很难承认的。请看事情可能是怎样的。假设有一个系统A，是由B、C两个系统所合成，其中的分子是依照着为大家所共同的某种法则而一些排列在另一些之中。如果我们在这合成的系统A中引进另一系统D，那么将发生以下两种情形之一：或者是系统D的诸微粒排列在系统A的各部分之间而并没有冲击；在这情形之下，这系统A将为B、C、D三个系统所合成；或者是系统D的诸微粒之排列在系统A的各微粒之间将伴随着冲击。如果冲击的情形是被冲击的微粒并不在最初的振动中被冲出它们引力的无限小范围之外，则在最初的片刻将有扰动或无限多的小的振动。但这扰动不久就将停止；那些微粒将自行排列起来；而从它们的排列中将得到一个由B、C、D三系统合成的系统A。如果系统B的各部分，或系统C的各部分，或两者一起在排列的第一顷刻受到系统D的各部分的冲击，并被冲出它们引力的范围之外；它们将和这系统的排列分离而不再回到其中来，而系统A则将成为一个由B和D两个系统合成的系统，或由C和D两个系统合成的系统；或者将成为一个单单由系统D的排列着的微粒构成的单纯的系统：而这些现象的发生，将随着环境的条件，或者使这些观念更像是真的，或者也许将把它完全摧毁。此外，我是由一个被冲击的弹

性体的颤动出发而达到这个结论的。凡有排列的地方，分离将决不会是自发的；而在只有组合的地方，则分离可能是自发的。排列也还是一个齐一的原则，甚至在一个由异种合成的整体中也是如此。

三十七

第六组猜测

人们若不企图更严格地摹仿自然，艺术的产品将是平凡的、不完善的和软弱的。自然在它的动作中是顽强而且缓慢的。不论是谈到远离、接近、联合、划分、软化、缩紧、硬化、液体化、溶解、消化，它总是以最不显著的步骤向它的目标前进。反之，艺术则总是匆匆忙忙，闹得精疲力竭，并且时作时辍。自然用了若干世纪才粗粗地制造出金属；艺术却想要在一天之内就使它们达到完美的地步。自然用了若干世纪才形成宝石；艺术却要在顷刻之间就来仿制它们。有了真正的方法，是还不够的；还要懂得运用它。如果以为以运用时间乘作用强度所得的积既然是一样，其结果也将是一样，这就错了。只有一种按部就班的、缓慢的并且继续不断的运用，才会使事物起变化。一切其他的运用都只是破坏性的。如果我们也用和自然一样的方式来进行，则我们从那我们现在只得到一些很不完善的化合物的某些物质的混合中，将有什么样的东西得不到啊！但人总是急于享受的；总只想看到他已经开始了的事情的结局。因此就有这许多无结果的尝试；这许多无用的花费和白吃的苦头；这许多为自然所提示而艺术却因为成功似乎很远而从不企图从事

的工作。谁从亚尔西的洞[①]中出来，而不深信，凭着那些钟乳石在其中形成和补缀的速度，这些洞总有一天会被填满，而只成为实心的坚硬的一大块呢？哪里去找这样的博物学家，思索着这一现象，而会没有猜想过，如果让水穿过土壤和岩石而一点一点地渗出来，让这水滴被承受在广阔的洞中，久而久之将形成一些白玉石、大理石以及其他石头的人造石矿，而其性质将随土壤、水和岩石的性质而不同呢？但如果没有勇气、耐心、劳力、花费、时间，尤其是如果没有一种好古的兴趣，来对待这些还留下这许多只得到我们冷淡无味的赞叹的纪念物的伟大业绩，则这些意见又有什么用呢？

三十八

第七组猜测

人们曾试了这么许多次，总想把我们的铁改变成一种和英国及德国的钢一样，并能够用来制造精巧制品的钢。这些试验都没有成功。我不知道他们是照着什么方法做的；但我好像知道他们之被引到这一重要的发现，是由于模仿在铁工厂中很普通的一种操作方法并使之完善而成的。人们把这种方法叫做“装箱锻炼法”。要做“装箱锻炼”，是要拿最硬的煤烟，把它捣细，以尿浸渍，再加上捣碎的蒜，切碎的破鞋皮，和通常的盐；用一只铁箱；在箱底铺一层这种混合物，在这种混合物之上铺一层各种铁器的碎片；在

① 亚尔西的那些石洞，是有名的游览处所。在其中曾发现许多太古动物的遗骸。——译者

这层上面又铺一层上述的混合物;这样一层一层铺上去,直到把箱子铺满;然后用箱盖把它盖好;在它外面好好地涂上一层捣过的黏土和兽毛、马粪的混合物;然后把它放在一堆和它的大小相称的煤炭中心;把煤炭点燃;就让火去烧,只要维持着火使它不熄灭;然后拿一桶清水,在把箱子放在火中烧三个或四个小时之后,就把它拉出来;把它打开,让里面装的东西一块一块地落到水里去,随落随把水搅动。这些块就是"装箱锻炼"出来的;如果把它们打碎几块,就可发现它表面有薄薄一层变成一种很硬的钢和一种很精致的颗粒。这个表面有一种更亮的光泽,并且若用锉刀把它锉成什么样子,它也更能保持。如果我们也像"装箱锻炼"那样用火来烧并且用那些东西,而"一层加一层"地铺上经过很好的选择,很好的加工,打成像铁皮那样薄片的铁,或者用很细的铁棒,并且在从炼钢的炉中出来时把它赶紧放进一种适合于这一操作的水流之中,尤其如果我们把最初几次实验托付给那样一些人去细心从事,他们久已习惯于用铁,惯于知道它的性质并能补救它的缺点,因而将不会缺乏使操作简单化的方法,并且会找到更适合于这一实验的材料——这样我们岂不是可以推想,它将会变成钢吗?

三十九

那种在公开的课程中讲授实验物理学时所显示的,足以引起这种哲学的狂热吗?我根本不相信。我们那些教实验课的先生有点像那种人,因为有很多人在他的餐桌上,他就以为已经请人吃了一次大餐了。因此应该主要地致力于引起食欲,以便有许多人由于为满足这种食欲的欲望所驱使，将会从学徒的地位过渡到业余爱好者，又从业余爱好者过渡到职业的哲学家。但愿这些和科学的进步如此相对立的保留，远离一切公众人物！无论是东西和方法都应该揭示出来。那些发现新的计算法的人们，我在他们的发明中看到他们是何等伟大！而在他们所造成的那种神秘中又看到他们多么渺小啊！如果牛顿赶紧点说出来，正如他的光荣和真理的利益所要求的那样，则莱布尼茨将也不会和他分享发明者的名誉了[①]。这位德国人是想着设计一个工具，而这位英国人则在用他所作的惊人的应用使科学家们惊讶以自娱。在数学中，在物理学中，万全之策是首先把他的题目公开以确立所有权。此外，当我要求揭示方法时，我指的是已经获得成功的方法；至于那些没有成功的方法，则是愈少说愈好。

四十

光是揭示还不够；这种揭示还必须是完全并且清楚的。有一种晦涩，我们可以称之为“大师们的装模作样”。这是他们喜欢在人民和自然之间拉起的一道帷幕。若不管对名人应有的那种尊敬，我要说在施塔尔[②]的若干作品[③]中和牛顿的“数学原理”中存在着的晦涩就是这样的。这些书所要求的，只是被人了解，以便估计

① 这里是谈到关于微积分究竟谁先发明的争论。——译者

② 施塔尔(1660—1734)，德国化学家兼医生。——译者

③ “贝歇学述”，“发酵术”，“十三世纪”。参看“百科全书”“化学”条。(狄德罗原注)

它们有些什么价值；而用不到花它们的作者一个月时间，就可以把它们弄得明白易懂；这一个月功夫将可节省一千个聪明人三年的工作和劳累。因此几乎有三千年可以用来做别的事情的时间就白白浪费了。让我们赶紧使哲学大众化吧！如果我们希望哲学家们向前迈进，就让哲学家们从他们现在所处的地位接近人民。他们会不会说，有些作品是永不能弄得为常人的智力所能及的？如果他们这样说，只显得他们不知道良好的方法和长久的习惯能做出什么。

如果可以容许某些作者晦涩，人家也许该责备我在这里替我作辩解了，我敢说这只有真正的所谓形而上学家才行。那种高度的抽象是只包含着一线模糊的微光的。概括的作用倾向于剥夺概念中所有一切可以感觉得到的东西。随着这种作用的向前发展，有形体的景象就自行消失了；这些观念一点一点地从想像的领域退到理解的领域；观念变成纯粹理智的东西了。于是这种思辨的哲学家就像那种从高耸入云的山顶向下俯视的人：平原上的物件在他面前已经不见了；留给他的就只是他的思想的景象，以及自己高高在上的意识，意识到他已升到那样的高度，并且这地方也许不是让一切人来跟随他和来栖息的。

四十一

即使不用神秘的帷幕再去使自然加倍隐蔽，自然的帷幕难道还不够多吗？技艺的困难难道还不够多吗？你打开弗兰克林的作品[①];披阅一下化学家们的书籍,就会看到实验的技术是多么要求有眼光,有想像,有智慧,有策略;留心地读一读这些书吧!因为如果一种迂回曲折的实验是可以用多少方式来学会的话,你就正是在这些书中学会。如果由于缺乏天才,你需要一种专门的方法来引导你,那么你就在眼前放一张迄今人们在物质中所已认识的那些性质的表;在这些性质中看看哪些是可能适合你要拿来实验的物质的,证实一下它们确实是在那物质之中;然后就尽力来认识它的量;这种量几乎总是用一种仪器来衡量的,对于和这物质相似的一部分的衡量可以一律用到全体去,不要中断,也不要停止,直到把质完全穷尽为止。至于它们的存在,则将是以一些没有被提示出来的方法来证明的。但如果你一点也没有学到应该怎样去找,至少知道人家找的是什么,也就聊胜于无了。此外,有些人被迫对自己承认他们的徒劳无功,或者是由于充分证明了要发现任何东西的不可能,或者是由于他们对旁人的发现的一种暗地里的妒忌,他们将感觉到的情不自禁的悲哀,以及他们喜欢用来分享其荣誉的那些小手段,——这些人终将抛弃一种他们所研究的,对科学本身没有好处而对他们也没有光荣的科学。

四十二

当人们在头脑中形成了一种要求以实验来证实的系统时,应

① 指弗兰克林的“关于电的实验及观察”一书。——译者

该既不要固执地抓住不放，也不要轻率地抛弃。当人们还没有用适合的方法来发现自己的猜测是真的时，他有时以为它们是假的。即使在这里，固执比起相反的另一极端来也还比较不是那样不合适。由于多次的试验，如果人们没有碰到自己所找的，也可能会碰到更好的。用来探访自然的时间是从不会完全白费的。应该按相像的程度来决定持续多久。那些绝对荒唐不经的观念是只值得试第一次的。而对那些有点像是真的观念则应该多给它们一点；而对那些渴望得到一种重要发现的观念，则应该只有在用尽一切方法时才放弃。在这上面似乎是丝毫用不着教条的。人们自然会依照从那里得到的利益的多少而决定从事研究的程度。

四十三

尽管所说的这些系统只是依靠一些空泛的观念，轻率的猜想，骗人的类比，并且甚至(因为应该这样说)是依靠一些为热昏了的心灵很容易当作亲眼看见的东西的幻想，在没有先经过反证以前，也不应该放弃任何一个。在纯粹理性的哲学中，真理每每总是与错误相反的另一极端；同样地，在实验哲学中，产生了人所期待的现象的，也会并不是人所试做的实验。而是它的反面。应该把注意力主要放在正相对立的两点上。因此，在我们的第二组猜测中[①]，在把带电的球的赤道盖起过之后，应该再把两极盖起来，而

① 这里狄德罗是指1753年的原版中第三十三节所讲的内容，在以后各版中被改过了。——译者

让赤道裸露着；而因为有必要使实验的球和自然的地球尽可能地最相似，用来遮盖两极的物质的选择也不是无关重要的。也许在这里还该用多量流体的东西，这在实施上是没有什么不可能的，而这还可能在实验中产生某种异常的，并且和人想要来模仿者不同的新现象。

四十四

实验应该一再重复，以弄清各种情况的细节，并认识其界限。应该把那些实验转施之于各种不同的对象，使它们更复杂，并以一切可能的方式把它们联合起来。只要那些实验是散乱的，彼此孤立的，没有联系的，不能约简的，这“不能约简”本身就证明了还得再做。然后须专一地盯住对象，而可以说要迫得它直到我们已能这样地控制住现象，以致现象中有一个一经知道，所有其他的也就都是这样了：首先我们致力于结果的约简，以后我们将想到原因的约简。结果是从来只有靠把它们增多才能被约简的。在人们用来解释一个原因所能产生的一切的那些方法中，伟大的艺术就是能够很好地把那些有权期待它产生一个新现象的，和那些将只产生一个改头换面的现象的区别出来。无穷无尽地从事于这些改头换面的把戏，就是使自己精疲力竭而并未前进一步。一切实验，凡没有把法则扩大到某种新的事例，或没有以某种例外限制了法则作用的范围、都是毫无意义的。要认识一个人的试验的价值，最简捷的方法就是把它作为一个二段论法的前提，而考察其结论。其结论如果和人家从另一试验中已经得出的恰好一样，那就什么也没

有发现;充其量只是又重新印证了一个发现。很少实验物理学的大书,不能用如此简单的规则简化成很少几页,而有很多小书,用这规则一来就将变成没有了。

四十五

正如在数学中,在考察一条曲线的所有性质时,我们发现那只不过是表现在不同面貌下的同一性质;所以在自然界中,当实验物理学更加进步时,我们也将遇到一切现象,不论是关于重力的,弹性的,引力的,磁的,或电的,都只是同一作用的不同面貌。但是,在人们归之于这些原因之一的那些已知的现象中,有多少中介的现象须待发现,以便形成联系,填满空隙及证明同一呢?这是不能完结的。也许有一个中心的现象将放射出光芒,不仅照在我们已有的那些现象上,而且还将照在久后使人发现的一切现象上,它把这些现象都联系起来,并将形成一个系统。但由于缺乏这一共同交往的中心,它们将仍旧彼此孤立;一切实验物理学上的发现将都只是插入其间而使它们接近,而从不能把它们联结起来;而当这些发现达到了把这些现象联结起来时,它们将形成诸现象的一个连续不断的环,其中我们将不能区别哪一个是头,哪一个是尾。实验物理学将用它的工作形成一个迷宫,理性物理学迷失了方向,将在这迷宫中转个不停;这一奇怪的情形,在自然中不是不可能的,正如在数学中已经是这样一样。我们在数学中,或用综合或用分析,经常发现一些把一条曲线的根本性质和它的最远的性质分开的介乎中间的命题。

四十六

有一些骗人的现象，第一眼看起来，似乎是推翻了一个系统，而经过更好地认识以后，结果是证实了这个系统。这些现象变成了哲学家最感头痛的东西，尤其是当他预感到自然哄骗了他，并以某种异常的及秘密的结构而逃过他的猜测时，更是如此。凡一个现象是好几个协同一致或互相对立的原因的结果时，这种麻烦的情形总是每次都会发生的。如果这些原因是协同一致的，我们将发现，这现象的量，对我们所作的假设来说是太大了；如果它们是互相对立的，则这种量将是太小了。有时甚至这量将变成零，这现象将会不见了，而我们不知道自然的这种任意的缄默当归因于什么。我们来猜一猜它的原由吗？我们没有多少进展。必须致力于把这些原因分开，把它们的作用的结果拆开来，而把一个很复杂的现象还原为单纯的现象；或者至少是以某种新的实验来弄明白这些原因的复杂性，它们的协同一致或它们的互相对立；这种实验作起来常常是很细致的，有时是不可能的。于是这系统就动摇了；哲学家们就分化了；有些还仍旧抱着这系统；另外一些则为似乎和这系统相矛盾的实验所迷惑了，而人们就争论着，直到人们的聪明或者那种不断出现的而且比聪明更富于结果的机会解除了这个矛盾，恢复了那些几乎被抛弃了的观念的荣誉为止。

四十七

必须让实验有它的自由；如果只是显示它能证明的方面而掩盖起它抵触的方面，那就是把它当俘虏了。当人试作一个实验时，不适当的并不是心中存有一些观念，而是听任自己盲目地去做。人们只是当结果和系统相抵触时，才在他的考察中严格要求。这时他就丝毫不会忘记那能够改变现象的面貌或改变自然的语言的东西了。在相反的情形中，观察就很宽大；他在各种情况上轻轻滑过；他一点也不想对自然提出反驳；他对它的第一句话就相信了；他丝毫不猜疑它有模棱两可之处，因此他将够得上听人家这样一句话："你的职务是询问自然，而你却使自然撒谎，要不然就是怕使它作出解释。"

四十八

当人循着一条歪路走时，越走得快，就离得越远。而当他已跑遍了很大一块地方以后，用什么方法回到他的正路上来呢？耗尽力量是不行的；虚荣心在此阻挡着而人并不自觉；由于固执于他的原则，就在所有周围的事物上都散布了一种幻觉，使东西的面貌都改变了。他不再把它们看作它们原来的那样，而是看作他认为它们的那样。不是改变他的观念来适应事物，而似乎是致力于改变事物来适应他的观念了。这种癖好的支配，在一切哲学家中，没有比在那些“方法家”[1]之中更明显的了。一位方法家一旦在他的系统中把人放在四足动物之首，他就除了把人看作一个四足动物外，看不到他的天性中任何别的东西了。虽然他所赋有的高超的理性叫嚷着反对“动物”这个名称，他的构造也和“四足动物”这个名称相抵触，也是徒然；虽然自然已使他的眼光转而向天，也是徒然：这系统的成见已使他的身体屈曲向地了。照这种成见看来，理性也只是一种更完美的本能；它认真地以为，当人发现他的手被变成了两只脚时，人之失掉了脚的用处，只是由于习惯上的毛病。

四十九

可是有些方法家的辩证法实在太奇怪了，非拿个样子出来看看不可。林奈在他的“瑞典动物志”的序中说，人既不是一种石头，也不是一种植物；因此人是一种动物。人没有一只独脚，因此人不是一种虫。人不是一种昆虫，因为他没有触角。人没有鳍，因此不是一种鱼。人不是一种鸟，因为他没有羽毛。那么人是什么呢？他有四足动物的嘴。他有四只脚；前面两只是给他触摸用的；后面两只则用来走路。因此人是一种四足动物。这位方法家又继续说：“诚然，按照我的博物学原则的推论，我从不知道怎样区别人和猴子；因为有某些猴子比某些人的毛还少；这些猴子也用两只脚走路，并且它们用脚和用手都和人一样。此外，说话在我并不是一种

① 毕丰称一切从事机械分类的博物学家为“方法家”，“方法”一词在十七八世纪的博物学中是指那种分类原则的。——译者

表示区别的性质;照我的方法,我只承认那些依靠数目、形状、比例及位置的性质。”逻辑说:那么你的方法是错误的。而博物学家说:“那么人是一种有四条腿的动物。”

五十

要动摇一个假设,有时只要把它推到它所能达到的极端地步就行了。我们将把这方法在那位爱尔朗根的博士①的假设上来试一试;这位博士的作品,充满了奇怪的新观念,将给我们的哲学家们很大的麻烦。它的对象是人类理智能给自己提出的最大的对象;这就是自然的无所不包的系统。作者一开始就简括地叙述了一下他的前辈的意见,以及他们用于现象的一般发展的原则的不足之处。有一些人只要求广袤和运动。另外一些人则认为在广袤上应该加上不可入性,可动性及惯性。对天体的观察,或更一般地关于大物体的物理学,已指明必须有一种力,凭着这种力,所有的各部分彼此照着某种法则伸张或压迫;而人们已承认引力和质量成正比,而和距离的平方成反比。化学上的最简单的实验操作,或关于小物体的基本物理学,已使人求援于一些遵循别的法则的引力;而因为用引力、惯性、可动性、不可兀性、运动、物质或广袤不可能解释一个植物或一个动物的形成,所以哲学家包曼假定在自然中还有别的一些属性。他不满意于人们使之没有物质也没有理智

① 爱尔朗根的博士,指包曼博士,亦即莫柏都依的化名。参看第六十九页的注一。——译者

而作出一切自然界的奇迹的可塑的东西；他不满意于以一种不可理解的方式作用于物质的低级理智的实体；他不满意于这些实体的创造和形成的同时性，这些实体仍然互相包含着，由于一个最初的奇迹的继续作用而在时间中发展着；他也不满意于实体的产生的临时性，这只是一串时时刻刻反复重演的奇迹；他曾想到，所有这些很少哲学意义的系统也许根本不会产生，要不是有一种毫无根据的恐惧，怕把一些我们知道得很清楚的性质归之于一个存在，而这个存在的本性是我们所不知道的，而也许正因为这个缘故，并且不管我们的成见，是和这些性质很能相容的。可是这存在是什么？这些性质是什么呢？要我来说吗？是啊，包曼博士回答说。有形体的东西就是这个存在；这些性质就是欲望、厌恶、记忆和理智；一句话，就是一切我们在动物中所看到的那些性质，就是古代人在"能感觉的灵魂"这个名称下所包括的那些性质，也就是包曼博士承认，保持着形状和质量的比例，在物质的最小的微粒和在最大的动物中都有的那些性质。他说，如果认为物质的分子有某种程度的理智是有危险的，那么假定在一只像或一只猴子中有理智和承认一粒沙中有理智，这危险将是一样大的。在这里，这位爱尔朗根学院的哲学家用尽了一切最后的努力，来避免对他产生一切无神论的猜疑；而显然他之以某种热情支持他的假设，只是因为这假设在他看来可以满足解释最困难的现象，而不会得出一个唯物论的结论。要学习如何使最大胆的哲学观念和对宗教的最深的尊敬相调和，就得读一读他的作品。包曼博士说，上帝创造了世界；而如果可能的话，是要我们来找出他愿用来保持自己的法则，和他决定了用来重新产生个体的方法。我们在这方面是有自由的园地

的;我们可以提出我们的想法;而以下是这位博士的主要思想。

种子元素,从一个和它应当在有感觉和思想的动物体中形成的部分相似的部分中出来,将有某种对它原先的情况的记忆;因此就是物种的保存,和与父母亲的相似。

可能发生这样的情况,就是在精液中有某些元素过多或缺少;以致这些元素由于遗失而不能互相结合或者是作了一些多余的元素的奇怪的结合;因此就有或者是不能生殖,或者是一切可能的奇怪生殖。

某些元素将必然会非常容易以同样方式经常互相结合;因此,如果这些元素是不同的,就有变化无穷的微生物的形成;因此,如果它们是相似的,就有那些珊瑚虫之类,我们可以把它比之于一群无限小的蜂,它们仅只对一种情况有生动的记忆,就会照着它们最熟习的这一情况互相结合并且继续结合在一起。

当一种现在情况的印象平衡或消灭了一种过去情况的记忆,以致对于全部情况漠不关心,就会有不能生殖的情形;因此,骡子就不能生殖。

有谁会来禁止那些有理智而且能感觉的各本质部分无限地离开构成这物种的秩序呢?因此,就有无限的动物的种出于一个最初的动物;无限的存在物从一个最初的存在物流出;就有一个在自然界中唯一的行为。

但每一元素在互相聚集及互相组合中会失去它那很小程度的感觉和知觉吗?包曼博士说,根本不会的。这些性质是它的本质的东西。那么就会怎样呢?就会这样:从这些聚集并组合在一起的元素的知觉,就会得到一个唯一的知觉,和质量及结构成比例;

而在这一知觉的系统中，每一元素将失去其本身的记忆而共同来形成全体的意识，这一知觉的系统就是动物的灵魂。“似乎是从一切聚集在一起的元素的知觉中，得到一个唯一的知觉，比任何一个元素的知觉都强有力得多，完美得多，而它对这些知觉的每一个的关系，也许和有机体对元素的关系是一样的。每一元素，在它和其他元素的结合中，把它的知觉和其他元素的知觉混合了起来，而失去了它本身的特殊的感觉，我们没有了诸元素对原始状态的记忆，而我们的本原对我们也应当完全丧失了。”[①]

就正是在这里，我们很惊奇，这位作者或者是没有觉察从他的假设所得出的可怕的结论，或者是即使他已觉察这些结论，但没有放弃他的假设。现在就该用我们的方法来考察他的原则了。因此我将问他，这个宇宙或一切能感觉及能思想的分子的一般集合，究竟是形成一个整体还是不形成一个整体。如果他回答我说它根本不形成一个整体，则他由于在自然中引进了无秩序，用一句话就动摇了上帝的存在，而由于打断了联结一切事物的链条，就摧毁了哲学的基础。如果他承认这是一个整体，其中各个元素是有秩序地排列着，就正如各个部分或者是实在各别的，或者仅只是可理解的[②]，在一个元素中排列着，以及许多元素之在一个动物中排列着一样，这样他就得承认，由于这种普遍连锁的结果，这世界和一个

① 参看第五十二节及第七十八页的这一段；以及在前面几页和后面几页中同是这些原则对其他一些现象的很精细及很像真实的应用。（狄德罗原注）译者按：此处所说的第五十二节和第七十八页，是指包曼的书而言的。

② 所谓“可理解的”，意即只是理智上可以把它们看作各部分，而不是实在分成各部分的。——译者

大动物似的，也有一个灵魂；他得承认这世界既然可能是无限的，则这世界灵魂，我不说就是，但可能是知觉的无限系统，而世界可能就是上帝。不论他想怎样抗议这些结论，它们总还是真的；并且不论这些卓越的观念能怎样阐明自然的奥妙，这些观念总还一样是使人恐怖的。只要把它们普遍化，就可以看出来了。这种普遍化的作法对于形而上学的假设，正如观察和一再重复的实验对于物理学的猜测一样。这些猜测是否正确呢？愈做实验，这些猜测就愈被证实。这些假设是否真呢？愈把它们的结论推广，而它们愈包含真理，这样它们就愈得到明证和力量。反之，如果这些猜测和假设是脆弱的和没有什么根据的，则或者发现了一个事实，或者是达到了一个真理，在这面前它们就破产了。包曼博士的假设，如果我们愿意，将可阐明自然的最难理解的神秘，即动物的形成，或者更一般地说来，一切有机体的形成，而现象的普遍集合及上帝的存在则将是它的暗礁。但虽然我们摈弃了爱尔朗根的博士的这些思想，而如果我们不把它们看作是一种深思的结果，一种对于自然的普遍系统的大胆企图，一位大哲学家的尝试，我们将不能设想他要解释的现象的晦暗性，他的假设的丰富性，我们从这假设所能得出的惊人的结论，这些对于一个在一切时代都为第一流人物所从事的题目的新的猜测的价值，以及要胜利地攻击他的猜测的困难性。

五十一

关于一种感觉的冲动

如果包曼博士当时把他的系统限制在正确的界限之内，并且只把他的那些观念用在动物的形成上,而不扩充到灵魂的本性上(我认为从这里已经指明和他的意思相反,人家可以把那些思想一直推到上帝的存在问题上去),他就不会因把欲望、厌恶、感觉和思想归之于有机的分子而自陷于那种最诱惑人的唯物主义了。应该满足于只假定一种感受性,这种感受性比那全能上帝给与最接近死物质的动物的感受性还小一千倍。由于这种迟钝的感受性和形状的不同,对于任何一个有机分子都将只有一种一切情况中最适合的情况,有机分子将以一种自发的不安不断地寻找这种情况,就像有时候,那些动物在昏睡中,几乎它们所有的机能的作用都停止了时,就乱动着直到找到最适于休息的状态为止。只要这一原理,就许可能以一种相当简单而没有任何危险后果的方式,满足他所要解释的那些现象,以及那些使我们所有的昆虫观察者都如此惊愕的无数奇事;并且他还可以一般地给动物下个定义:**一个各种不同的有机分子的系统,这些分子,由于一种和那曾创造一般的物质者所给与它们的一种迟钝而微弱的触觉相似的感觉的冲动,自行组合起来,直到每一分子都已遇到最适合它的形状和它的休息的地方为止。**

五十二

关于仪器和度量

我们在别处已经指出,既然感觉是我们一切知识的来源,因此了解我们可以依靠感觉的证据到什么地步,是很重要的:这里我们要再指出,对我们感官的补助物或仪器的考察,也是一样必需的。这就是:实验的新的应用;漫长、辛劳而困难的观察的另一源泉。也许有一个使工作简化的方法;这就是掩耳不听一种理性哲学的犹疑(因为理性哲学是有它的许多犹疑的),而在所有的量中很好地认识度量的精确性到什么地步是必需的。有多少技巧,劳力和时间白费在度量上啊!而这些本来是很可以用来发现新事物的。

五十三

无论在仪器的改进或发明中,有一点要小心,这是对物理学家无论怎样叮嘱都不为过分的;这就是不要相信那些类比,决不要从多的得出少的结论,也不要从少的得出多的结论;要对所用的物质的所有一切物理性质都考察到。如果他在这方面疏忽了,他将永不会成功;而当他已很好地作了他的一切度量以后,还有一个很小的障碍,也许是他没有预料到的,或者是他所不重视的障碍,倒是自然的限制,而在他业已认为完成了时,迫使他放弃他的工作,有多少次不发生这种情形呢?

五十四

关于对象的区别

既然心灵不能了解一切,想像力不能预见到一切,感官不能观察到一切,而记忆不能牢记着一切;既然伟大人物要隔这样远的时间才产生一个,而科学的进步又是这样经常为那些革命所中断,以致若干世纪的研究都只是耗费在恢复过去几世纪的知识上,——因此,模糊地观察一切,乃是人类的失误。才能出众的人们,应该在他们的时间的利用上尊重他们自己和尊重后代。如果我们只能传给后代一部完全的昆虫学,或一厚册记述微生虫的历史,他们对我们就将怎样想法呢?给大的天才以大的对象,而把小的对象给小的天才。对这些小的天才来说,与其什么也不做,总不如从事研究这些小的对象为好。

五十五

关于阻碍

因为光是想望一件事物是不够的,还得同时承受一切和你所想望的事物几乎不可分地联结在一起的东西,所以凡是决心献身于哲学研究的人,将不仅要等着属于他的研究对象的本性的物理上的阻碍,而且还要等着将出现在他面前的许多精神上的阻碍,正如呈现在一切在他之前的哲学家面前一样。因此当他遇到阻碍、误解、诽谤、陷害、辱骂时,他应当知道对自己说:“难道只是在我这时代,只是对我有这些充满了无知和怨毒的人,这些为嫉妒所腐蚀的灵魂,这些为迷信所扰乱的头脑吗?”如果他有时认为需抱怨他的同胞们,他也应当知道对自己这样说:“我抱怨我的同胞们:但如果可能询问他们大家,并且问他们之中的每一个人,他将愿意作‘新传道书’的作者还是作孟德斯鸠;愿意作‘给美国人书’的作者,

还是作毕丰[1];其中会有一个有一点辨别力的人能对这选择有所犹豫吗？因此我一定有一天会得到那些仅有的为我所重视的赞赏的，要是我幸而配得上这些赞赏的话。”

而你们这些取得了哲学家的头衔，或自命为聪明人，并且一点不齿于类似这些讨厌的虫豸，这些专以在人工作或休息时来骚扰他以度过它们朝生夕死的生命顷刻的虫豸的人，你们的目的究竟是什么？你们这样狠毒顽固，究竟是希望什么呢？当你们把那产生有名的作家和卓越的天才的民族中所余下的一点元气都斫丧殆尽以后，你们将做些什么来给它补偿呢？你们将拿什么奇妙的产品来补偿人类本来或可能得到的那些产品呢？……不管你们怎样，那些杜克洛们的名字，那些达朗贝们和卢梭们的名字，那些伏尔泰们、莫柏都依们和孟德斯鸠们的名字，那些毕丰们和道彭顿们的名字，将在我们之中和我们的后裔那里享受荣誉；而如果有人有一天也会记起你们的名字的话，那么他将会说：“他们是他们那时代的第一流人物的迫害者；而如果说我们现在还保有‘百科全书的序言’，‘路易十四时代的历史’，‘法律的精神’，及‘自然的历史’，那是因为幸而那些人的力量有所不及，不能把它们从我们这里夺去。”

① “新传道书”是当时冉森教派的一种刊物，在孟德斯鸠的“法律的精神”于1748年出版后，该刊物曾领头反对，后来这批人也反对“百科全书派”。孟德斯鸠曾予以反驳。“给美国人书”是李涅亚克修道院长反对毕丰的一种小册子，控毕丰为不信神的人。——译者

五十六

1.关于原因

只是照哲学的徒然猜测和我们理性的微弱光亮来看，我们也许会认为原因的链条没有过开始，而结果的链条将没有终结。假定一个分子被移动了一下，它总不是由它自己移动的；它的移动的原因又有另一个原因，这另一原因又有另一个原因，依此类推，我们就不能在过去的时间中找到原因的自然的界限。假定一个分子被移动了一下，这一移动将有一个结果；这结果又有另一个结果，依此类推，我们就不能在以后跟着来的时间中找到结果的自然的界限。心灵对于这种最微弱的原因和最轻微的结果至于无限的进程感到恐惧，就只是以一种偏见来拒绝这一假定以及其他同类的假定，这一偏见就是认为什么都不超出我们感官力所能及的范围，而在我们已再也看不到什么的地方，一切就都停止了。但自然的观察者和自然的解释者的主要区别之一，就是：在感官和仪器抛弃了自然观察者的地方，正是自然解释者开始的地方。他凭着现在是什么来猜测还应该是什么；他从事物的秩序得出抽象而一般的结论，这些结论在他看来是显著的、特殊的真理的全部证据；他上升到秩序的本质本身；他看到一个有感觉和思想的东西和任何一条因果链条的单纯并存，在他是不足以就给它一个绝对的判断的；他就停止于此；如果他再走一步，那他就会出乎自然的范围之外了。

2.关于目的因

我们是谁，要求解释自然的目的？难道我们就丝毫也不觉察，

我们几乎总是牺牲自然的能力而来夸耀它的智慧，而我们从它的资力中剥夺掉的，比我们从来能许给它的目的的要多吗？这种解释自然的方式是很坏的，甚至在自然神学也是如此。这是以人的猜测来代替上帝的作品；这是把最重要的神学真理归之于一个假设的命运。但最通常的现象也将足以指明这些原因的探求是多么和真正的科学相反。假定一位物理学家，当人家问他乳的性质时，他回答说这是一种食物，当雌的动物已怀孕时在她体内开始准备，并且是自然决定它作为将生的动物的养料的；这一定义能使我懂得乳的形成吗？我知道曾有些男人使他们的乳房流出乳汁；上腹部及乳部的动脉的脉管接合[①]向我指明了就是乳汁使得胸部膨胀，女孩子们有时在接近月经来潮时也会感到胸部膨胀得不舒服；几乎没有一个女孩子，要是让小孩来吃她的奶，不会变成乳母的；而我曾亲眼看到一个女性，是属于这样地小的一种，以致找不到一个男性适合她的，她也没有被狎亵过，而她的乳头却胀满了乳汁，竟至于要求援于通常的办法来消解它——当我知道了这一切时，我对于人家所说的这种汁液的决定目的以及随之而来的其他一些生理学的观念将怎么想呢？听到有些解剖学家把自然同样分布于我们身体上丝毫没有什么不名誉需要遮盖的地方的一种遮盖物，认真地归之于自然的廉耻，这是多么可笑；另外有些解剖学家为它假定的用途，比较不是表扬自然的廉耻了，但也更不是表扬他们的聪明。物理学家的职务是在教人而不在熏陶，因此将放弃“为何”，

① 这一解剖学上的发现是属于柏尔丁的，这是我们这时代最好的发现之一。（狄德罗原注）。（按柏尔丁（1712—1781）为一医生，以研究动脉、静脉、淋巴腺等著名。——译者）

而仅从事于“如何”。“如何”是从事物中取出来的；而“为何”则是从我们的智力中取出来的；它是属于我们的那些系统的；它有赖于我们的认识的进展。在某些冒失地为目的因辩护的人们竟敢于作来颂扬“造物主”的那些颂歌中，有多少荒谬的观念，错误的假定，怪诞的概念啊！他们没有“先知”的赞叹的狂喜，在夜间看到天上闪耀着无数星星时，高喊着“诸天述说上帝的荣耀”[①]，却自陷于迷信他们的猜测。他们不就自然事物本身来崇拜上帝的全能，却匍匐于他们的想像的魔影面前。如果有人拘于偏见而怀疑我的非难是否可靠，我就请他把伽仑[②]所写的关于人体各部分的用途的论著和波尔哈维[③]的“生理学”来比较一下；再把波尔哈维的生理学和哈勒[④]的“生理学”来比较一下；我请后代的人把哈勒生理学中所包含的系统化的临时观点和嗣后若干世纪将要变成的那种生理学来比较一下。人以他渺小的见解献功于永恒的上帝；而上帝从他宝座的上面听着他，知道他的意向，接受他愚蠢的颂扬，而且为他的虚荣而微笑。

① “旧约全书”“诗篇”第十九篇第一节。——译者

② 伽仑，公元二世纪时希腊的有名医生和逻辑家，其作品在很长时期曾作为医学的基础。——译者

③ 波尔哈维(1668—1738)，荷兰来顿大学医学教授，有一时期很出名。他把有机体看作只是一种机器。——译者

④ 哈勒(1708—1777)，瑞士生理学家，有丰富的知识，但缺乏唯物主义的观点。——译者

五十七

关于某些偏见

无论在自然界的事实中，或在生活的环境中，没有一种不是一个张开着让我们落进去的陷阱。我以大部分这些为人们看作各民族的健全常识的一般格言为证。人们说：天底下没有什么新的东西；而这对于那坚持粗糙的表面现象的人是真的。但是这一格言，对于每日以抓住最难感觉的区别为事的哲学家，又如何呢？那肯定整棵树上没有两片可感觉得到同样绿的叶子的人，对这格言又当怎样想法呢？有人考虑到要产生一种恰好这样颜色的浓淡，得有数目很多的原因，甚至已知的原因就有很多，因而主张，不必以为把莱布尼茨的意见过分夸张，由于物体所在的空间点不同，再连同各种原因的数目之多，就已指明了在自然中也许从来没有过、并且也许将来也永远不会有两根绝对地一样绿的草；这样主张的人对于这格言又会怎样想法呢？如果事物是通过最不易知觉的微小差别而一个接一个地交替，那么永不停止的时间，在长时期中，就应当在那些太古曾存在的形式，现在存在的形式，和很远的多少世纪以后将存在的形式之间，放进最大的不同；而这“天下无新事”之说，则只是一种由于我们器官的软弱无力，我们仪器的不完善，和我们生命的短促而成的偏见。在道德方面人们又说：“人心不同，

各如其面”[①]；其实这话反过来才正确；没有比面貌相同更普通的了，而同心的则真少见。在文学方面，人们又说：趣味是不能争论的：如果把这话了解为不应该对一个人争论他的趣味怎样，这是幼稚。如果对这话的了解是说在趣味中没有好坏，这是错误。哲学家将严格地考察所有这些通俗智慧的格言。

五十八

问　题

要成为同质，只有一种可能的方式。要成为异质，则有无数不同的可能方式。在我看来，说自然界的一切东西都由一种完全同质的物质产生出来，这就和用同一颜色来表现一切东西一样不可能。我甚至认为可以窥测：现象的多种多样不可能是一种不拘什么的异质的结果。因此，我将把为自然现象的一般产生所必需的、各种不同的异质的物质称为元素；并且将把元素的组合的一个现实的一般结果或许多一个接一个的一般结果称为自然。各元素应该有本质上的区别；否则既然一切都可能回到同质，一切就都可能是从同质中产生的了。有、曾经有、或将有一种自然的组合或一种人为的组合，在这种组合中，一种元素是、曾经是、或将是被弄得尽可能最大的分割。在这种最后分割状态中的一种元素的分子，是以一种绝对的不可分割性而不可分割的，因为这一分子的进一步

① 按原文 quot capita，tot sensus，直译当为“有多少头，就有多少意见”。下文原文也为“头”与“意见”。——译者

分割既然是出乎自然的法则之外，并且出乎技术的能力之外，就仅只是一种理智上可以理会的事情了。自然中或在技术上可能最后分割的状态，照全部现象看来，既然对本质上异质的各种物质并不是一样的，就由此可以得出结论：有一些本质上不同的分子彼此结合在一块，可是它们自己又是绝对地不能分割的。绝对异质的，或基本的物质有多少呢？我们不知道。我们看作绝对异质的或基本的那些物质的本质区别是什么呢？我们不知道。一种基本的物质，在技术的产品中，或在自然的作品中，其分割能达到什么程度呢？我们不知道。如此等等。我曾在自然的组合之外加上了人工技术的组合，这是因为在我们现在不知道和将来也永不会知道的无数事实中，有一件对我们还要隐蔽的事实，这就是要知道：一种基本物质的分割，是否在某种技术操作中曾经是、是、或将是比它在听凭自然本身所作的任何组合中曾经是、是、和将是的分割状态更进一步。而从以下那些问题中的第一个，就将可看出，为什么我在我的某些命题中，加进了过去、现在和将来的概念，以及为什么我在给予自然的定义中插进了承续的观念。

1. 如果现象不是彼此联系着，就根本没有哲学。即使现象是全部联系着的，其中每一现象的状态也还可能是没有持久不变性的。但如果事物的状态是在一种经常的变迁之中，如果自然还是在缔造过程中——则虽然有这链条把现象联系起来，也还是根本没有哲学。我们的全部自然科学就变成了和这些字一样变动不居。我们把它当作自然的历史的，就仅仅只是关于一个顷刻的很不完全的历史。因此我问：金属是否永远曾经是并且永远将是它们现在那样；植物是否永远曾经是并且永远将是它们现在那样；动物是否永远曾经是并且永远将是它们现在那样等等等等。在对某些现象经过深刻的思考以后，怀疑论者们啊！人们或许将会原谅你们的一个怀疑，即世界并不是曾被创造出来的，而是像它曾经是并且将要是的那样存在的。

2. 在动物界和在植物界一样，一个个体可以说有开始、成长、延续、衰颓和消逝；那些整个的物种就不会也是一样吗？如果信仰不是告诉我们动物是如我们看见它们那样从造物主的手里出来的，如果可以允许对它们的开始和它们的终结不那么样的不确定则哲学家听凭他的猜测，岂不可能猜想：动物性在全部永恒时间中有它的那些特殊的元素，散布并且混合在物质大块中；曾经发生过这些元素自行结合起来的情形，因为这种情形的发生是可能的；由这些元素形成的胚胎曾经过无数的组织和发展；它由于继承而有运动、感觉、观念、思想、反省、意识、情感、情欲、记号、手势、声音、有节音、一种语言、法律、科学及技术；在这些发展的每一阶段都经过了几百万年；它也许还经受过其他一些我们所不知道的发展，作过其他一些我们所不知道的增长；它曾有过或将有一个稳定的状态；它由于一种永恒的衰朽而脱离或将脱离这种稳定状态，当衰朽时，它的那些性能将从它之中出来，正如过去它们进入其中一样，它将永远从自然中消逝，或毋宁将继续存在于自然中，但其形式和性能将都和我们在这一时刻看到它所具有的完全两样，宗教使我们省去许多弯路和许多工作。如果宗教没有启迪我们世界的起源和事物的普遍系统，我们将会被引诱来作多少不同的假设来解释自然的秘密？这些假设既然全部是同样错误的，在我们看来就会显得几乎全都像是真的。“为何有某种东西存在”这一问题，是哲

学能为自己提出的最麻烦的一个问题；而只有天启才能给这问题以回答。

3. 如果我们着眼于那些动物和它们所践踏的荒野的土地，着眼于那些有机的分子和它们在其中运动的液体，着眼于那些微生虫和产生这些微生虫并环绕着它们的物质，那么就很显然，一般的物质是分成死的物质和活的物质的。可是怎么能弄成物质不是一种，或者全部是活的，或者全部是死的呢？活的物质永远是活的吗？而死的物质就永远是真死的吗？活的物质就根本不死吗？死的物质就从不开始活起来吗？

4. 在死的物质和活的物质之间，除了有机组织以及运动的实在或表面的自发性之外，是否有其他可指明的区别呢？

5. 那被称为活的物质的，就不会仅仅是一种自发运动的物质吗？而那被称为死的物质的，就不会是一种为别的物质所推动的物质吗？

6. 如果活的物质就是一种自发运动的物质，那么它怎么能停止运动而不死去呢？

7. 如果有一种本身就是活的物质和一种本身就是死的物质，这两个原则是否就足以一般地产生一切形式和一切现象呢？

8. 在几何学上，一个实数加在一个虚数上，结果得出的和是一个虚数；在自然中，如果一个活的物质的分子黏附在一个死的物质的分子上，则其全体将是活的，还是死的呢？

9. 如果集合体可能是活的或者是死的，那么什么时候以及为什么它将是活的？什么时候以及为什么它将是死的呢？

10. 不论是死的还是活的，它总是在一种形式之下存在。不论它在什么形式之下存在,其原则究竟是什么?

11. 那些模型是形式的原则吗?什么是一个模型呢?它是一个实在的预先存在的东西呢?还是只是一个和死的或活的物质相结合的活分子的能那些理智上的界限,亦即一切方向的能对一切方向的抵抗力的关系所决定的那些界限呢?如果这是一个实在的和预先存在的东西,那么它是怎么形成的呢?

12. 一个活的分子的能是自己会变化,还是仅只照着它与之结合的死的或活的物质的量、质及形式而变化呢?

13. 是有一些活的物质和另一些活的物质有种类上的区别呢?还是全部活的物质本质上只是一种并且适合于一切的呢?关于死的物质我也提出同样的问题。

14. 活的物质是和活的物质相组合吗?这种组合是如何造成的?其结果如何?关于死的物质我也提出同样的问题。

15. 如果我们可以假定全部物质都是活的,或者全部物质都是死的,则除了死的物质之外,或除了活的物质之外,还会有别的东西吗?还是活的分子在失去生命以后就不能再取得生命以致再失去;并依此类推,以至于无限呢?

当我把眼光转向人的工作,而看到许多城市到处被建立起来了,一切元素都被利用了,各种语言固定了,各族人民开化了,许多港口建筑起来了,海洋被渡过了,地和天都被测量了;这时世界对我显得已很古老了。而当我发现人们对于医药和农业的主要原则,对于一些最普遍的物质的属性,对他们所患的疾病的知识,对树木的修整,对犁的形式都还不能确定时,则地球据他看来似乎又还只是昨天才有人住的。而如果人们是明智的，他们毕竟将献身于有关他们福利的研究，而最早也将在一千年以后才来回答我的这些无聊的问题；或许甚至因为不停地考虑到他们在空间和在时间中所占的范围的狭小，他们将永远不愿回答这些问题。

祈祷文

我曾从他们叫做你的作品的自然来开始；而我将以在地上名叫上帝的你来结束。

上帝啊！我不知道你是否存在；但我将好像你看见我的灵魂一样来思想，好像我是在你面前一样来行动。

如果我有时曾违反我的理性，或你的法律而犯了罪，我将对我过去的生活不那么满意；但我将对我未来的命运仍旧一样安心，因为一旦我认识了我的错误，你就已经把它忘记了。

我在这世界中丝毫不要求你什么；因为事物的过程是本身必然的，如果你不存在的话；或者是由于你的命令，如果你存在的话。

我希望在另一世界中有你的报应，如果有另一个世界的话，虽然我在这世界中所做的一切，我都是为我自己做的。

如果我是善，这是未经努力的；如果我容许恶，这是没有想到你。

当我知道你并不存在，或当我相信你存在而你要发怒时，我不能自禁地要爱真理和道德，而恨谎言和罪恶。

看我就是这个样子，是一种永恒而必然的物质的必然的有机部分，或者，也许是你的创造物。

但如果我是行善的而且善良的，则对我的同类说来，这是由于一种有机构造的幸运，是由于我的意志的自由行动，还是由于你的恩惠的援助，又有什么关系呢？

而每一次，〔年轻人啊！〕当你诵读我们的哲学的这一信条时，你将同样地也读以下的话：

〔只有正直的人可以做无神论者。

坏人而否认上帝的存在，等于法官而兼为当事人：这是一个人害怕了，而他也知道应该怕一个报复者将来对他所做的坏事进行报复。

反之，喜欢以他的德行将来必有酬报者自慰的善人，则是为反对他自己的利益而斗争。

一个是为维护他自己而作辩护，另一个是为反对他自己而作辩护。第一个永不能确定那决定他作这种哲学推理的方式的真正动机。另一个只能怀疑莫非在和他所能用以自欺的最甘美、最媚人的希望如此相反的意见中有显明的道理把他迷惑了。〕①

既然上帝曾允许，或者是被人叫做“命运”的那种普遍的机械原则曾要求我们在一生中经受一切种类的事件；如果你是一个明智的人，并且是比我更好的父亲，你当及早劝告你的儿子说他是他的生命的主宰，免得他抱怨你给了他生命。

① 按全集编者 J. Assézat 原注：在方括号内的一段，系采自 Naigeon 本。——译者

关于第三十六节的一个地方的注解

我曾对你说过，年轻人，“那些性质，就像引力，当没有任何东西限制它们作用的范围时，就扩散到无限”。人们将会反驳你说：“我甚至能说它们一致地扩散。”人们也许还会说：“我们不能设想一种性质，没有任何中介，如何能作用及于远距离；但认为它在真空中以各种方式，在各种不同的距离发生作用，是根本没有荒谬之点，也永没有荒谬之点的，或者这就是一个荒谬之点；而那样，不论在物质的一个部分的内部，或在它的外面，我们都丝毫看不到有什么能使它改变它的作用的；笛卡儿、牛顿、古代及现代的哲学家们都曾假定一个物体在真空中为最小量的运动所推动，就将一致地在直线上奔向无穷远；因此距离对它本身既不是一种阻碍，也不是一种媒介；一切性质，凡其作用随距离的任何一种反比例或正比例而变化的，必然导致‘充满’及导致微粒子的哲学；而真空的假定和一种原因的作用的可变性的假定，是两个矛盾的假定。”如果人们向你提出这些困难，我劝你到某一位牛顿派人那里去找答案；因为我承认我不知道他们是怎样解决这些困难的。

关于物质和运动的哲学原理

(1770)

我不知道是在什么意义之下,哲学家们竟假定了物质无所谓运动和静止。确定不移的,乃是一切物体都彼此互相吸引,各个物体的一切微粒都彼此互相吸引;乃是这个宇宙中的一切都在移动或激动[①]中,或者同时既在移动中又在激动中。

哲学家们的这个假定,也许和几何学家们的假定相类似,几何学家们是承认有并无长度、宽度、高度的点,既无宽度也无高度的线,并无厚度的面的;或许他们讲的是一块物质对另一块物质的相对静止。在一只被风浪袭击的船里面,一切都是相对静止的。船里面没有一样是绝对静止的,连组成船和组成船中物体的那些分子也不是绝对静止的。

如果他们在任何一个物体中,既不能设想运动的倾向,也不能设想静止的倾向,那是因为他们表面地把物质看成同质的;那是因为他们把物质所固有的一切性质都抽掉了;那是因为他们在与他们的思辨几乎不能分开的顷刻当中把物质看成不可改变的;那是因为他们就一个集合体对另一个集合体的相对静止进行推论;那是因为他们忘记了,当他们就物体无所谓运动和静止这一点进行

① In nisu,指物体内部的运动。——译者

推论时，大理石块却在趋于解体；那是因为他们用思想取消了那种鼓动一切物体的一般运动，又取消了物体之间的那种使物体全都消灭的特殊相互作用；那是因为这种无所谓运动和静止的情况，虽然本身是虚假的，却有暂时的存在，它并不会使运动规律变成错误的。

根据有些哲学家们的说法，物体就其本身说来，是没有活动也没有力的；这是一个可怕的错误，完全违反全部正确的物理学，全部正确的化学：物体就其本身说来，就其固有性质的本身说来，不管就它的一些分子看，还是就它的全体看，都是充满着活动和力的。

他们补充着说：你要表象运动，除了存在着的物质以外，还必须设想一种作用于物质的力。并不是这样的；那秉有一种适合其本性的性质的分子，本身就是一种活动力。它作用于另一个分子，另一个分子也作用于它。所有的这些谬论，都是根据那个认为物质同质的虚妄假设。你们这些如此坚决地设想物质静止的人，难道能设想火是静止的吗？自然中的一切都有它的不同的活动，就像你们称之为火的这一团东西一样。在你们称之为火的这一团东西中，每一个分子就有它的本性，它的活动。

静止与运动的真正区别，就在于绝对的静止是一个抽象概念，根本不存在于自然中，而运动则是一种与长度、宽度和高度同样实在的性质。你们头脑中所想的事，与我有什么相干呢？你们把物质看成同质的或异质的，与我有什么相干呢？你们把物质的性质都抽掉，只考虑它的存在，因而认为它是静止的，与我有什么相干呢？你们因此去寻求一种推动物质的原因，与我有什么相干呢？

你们爱研究几何学就去研究几何学，爱研究形而上学就去研究形而上学；可是我，是物理学家和化学家，是在自然中而不在我的头脑中把握物体的；我把物体看成存在的，多种多样的，具有各种特性和活动的，物体在宇宙中活动，就和在实验室中活动一样，在实验室中，有一个火星出现在三个由硝石、木炭和硫磺组成的分子附近，就一定会引起一个必然的爆炸。

重量根本不是一种趋于静止的倾向，而是一种趋于原地运动的倾向。

人们还说，要使物质运动，必须有一种活动，一种力；是的，或者是分子外部的力，或者是分子内涵的、固有的、内部的力，使分子具有火、水、硝石、碱、硫磺分子的本性：不管这种本性是什么样的，都引起力，引起这个分子从内向外作用的活动，引起其他分子作用于它的活动。

作用于分子的力是会消耗的；分子内部的力是决不会消耗的。这种力是不变的、永恒的。这两种力可以产生出两种激动：第一种是会停止的激动，第二种是从不停止的激动。因此说物体和运动有一种实在的对立，乃是荒谬的。

力的量在自然中是守恒的；但是激动的总和与移动的总和是可变的。激动的总和越大，移动的总和就越小；反过来，移动的总和越大，激动的总和就越小。一个城市失了火，移动的总和就立刻从一个很小的量增大到惊人的程度。

一个原子推动世界；没有更真实的了；其真实的程度和原子为世界所推动是相等的：因为原子有它本身的力，这个力不能不产生结果。

如果是物理学家，就决不应当说作为物体的物体；因为这样就不再是研究物理学了；这是进行不产生任何结果的抽象。

不应当把活动和质量混为一谈。可以有大的质量和小的活动。可以有小的质量和大的活动。一个空气分子便使一块钢爆裂。四颗炸药便足以分开一块岩石。

是的，当我们比较一个同质的集合体与另一个具有同样的同质物质的集合体时，当我们说到这两个集合体的作用和反作用时，它们的相对能力确乎是与质量成正比的。但是果如说到的是异质的集合体、异质的分子时，就不再是这样的规律了。每一个构成物体的基本分子所固有的内部的力有多少不同的种类，不同的规律就有多少种。

物体承担着水平运动。这话是什么意思呢？大家全都知道，有一种一般的力，为我们所居住的地球上的一切分子所共有，有一种力，以某一种垂直或近乎垂直于地球表面的方向压迫着这些分子；但是这种一般的共有的力却有若干万个其他的力与它抗衡着。一个烧热的玻璃管便使金叶飞起来。一阵大风便使空气中充满尘土；热使水蒸发，蒸发的水附带着盐分子；当这块黄铜贴近地面的时候，空气便作用于它，使它的表面盖上一层锈，使这个物体开始解体：我对块体所说的话，也是适用于分子的。

每一个分子都应当看成实际上为三种活动所鼓动：重力或引力的活动；其本性所固有的内部的力的活动，如水、火、空气、硫磺的本性所固有的力的活动；以及一切其他分子对它的活动：这三种活动可以是集合的，也可以是分散的。如果是集合的，那么分子便具有它所能禀赋的最强的活动。要对这种尽可能最大的活动形成一个观念，可以说，就必须作出一堆荒谬的假定，把一个分子放在一种完全形而上学的情况中。

在什么意义之下，才可以说一个物体的质量愈大，它所承担的运动便愈大呢？并不是在物体的质量愈大，它对一个阻碍物的压力便愈弱这个意义之下。没有一个搬夫不知道情形是相反的：这只是相对于一个与物体的压力相反的运动方向而言的。在这个运动方向中，确实是物体的质量愈大，它所承担的运动愈大。在重力的方向中，物体的压力或力或趋于运动的倾向，也同样确实是与物体的质量成正比。这一切意味着什么呢？没有什么。

我看见一个物体下落是毫不惊奇的，正如看见火焰向上升，我并不惊奇；正如看见水向各个方向流动，并且按照它的高度和面积而有着重量，我并不惊奇，因此我可以用适量的液体使最坚固的瓶子破碎；正如看见膨胀的蒸汽在巴班器[①]中使最坚硬的物体粉碎，在火力机中使最重的物体上升，我并不惊奇。可是我把目光放在一般的物体上面；我看见一切物体都在作用与反作用中，都在一种形式之下破坏；都在另一种形式之下重新组合；我看见各种各类的升华、分解、化合，各种与物质的同质性不相容的现象；我由此得出结论：认为物质是异质的；认为自然中有无数不同的元素存在；认为其中的每一个元素都因其不同之点而有其天赋的、不变的、永恒的、不可毁灭的特殊的力；并且认为物体内部的这些力对物体以外有作用：从这里便产生出宇宙中的运动或普遍的骚动。

我在这里驳斥了那些哲学家们的错误和谬论，他们在做些什

① 法国物理学家巴班(Papin)所发明的蒸汽罐。——译者

么呢？他们坚持着一种也许为一切物质分子所共有的唯一的而且单一的力；我说也许，是因为我根本不会惊奇自然中竟有这样的分子，与另一个分子相结合，却使结合而成的东西更轻些。每一天我们都在实验室里用一种不活泼的物体使另一种不活泼的物体挥发：而那一些人，却认为宇宙间的全部作用只是重力作用，从而得出结论，说物质无所谓静止或运动，或者竟说物质有趋于静止的倾向，他们自以为解决了问题，其实他们连碰都没有碰到问题。

当人们把物体看成或多或少地有些抵抗作用，而不把它看成具有重量或趋向重心时，就已经承认了物体具有一种力，一种固有的和内部的活动；但是物体还有许多别的力，其中有一些是向一切方向作用的，另一些则有着特殊的方向。

要假定任何一个处在物质宇宙之外的实体，都是不可能的。决不能作出这一类的假定，因为从这一类假定里是推论不出任何东西来的。

一切关于不可能扩大运动或速度的说法，都是针对着同质物质的假设的。可是这对于那些从物质的异质性里推论出物质中的运动的人，又有什么相干呢？假定一种同质的物质，是很容易造成另外一些荒谬的说法的。

如果不坚持在自己的头脑中考察事物，而在宇宙中考察事物，就会信服现象的多样性，基本物质的多样性，力的多样性，作用与反作用的多样性，运动的必然性。而承认了这一切真理，也就不会再说：我把物质看成存在的，我首先把它看成静止的；因为人们会感觉得出来，这是作出一种抽象，而从这种抽象里是得不出任何结论的。存在既不引起静止，也不引起运动；存在并不是物体的唯一性质。

一切假定物质无所谓运动和静止的物理学家，对于抵抗作用都是没有明晰的观念的。要使他们能够从抵抗作用中作出某种结论来，就必须这种性质是无分别地向一切方向作用的，并且它的能量在每一个方向都是相等的。像这样，抵抗作用便是一种内部的力，便是每一个分子的内部的力了；但是这个抵抗作用是多种多样的：物体可以推到多少个方向去，就有多少种抵抗作用；抵抗作用在垂直的方向要比在水平的方向大些。

重力与惯性力的不同，就在于重力并不是在所有的方向都产生相等的抵抗作用，而惯性力则在所有的方向都产生相等的抵抗作用。

为什么惯性力不会产生一种结果，不会单凭着与物质的量成比例的抵抗作用，使物体保持在静止状态和运动状态里呢？纯粹抵抗作用的概念，既可应用在静止上，也可以应用在运动上：当物体运动时，静止便是抵抗作用；当物体静止时，运动便是抵抗作用。如果没有这个抵抗作用，在运动之前便不能有冲击，在冲击之后便不能有停止了；因为物体是不会起作用的。

当实验挂在一根线上的球时，重力是消灭了。球之牵引线，等于线之牵引球。因此物体的抵抗作用只是从惯性力而来的。

如果线牵引球的力比重力大，球便上升。如果球被重量牵引的力比被线牵引的力大，球便下降，等等。[①]

① 余佚。——译者

达朗贝和狄德罗的谈话

（以下三篇 1769 写定，1830 发表）

达朗贝[①]：我承认，我们很难接受一个实体[②]，它存在于某个地方，而又不与空间上的任何一点相合；我们很难接受一个实体，它是没有体积的，又占有体积，而且在这个体积的每一个部分里都是完整的；在本质上与物质不同，而又与物质联合为一体；跟在物质后面推动物质，而自身又不动；影响物质，而又受物质的一切变迁的影响：这样一个我对它几乎毫无观念的实体，一个具有这样矛盾的性质的实体，是很难接受的。但是又有一些别的疑难在等待否定这个实体的人；因为，一句话，你拿来代替这个实体的这种感受性，如果是物质的一种普遍的和基本的性质，那么石头就应当有感觉了。

狄德罗：为什么石头就没有感觉呢？

达朗贝：这是难以置信的。

狄德罗：是的，在劈它、刻它、磨它而又听不见它哭喊的人看来，是难以置信的。

达朗贝：我很希望你告诉我，你认为人和雕像、大理石和肉的

---

① 达朗贝（1717—1789），法国数学家，作家，曾与狄德罗合作编纂“百科全书”。——译者

② 指上帝。——译者

差别是什么。

狄德罗:差别很小。人们用肉来造大理石,也用大理石来造肉。

达朗贝:但是肉不是大理石,大理石也不是肉。

狄德罗:这就像你称之为活力的那个东西不是死力一样。

达朗贝:我不懂你的意思。

狄德罗:我来解释一下。一个物体从一个地方移到另一个地方并不是运动,这只是运动的结果。在移动的物体和不动的物体中间是同样有运动的。

达朗贝:这种看法是很新鲜的。

狄德罗:这种看法一点也不缺少真实性。你把妨碍不动物体移动位置的障碍除掉,它就会移动了。你突然把这棵大橡树周围的空气排去,树干里所含的水便会立刻膨胀起来往外流,把树干裂成千万片。我说你自己的身体也是这样的。

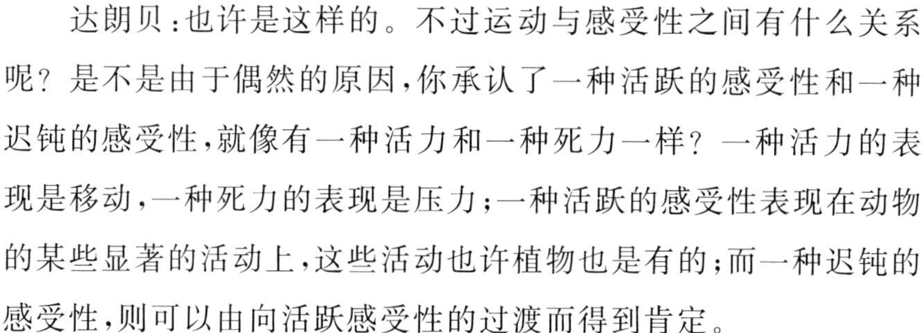

达朗贝:也许是这样的。不过运动与感受性之间有什么关系呢?是不是由于偶然的原因,你承认了一种活跃的感受性和一种迟钝的感受性,就像有一种活力和一种死力一样?一种活力的表现是移动,一种死力的表现是压力;一种活跃的感受性表现在动物的某些显著的活动上,这些活动也许植物也是有的;而一种迟钝的感受性,则可以由向活跃感受性的过渡而得到肯定。

狄德罗:好极了,你说的正是。

达朗贝:那么雕像就只有一种迟钝的感受性;而人、动物,也许也包括植物在内,则赋有一种活跃的感受性。

狄德罗:毫无疑问大理石块和肌肉组织之间是有这种差别的;

不过你也很明了这并不是唯一的差别。

达朗贝：当然。人和雕像的外形虽有相似之处，它们的内部组织却毫无相似之处。最高手的雕刻家的刀子也造不出皮肤来。但是有一种非常简单的办法，可以使一种死力过渡到活力的状态去；这是一个每天在我们眼前重演百来次的经验；可是我就不太知道怎样使一个物体从迟钝感受性的状态过渡到活跃感受性的状态去。

狄德罗：这是因为你不愿意知道。这是一个同样普通的现象。

达朗贝：那么这种同样普通的现象是什么呢？你愿意告诉我吗？

狄德罗：我就告诉你，因为你要以这种现象为耻的。每当你吃东西的时候，就发生这种现象了。

达朗贝：每当我吃东西的时候！

狄德罗：是的；因为在吃东西的时候，你在干什么？你是在移去那些妨碍食物的活跃感受性的障碍。你把食物与你同化了；你把它变成肉了；你使它动物化了；你使它具有感觉了；你对食物所做的事，我高兴的时候就会对大理石去做。

达朗贝：这怎样做呢？

狄德罗：怎样做？我使它变得能吃。

达朗贝：使大理石变得能吃，我看这不容易。

狄德罗：把这个办法告诉你，是我的事情。我把你正在看的这个雕像拿来，我把它放在一个臼里，用杵使劲捣……

达朗贝：请你慢点：这是法尔可内[①]的杰作。如果是于越或一个别人的一件作品的话……

狄德罗：这跟法尔可内毫无关系，雕像是出了钱买来的，法尔可内并不重视现在人对他的尊敬，更是毫不在意将来人对他的尊敬。

达朗贝：来吧。你把它捣成粉吧。

狄德罗：等大理石块捣成了极细极细的粉末，我就把这种粉末和到粪土里或腐殖土里去；我把它搅和得非常匀；我给这团混合物浇上水，我等它腐烂，等一年，两年，一百年，时间我是不在乎的。等到这团混合物变成了一团几乎同质的物质，变成粪土时，你想我怎么办？

达朗贝：我相信你不吃粪土。

狄德罗：我不吃，可是在粪土与我之间，有一种联系的、结合的中介，有一种 latus，像化学家所要告诉你的那样。

达朗贝：这种 latus 就是植物吗？

狄德罗：很对。我在粪土里种上豌豆、蚕豆、白菜和一些别的菜蔬。植物从土里吸收养料，我便从植物里吸收养料。

达朗贝：不管对也好，错也好，我是喜欢这种从大理石到粪土、从粪土到植物界、从植物界到动物界、到肌肉的过渡的。

狄德罗：于是我用肉，或者像我女儿说的那样，用灵魂造成了一种有活跃的感觉的物质；如果我没有解决你向我提出的问题，至少我是很接近于解决了；因为你会向我承认，一块大理石与一个有

① 法尔可内(1716—1791)，名雕刻家。——译者

感觉的生物的距离，要比一个有感觉的生物与一个有思想的生物的距离大得多。

达朗贝：我同意这一点。不过尽管如此，有感觉的生物究竟还不就是有思想的生物。

狄德罗：在更进一步以前，请允许我先给你讲一个欧洲最大的几何学家的故事。这个奇妙的生物一起初是个什么东西呢？是个乌有。

达朗贝：怎么乌有！无中不能生有。

狄德罗：你太拘泥于字义了。我的意思是说，在他的母亲那位美丽的、有罪的修女邓珊[①]成年以前，在那位军人拉·都施成丁以前，那些将要形成我所说的几何学家的最初根苗的分子，是分散在这两个人的年轻脆弱的机体里面，随着淋巴液分泌出来，随着血液循环着，直到最后才奔赴它们准备结集的场所——他父亲的睾丸和他母亲的卵巢里。于是这个稀有的种子便形成了，于是像大家所知道的那样，这个种子便经过喇叭管进入子宫；于是有一根长长的管子把它连在子宫上；于是逐步长大起来，达到胚胎的状态；于是它走出这个黑暗的牢狱的时刻来到了；于是他出世了，被抛弃在圣·让·勒·隆德教堂的阶石上了，他便是因这个教堂而得名的[②]；于是他被人从育婴院里领出了；于是由那位善良的玻璃店女掌柜鲁索太太收养了；吃着奶，身体和智力都长大了，成了文学家、机械学家、几何学家。这是怎样造成的呢？是由吃和另外一些纯

① 邓珊，达朗贝的生母。——译者

② 达朗贝是被抛弃的私生子，因为人们在圣·让·勒·隆德教堂(St. Jean le Rond)阶前拾到了他，所以用这个教堂的名字给他命名。——译者

粹机械的作用造成的。这是按照一条四句话的一般公式:吃,消化,吸收养料,长大成人。谁要想向科学院提供一个人或一个动物逐渐形成的情况,就只有用一些物质的因素来说明,这些物质因素逐步产生的结果便是一个迟钝的生物,一个有感觉的生物,一个有思想的生物,一个解决岁差问题的生物,一个卓越的生物,一个奇妙的生物,一个衰老、萎弱、死去、消解而化为腐土的生物。

达朗贝:那么你不相信有预先存在的种子吗?

狄德罗:不相信。

达朗贝:啊!你真使我高兴!

狄德罗:这是违反经验和理性的:其所以违反经验,是因为人们想在卵和大多数一定年龄以前的动物里面寻找这类种子是徒然的;其所以违反理性,是因为理性告诉我们,物质在理智中虽然可以无穷地加以分割,在自然中却有一个最后的分割限度,是因为理性不能设想,有一只完全成形的象在一个原子里,而在这个原子里又有另一只完全成形的象,这样下去,直到无穷。

达朗贝:可是如果没有这些预先存在的种子,动物的第一代便无法设想了。

狄德罗:如果是先有蛋后有鸡还是先有鸡后有蛋这个问题使你感到困难,那是因为你假定了动物原来就是它现在这个样子。这多傻啊!人们不知道动物将来的样子,也同样不知道动物过去的样子。在污泥中活动的小到看不出的蛆虫,也许在走向大动物的状态;大得使我们吃惊的巨大动物,也许在走向蛆虫的状态,也许是这座行星上的一种特殊的暂时产物。

达朗贝:你这话是怎样讲呢?

狄德罗:我是跟你说……可是这样就使我们离开前面讨论的问题了。

达朗贝:这有什么关系呢?我们可以回到前面的问题上去,也可以不回去。

狄德罗:你允许我把时间提前千万年吗?

达朗贝:为什么不可以?时间对于自然不算一回事。

狄德罗:你同意我把我们的太阳熄灭掉吗?

达朗贝:更不在乎,反正太阳不是第一个熄灭的。

狄德罗:太阳熄灭了,会产生什么结果呢?植物就会死光了,动物也会死光了,于是地球就寂寞无声了。你再把这个星球点燃,你就立刻恢复了产生无数新世代所必要的原因,在这些世代中,我是不敢肯定千百年后我们今天的植物和动物是否会照样再产生出来的。

达朗贝:为什么那些同样的分散的因素重新结合起来就不会造成同样的结果呢?

狄德罗:这是因为自然中一切都是相联系的,一个人如果假定一种新的现象或者恢复过去的一刹那,就是重新创造一个新的世界。

达朗贝:这是一个深刻的思想家所不能否认的。不过我们还是回到人吧,因为万物的秩序要求人存在;你记得,你是在讲到由有感觉的生物过渡到有思想的生物那个地方停下来的。

狄德罗:我想起来了。

达朗贝:老实说,要是你给我解决了这个过渡问题,我是非常感激你的。我有点急切要思想了。

狄德罗:即使我没有把这个问题弄清楚,对于一连串不容置疑的事实又会有什么妨害呢?

达朗贝:没有什么妨害,要不是我们在那里就打住了的话。

狄德罗:为了继续讲下去,我们是不是可以造出一种具有互相矛盾的属性的因子,造出一个没有意义的、不可理解的字来呢?[①]

达朗贝:不可以。

狄德罗:你能不能告诉我,一个有感觉的生物的存在,对于它自己来说,是什么东西呢?

达朗贝:就是它从开始思想时起到此刻为止的自我意识。

狄德罗:这个意识是建立在什么东西上面的?

达朗贝:是建立在对它的行动的记忆上面。

狄德罗:如果没有这个记忆呢?

达朗贝:如果没有这个记忆,它就根本没有自我了,因为它如果只是在获得印象的时刻感到自己的存在,就会根本没有生命史。它的生命就将是一些不联系的感觉的一个断断续续的系列。

狄德罗:很对。那么记忆又是什么东西呢?是从哪里产生的呢?

达朗贝:是从某个机体里产生的,这个机体长大起来,衰弱下去,并且在某个时候完全消失掉。

狄德罗:那么,如果一个有感觉并且有适于记忆的机体的生物,把它所得到的那些印象联系起来,凭着这个联系形成一个是它的生命史的故事,获得它的自我意识,它就作出否定、肯定、推论、

① 指上帝。——译者

思维来了。

达朗贝：我想是这样的；现在我只剩下一个困难了。

狄德罗：你错了；你还有许多困难。

达朗贝：不过有一个主要的困难；就是我觉得我们只能在一个时候思想一件事，而要形成一个命题——我不是说那些包含千万个观念的巨大的推理过程，而是说一个简单的命题——，人们会说，至少必须有两件事同时出现，对象似乎是停留在理智的注意之下的，而理智又在注意它要判定对象是否具有的那种性质。

狄德罗：我也这样想；这种想法有时使我把我们器官的纤维比作一些有感觉的振动的弦子。有感觉的振动的弦子在我们弹它以后还震荡、回响好久。就是这种震荡，这种必然的回响，在保持对象的继续呈现，同时理智正在注意适合这个对象的性质。但是振动的弦还有另一种特性，就是使别的弦也振动起来；就是像这个样子，第一个观念唤起第二个观念，这两个观念又唤起第三个，这三个合起来又唤起第四个，这样一直下去，没有人能够划定哲学家静静地暗中沉思默想时心中所唤起、所联想到的那些观念的限度。这个乐器有一些惊人的跳跃，一个被唤起的观念，有时会使一个离它远到不可思议的和音振动起来。如果在僵死的，分离的发音弦之间可以看到这种现象，在那些活泼的、相连的点子之间，在那些连续的、有感觉的纤维之间，怎样不会有这种现象呢？

达朗贝：这个看法即使不正确，至少也是非常精明的。不过人们会以为你不知不觉地陷入你想避免的那种困难里去了。

狄德罗：什么困难？

达朗贝：你想避免分别两种实体[1]。

狄德罗：我并不掩饰这一点。

达朗贝：如果你仔细看一看，你就要把哲学家的理智做成一个与乐器不同的东西，做成一种音乐家了：这个音乐家倾听着那些振动的弦，说出它们谐调或不谐调。

狄德罗：可能是我引起了这种反驳，如果你考虑过哲学家乐器与钢琴乐器的分别，也许你就不反驳我了。哲学家乐器是有感觉的；他同时既是音乐家也是乐器。作为一个有感觉的东西，他对于他所作出的声音有当下的意识；作为一个动物，他有对这个声音的记忆。这种有机的能力把自己内部的那些声音联系起来，便在自己内部产生出和保持着旋律。假定钢琴有感受性和记忆，请告诉我，它是否不会自己把你在它的键盘上弹出的曲调重弹出来。我们就是赋有感受性和记忆的乐器。我们的感官就是键盘，我们周围的自然弹它，它自己也常常弹自己；依照我的判断，这就是一架与你我具有同样结构的钢琴中所发生的一切。首先有一个印象，它的原因是在乐器的内部或外部，然后有一个感觉从这个印象中产生，并且持续一个时候；因为我们无法想像感觉是在一个不可分的瞬间产生和消灭的；然后又有另一个印象随之而来，它的原因也同样是在动物的内部和外部；然后又有第二个感觉和一些语音出现，用一些自然的声音或约定的声音表示出它们。

达朗贝：我懂了。如此说来，如果这个有感觉和生命的钢琴还赋有吃东西和生殖的能力，它就会生活下去，就会由自己或者和它

① 指物质和精神。——译者

的雌钢琴生出一些活的和发音的小钢琴来。

狄德罗：毫无疑问。依你看来，这岂不就是一只金丝雀，一只黄莺，一个音乐家，一个人吗？你发现黄雀和教黄雀唱歌的手风琴之间有什么别的不同呢？你看见这个蛋吗？我们就是拿这个蛋来推翻一切神学学派和地球上的一切神庙。这个蛋是什么呢？在胚芽进来以前，是一块没有感觉的东西；在胚芽进来以后，又是个什么呢？还是一块没有感觉的东西，因为这个胚芽本身也只是一种呆板的、粗糙的液体。这块东西是怎样过渡到另一种组织，过渡到感受性，过渡到生命的呢？依靠温度。什么东西会产生温度呢？运动。运动的一连串的结果将是什么呢？请你不要回答我，你坐下，我们用眼睛一步一步紧跟着看。起初是一个震荡的点子，然后长出一根有颜色的细丝；然后形成了肉；然后出现了喙，翅膀尖儿，两只眼睛，两只脚爪；有一团黄黄的物质环绕着，产生出内脏；这就是一个动物。这个动物动着，活动着，叫着；我隔着蛋壳听见它的叫声；它长着绒毛；它看着。它摇摆着的头的重量使它的喙不断地啄它的牢狱的内壁；牢狱碎了；它出来了，它走，它飞，它发怒，它逃走，它走近来，它哀鸣，它痛苦，它爱，它意欲，它享受；它有你的一切感情；你的一切动作它都做。你是不是和笛卡儿一样，主张这是一架纯粹的模仿机器？可是小孩们会讥笑你，哲学家们会答复你说，如果这是一架机器，你就是另一架机器。如果你承认动物与你之间只有机体组织上的差异，那你就表明了自己是有意识和理性的，那你就是正直的；可是人家会从这里面得出一条结论来反对你，说用一种按一定方式构成的呆板的物质，浸染上另一种呆板的物质，加上温度和运动，就得出感受性，生命，记忆，意识，欲望，思

想。你只能主张以下两种说法中的一种，就是：或者想像蛋的呆板块体中有一个隐藏的因子，等待发展来宣示它的存在，或者假定这个看不出的因子是在发展中一定的时刻穿过蛋壳钻入蛋中的。可是这个因子是什么东西呢？它占据空间，还是不占据空间？它本身并不动，是怎样来的或逃来的？它在什么地方？它在那里或别的地方做些什么？它是不是在需要的时候创造出来的？它以前存在吗？它希望有一个住所吗？如果它是同质的，那么它就是物质的；如果它是异质的，我们就既不能设想它在发展以前的呆板状态，也不能设想它发展成动物时的活泼状态了。你想一想，就会怜悯你自己了；你就会感觉到，要想不接受一个可以说明一切的简单假定，不接受感受性这一物质的一般特性或机体组织的产物，你就是抛弃常识，就是投入神秘、矛盾和荒谬的深渊。

达朗贝：一个假定！这是你爱这样说。可是如果这是一种在本质上与物质不相容的性质呢？

狄德罗：你怎么知道感受性在本质上与物质不相容？你并不知道任何东西的本质，既不知道物质的本质，也不知道感受性的本质！你难道对于运动的本性，运动在一个物体中的存在，运动从一个物体到另一个物体的传递懂得更清楚吗？

达朗贝：我虽然没有想到感受性的本质，也没有想到物质的本性，可是我知道感受性是一种简单的、单一的、不可分的性质，是与一个可分的主体或基质不相容的。

狄德罗：这是形而上学、神学的呓语！怎么？难道你不知道物质所具有的一切性质、一切可以感觉的形式在本质上都是不可分的？是没有多一些的不可入性，也没有少一些的不可入性的。一个圆的物体的一半是有的，但是“圆”的一半是没有的；具有或多或少的运动的东西是有的，但是较多的和较少的“运动”是没有的；一个脑袋，一只耳朵，一个手指是没有一半，没有三分之一，没有四分之一的，一个思想也没有一半，三分之一，四分之一。如果宇宙中没有一个分子和另一个分子相像，一个分子中没有一个点和另一个点相像，你就应当承认连原子也是有着一个不可分的性质，一个不可分的形式；你就应当承认分割是与形式的本质不相容的，因为分割破坏了形式的本质。如果你是一个物理学家，当你看到一个结果产生时，你就应当承认结果的产生，虽然你并不能说明原因与结果的联系。如果你是一个逻辑学家，你就不应当放弃一个存在的、可以说明一切的原因，去提出另一个不可理解的、与结果的联系更难理解的、造成无数困难而解决不了任何困难的原因。

达朗贝：可是如果我放弃这个原因呢？

狄德罗：在宇宙中，在人身上，在动物身上，只有一个实体。教黄雀用的手风琴是木头做的，人是肉做的。黄雀是肉做的，音乐家是一种结构不同的肉做的；可是大家都有着同一的来源，同一的构造，同一的机能和同一的目的。

达朗贝：你的两架钢琴之间是怎样建立起声音的一致的呢？

狄德罗：如果一个动物是一件有感觉的乐器，和另一件乐器完全相像，赋有同样的构造，张着同样的弦，以同样的方式由快乐、痛苦、饥饿、口渴、疝痛、爱慕、恐怖弹奏着，那么，不管在北极还是在赤道上，它是不可能发出不同的声音来的。你也可以发现，在所有的死语言和活语言中，感叹词几乎都是一样的。我们应当从需要中，从接近中引出约定的声音的来源。有感觉的乐器或动物体验到，发出了什么声音，就有什么结果随之发生于身外；其他和它相似的有感觉的乐器或别的同类动物就会走近来，跑开去，向它要求，给它什么，伤害它，抚爱它，这些结果在它和其他动物的记忆里是与这些声音的发出联系在一起的；请你注意，在人们的交往中，有的只是声音和动作。为了认识我的体系的全部力量，请你再注意，它所遇到的困难，就是巴克莱[①]提出来反对物体存在的那个不可克服的困难。在一个发疯的时刻，有感觉的钢琴曾以为自己是世界上存在的唯一的钢琴，宇宙的全部和谐都发生在它身上。

达朗贝：关于这一点是有许多话可说的。

狄德罗：确实。

达朗贝：例如，根据你的体系，就不太清楚我们是怎样构成三段推论，怎样作出结论的。

狄德罗：这是因为我们并不作出结论：结论都是自然作出来的。我们所做的只是给予那些相连的现象一个表述，这些现象的联系或者是必然的，或者是偶然的，我们是凭着经验而认识这些现象的：在数学、物理学和其他严格的科学里，是必然的现象；在道德学、政治学和其他揣测的科学里，是偶然的现象。

达朗贝：是不是现象的联系的必然性在一种情况之下比在另一种情况之下小一些呢？

狄德罗：不是的；不过原因受到许多特殊变化的影响，我们不

---

① 巴克莱，主观唯心主义者，唯物主义的疯狂的敌人。他硬说，客观的物质世界是不存在的，因为人们所认识的并不是物质事物，而只是知觉、观念；因此世界并不存在于人们的精神之外，只有主观精神是存在的。这种主观唯心主义是一切现代主观唯心主义的始祖。参看列宁："唯物主义与经验批判主义"，代绪论。——译者

知道这些变化，因而不能正确地估计随之而来的结果。我们说一个暴躁的人挨了骂一定发怒，和说一个物体如果碰了一个较小的物体一定使那小物体运动，这两个“一定”并不是相同的。

达朗贝：那么类比法呢？

狄德罗：类比法在一些最复杂的情况之下，只不过是一种在有感觉的乐器里使用的比例法。如果某种已知其本性的现象后面跟随着另一种已知其本性的现象，而又有一个第三种现象，这种现象或者是自然所给予的，或者是模仿自然想像出来的，那么，随着这第三种现象出现的第四种现象将是什么呢？如果一个普通战士的矛有一丈长，那么阿雅克斯[①]的矛将是多长呢？如果我能投掷一块四斤重的石头，第奥梅德[②]就该搬得动岩石的四分之一了。神的步伐和神的马匹的一跃，是与想像中神和人的比例相一致的。动物是等待着一根与其他三根弦成比例的和弦发出回音，这种回音永远在它自身中产生，而并不永远在自然中产生。这对于诗人是不重要的，但是对诗人仍不失其为真实。对于哲学家则是另一回事；哲学家应该跟着质问自然，因为自然常常给予哲学家一种现象，完全与他所推测的不同，那时他就发现类比法使他走错路了。

达朗贝：再见吧，我的朋友，晚上好，夜里好！

狄德罗：你开玩笑；可是你会在你的枕头上梦见这个谈话的，如果这谈话在梦里说不通的话，你可糟糕了，因为你会不得不采纳一些可笑得离奇的假设。

---

① 阿雅克斯，希腊英雄。——译者

② 第奥梅德，传说中的马其顿王。——译者

达朗贝：你错了；我上床是个怀疑论者，下床还是个怀疑论者。

狄德罗：怀疑论者！一个人能是怀疑论者吗？

达朗贝：怎见得不能？你打算替我断定我不是怀疑论者？这一点还有人比我自己知道得更清楚吗？

狄德罗：等一会儿。

达朗贝：快点吧，因为我急于想睡了。

狄德罗：话很短。你是不是认为有一个争执不定的问题，认为一个人拿着一根同样严格的理性尺度，对这个问题既可以赞成，又可以反对，因而踌躇不前？

达朗贝：不是的，这将是布里丹的驴子[①]。

狄德罗：那么就根本没有怀疑论者了，因为除了那些不带丝毫不确定的成分的数学问题以外，其他的一切问题都是有赞成，也有反对的。天平从来不是平的，要想不偏向我们认为最近乎真实的一边，是不可能的。

达朗贝：可是我早晨认为那近乎真实的在我的右边，下午却认为它在我的左边。

狄德罗：这就是说，早晨你是赞成方面的独断论者，下午你是反对方面的独断论者。

达朗贝：可是在晚上，当我回想起我这些判断作得如此轻率的时候，我就既不相信早晨的，也不相信下午的了。

狄德罗：这就是说，你不再去想你摇摆于其间的这两个意见哪

① 布里丹(1297—1358)，经院哲学家，曾经嘲笑怀疑论者，说有一个驴子，又饥又渴，但是不知道先吃好还是先喝好，结果饥渴而死。——译者

一个占上风了；你觉得这个上风太微弱了，不足以奠定一个固定的看法，于是你就决定不再去钻研这样成问题的对象，把它让给别人去讨论，不去争辩了。

达朗贝：大概如此。

狄德罗：可是如果有人把你拉到一边，同你讲交情，问你凭良心说觉得这两种看法中哪一种困难比较小，说实话，你岂不是会难以回答，变成了布里丹的驴子吗？

达朗贝：我想不会。

狄德罗：请注意，我的朋友，如果你仔细想一想，你就会发现，不管对于什么事情，我们真正的看法都不是我们从来不动摇的那个看法，而是我们惯常回到的那个看法。

达朗贝：我想你说得有道理。

狄德罗：我也是这样想。晚上好，我的朋友，“请记着，你是尘土做的，你也是要复归尘土的”。

达朗贝：这是很可悲的。

狄德罗：然而是必然的。你答应给人这样一件东西——我不说长生不死，而只说双倍的寿命，你就会看见什么样的事情会发生。

达朗贝：你期待什么样的事情发生呢？但是这对我有什么相干呢？听它怎样发生吧。我要睡觉了，晚上好！

达朗贝的梦

谈话者：达朗贝，雷斯璧娜丝小姐，博尔窦医生。

博尔窦：嗳，有什么新闻吗？是不是他病了？

雷斯璧娜丝小姐：我怕他是病了，他夜里不安极了。

博尔窦：他醒了没有？

雷小姐：还没有。

博尔窦（走到达朗贝的床前，给他摸了摸脉，看了看皮肤，然后说）：没有什么事。

雷小姐：你认为没关系吗？

博尔窦：我可以这样答复你。脉搏良好……稍微弱一点……皮肤潮润……呼吸顺利。

雷小姐：不用给他做些什么吗？

博尔窦：不用。

雷小姐：好极了，因为他讨厌吃药。

博尔窦：我也怕吃药。他晚饭吃了些什么？

雷小姐：他什么也不要吃，我不知道他在哪里待了一晚上，不过回来的时候挺闷的。

博尔窦：是一种轻微的发热病，不会出什么毛病的。

雷小姐：他一回来就披上睡衣，戴上睡帽，倒在圈椅里假寐起来了。

博尔窦:睡眠总是好的;不过在床上睡要更好些。

雷小姐:安端叫他上床睡,他跟她发了一顿脾气;让他上床睡要花上半个钟头。

博尔窦:我天天都是这样,虽然我身体很好。

雷小姐:他上床以后,并不像他平常那样安睡,因为他睡得像个孩子似的,他翻过来翻过去,伸开胳膊,掀掉被子,并且高声说话。

博尔窦:他说了些什么?讲几何学吗?

雷小姐:没有;说的好像都是胡话。一起头他说起什么震动的绳子和有感觉的纤维,莫名其妙的一派胡言。我觉得这些话真是疯话,于是决定一夜不离开他,也不知道该做些什么,我就端了一张小桌子放在他的床脚头,把我所能听懂的那些梦话都抄写下来了。

博尔窦:你这个想法真是妙得很。可以看看吗?

雷小姐:没有问题;要是你从那里头悟出什么道理来了,我宁肯死掉。

博尔窦:说不定会。

雷小姐:大夫,你准备好没有?

博尔窦:准备好了。

雷小姐:你听吧。“一个活的点子……不,我错了。起初什么都没有,后来有了一个活的点子……在这个活的点子上粘上另一个,又粘上另一个;这样继续不断地粘下去,便得出一个整体的东西来,因为我正是一个整体,这一点我是不会怀疑的……(说到这里，他到处乱摸了一阵。）可是这个整体是怎样造成的呢？（我对他说：嗳，朋友，这跟你有什么关系呢？睡吧……他就不响了。安静了一会，他又说起话来了，好像跟一个人谈话似的。）请注意，哲学家，我很了解一个集合体，一个由许多细微的有感觉的东西构成的组织，可是一个动物！……一个全体！一个完整的系统，它对于它的完整性是有意识的！我不了解它，不，我不了解它……”大夫，你懂得这里面有什么道理吗？

博尔窦：妙极了。

雷小姐：你倒高兴……“我的困难也许是由一个错误的观念引起的。”

博尔窦：这是你说的吗？

雷小姐：不是的，是做梦的人说的。

我接着念……他吼了一声，跟着说：“我的朋友达朗贝，请你注意，你在有连续性的地方只是假定了毗连性……是的，向我说这样的话是相当狡狯的……那么这个连续性是怎样形成的呢？这是一点也不会使他感觉困难的……就像一滴水银融合在另一滴水银里，一个有感觉的活分子融合在另一个有感觉的活分子里……起初有两滴，接触以后就只有一滴了……在同化之前有两个分子，同化以后就只有一个了……在共同的块体上感受性变成共同的了……真的，为什么不是呢？……我凭着思想，可以把动物纤维的长度爱分成多少部分就分成多少部分，可是纤维仍然是连续的，整个的……是的，整个的……两个同质的、完全同质的分子相接触，就形成了连续……人所能想像的最完全的联合、聚合、组合、同一，就是这种情形……是的，哲学家，如果这些分子是基本的、单纯的话；可是如果它们是集合体，如果它们是复合体呢？……那也照样会形成组合，因此也会形成同一、连续……于是就产生了通常的作用与反作用了……两个活分子的接触，与两个呆板的块体的毗连，确实完全是两回事……得了，得了；人们也许会跟你瞎辩，可是我是不介意的，我从来不吹毛求疵……那就接着谈吧。一根很纯的金丝，我想起来了，这就是他给我作的一个比方；一个同质的结构，在这个结构的分子之间，穿插进一些别的分子，也许就造成了另一个同质的结构，一个有感觉的物质的组织，一种在这里活泼在那里呆板的感受性的接触，这种接触是起同化作用的，可以像运动一样传导，且不管——这一点他说得很好——应当有一种差别存在于两个有感觉的分子的接触和两个不会有感觉的分子的接触之间；而这种差别，会是一种什么差别呢？……通常的作用与反作用……这种带有特殊性质的作用与反作用……合起来于是产生一种仅仅存在于动物中的统一……老实说，就算这不是真理，也非常接近真理了……"你笑了，大夫；你发现这里面有什么意义吗？

博尔窦：有许多意义。

雷小姐：那么他不是疯了？

博尔窦：一点也不疯。

雷小姐：说完这一段引子以后，他就喊道："雷斯璧娜丝小姐！雷斯璧娜丝小姐！——你要作什么？——你有没有见过一群从蜂房里分出来的蜜蜂？……世界或物质的总的块体就是蜂房……你有没有见过这些蜜蜂跑到一棵树的树梢上，形成一个由许多长翅膀的小动物结成的长簇，这些小动物都彼此用脚勾在一起？……这个簇就是一个实体，一个个体，某一个动物……可是这些簇应当是彼此完全相似的……是的，如果只容许有一种唯一的同质物质的话……你见过这些蜜蜂没有？——是的，我见过。——你见过没有？——是的，我的朋友，我告诉你我见过。——如果这些蜜蜂中有一个想要用某种方式刺一下勾住它的那个蜜蜂，你想会怎样呢？说吧。——我一点都不知道。——说吧……你不知道，可是那位哲学家，他不是不知道的。如果你一旦看见了他，也许你会看见，也许你不会看见他，因为他答应过我，他会告诉你：这一个蜜蜂又会去刺下一个；这个簇有多少小动物，就会激起多少感觉；整个簇会不安起来，骚动起来，变换位置和形式；它会发出声音，发生一些细小的喊声，一个人如果没有见过这样的簇的组成情况，会以为这是一个有五六百个头和一两千个翅膀的动物……”好吗，大夫？

博尔窦：好的，你知道这个梦是非常美的，你把它抄写下来是做对了。

雷小姐：你也在做梦吗？

博尔窦：决不是，我几乎想把下面的话给你说出来。

雷小姐：我不相信你能这样。

博尔窦：你不相信我吗？

雷小姐：不信。

博尔窦：如果我说出来了呢？

雷小姐：如果你说出来了，我就答应你……我就答应你把你当作世界上最大的疯子。

博尔窦：你看着你的笔记听我说吧：把这个簇当作一个动物的人是错了；可是，小姐，我猜想他继续告诉了你一些话。你愿意他判断得更正确吗？你愿意把蜂簇转化成一个单一的动物吗？你把它们互相勾住的脚融化了吧;把它们的那种毗连状况变成连续状况吧。在蜂簇的这个新的状况与以前的状况之间,确实有一个显著的差别;这个差别是什么差别呢?岂不是现在它是一个整体,一个整个的动物,而以前它只是一大群动物?……我们的一切器官……

雷小姐:我们的一切器官!

博尔窦:在一个做过医生并且做过一些观察的人看来……

雷小姐:底下呢!

博尔窦:底下吗?不过是一些单个的动物,由连续法则把它们放在一个总的结合体、统一体、同一体中罢了。

雷小姐:真把我闹糊涂了;就是这样的,简直是每一个字都一样。我现在可以断定,在整个世界上,一个醒着的医生和一个做梦的哲学家是毫无区别的。

博尔窦:不见得。完了没有?

雷小姐:没完,还早得很。在你的或他的那些莫名其妙的话说完以后,他跟我说:“小姐?——我的朋友。——请你过来一点儿……再过来一点儿……再过来一点儿……我有件事要告诉你。——什么事?——把那个蜂簇拿来,那边的,你完全知道在那边,那边;我们来做个实验。——什么实验?——把你的剪刀拿来;剪刀快吗?——快极了。——轻轻地过来,轻轻地,给我把这些蜜蜂分割开来,小心不要把它们拦腰分开,精确地从它们彼此用脚爪勾着的地方割。不要怕,你会把它们弄伤一点儿,不过不会把它们弄死……好极了,你简直灵巧得跟个仙女似的……你看见它们都各自分飞了吗?它们一个一个地,三三两两地飞开了。有多少蜜蜂啊！你明白了我的意思没有……明白了我的意思没有？——非常明白。——现在你假定……假定……”凭良心说，大夫，我简直不懂我抄写的这些话；他说的声音这样低，我的纸上这一段写得糊里糊涂，我没法念出来了。

博尔窦：要是你愿意的话，我可以补充一下。

雷小姐：只要你能够。

博尔窦：没有比这更容易的了。假定这些蜜蜂极小极小，小到你的剪刀的钝口永远对它不起作用：你可以爱怎么分就怎么分，而不至于弄死一个，那么这个整体，这个由看不出的蜜蜂形成的整体，实际上就是一个珊瑚，你只有把它压得粉碎才能破坏掉它。连续的蜂簇与毗连的蜂簇的差别，严格说来，就是我们人、鱼类和蠕虫、蛇以及腔肠动物这样一些普通动物之间的差别；这一整套理论还要作若干修正……（说到这里，雷斯壁娜丝小姐突然站了起来，跑去拉叫人铃的绳子）轻点儿，轻点儿，小姐，你要把他弄醒了，他需要休息。

雷小姐：我没想到这一点，我简直昏了头了。（向进来的仆人说）你们哪一个去请大夫的？

仆人：是我，小姐。

雷小姐：很久了吗？

仆人：我回来不到一个钟头。

雷小姐：你没给大夫那里拿去什么吗？

仆人：没有。

雷小姐：没拿去什么纸条吗？

仆人：没有。

雷小姐:好了,去吧……我不追究这事了。你瞧,大夫,我疑心到他们中间有人把我这潦草的字条儿送给你看了。

博尔窦:我向你保证决无此事。

雷小姐:现在我认识你的才能了,你将是我在社交方面的一个大帮手。他的梦话到这里还没完呢。

博尔窦:那好极了。

雷小姐:那么你不觉得有什么使你不愉快的地方吗?

博尔窦:一点也没有。

雷小姐:他接着说……"嗳,哲学家,你能设想各种各类的珊瑚,甚至人珊瑚吗?……但是自然并没有给我们产生什么人珊瑚啊。"

博尔窦:他不知道有两个女孩儿,脑袋、肩胛、脊背、屁股、大腿全长得连在一块,这样一直活到二十二岁,才在几分钟之内相继死去。底下他怎么说的?

雷小姐:一些只有在疯人院里才听得到的疯话。他说:"这个要么已经过去,要么将来会有。何况谁知道别的行星上的事物情况呢?"

博尔窦:也许不应该说到那么远。

雷小姐:"在木星或土星上,就有人珊瑚!男的分解成男的,女的分解成女的,这是很有趣的……(说到这里,他大笑起来,把我吓了一跳。)男人分解成无穷个原子男人,我们把他们夹在纸张里,就像夹虫卵一样,这些原子人筑起茧来,在一定的时间内成为蛹伏着,然后穿破茧壳,变成蛾跑出来,于是一个人的社会便形成了,一个整整的地区便由一个单个的人的残片塞满了,这件事想像起来是非常有意思的……（接着又是一阵哈哈大笑。）如果人在某个地方分解成无数微生物式的小人的话，我们对于死就应该不怎么介意了；既然损失一个人这样容易恢复，也就应该不会造成什么遗憾了。”

博尔窦：这个狂妄的假设几乎就是各种现存的和未来的动物的真实历史。如果人不分解成无穷个人的话，至少分解成无穷个微生物，这些微生物的蜕变，以及它们未来的和最后的组织，是无法预见的。谁知道这不是一种和这一代相隔不知若干世纪和若干连续发展阶段的下代生物的根苗？

雷小姐：你在那里低声低气地咕哝些什么，大夫？

博尔窦：没什么，没什么，我也在做梦了。小姐，请继续念吧。

雷小姐：他接着说：“然而我仔细考虑之后，我还是比较喜欢我们这种繁殖的方式……哲学家，你知道各个地方的情形，请告诉我，不同肢体的分裂岂不造成不同性格的人吗？脑子、心脏、胸膛、脚、手、睾丸……哎呀，这岂不把道德大大地简单化了！……一个天生的男人，一个生就的女人……（大夫，容许我把这些话跳过去吧……）一间暖房，里面挂着一些小皮囊，每一个皮囊上都有一张标签，写着：武士、总督、哲学家、诗人、嬖臣的皮囊，娼妓的皮囊，国王的皮囊。”

博尔窦：这些话是很痛快的，也很癫狂。这就是所谓做梦，有一个幻觉使我回想到一些颇为奇怪的现象。

雷小姐：接着他又咕哝了一阵，说把一些不知道什么谷粒、肉块浸在水里，说他看见了一连串不同种类的动物在产生和消灭。他用右手做出一个显微镜筒子的样子，用左手做出一个姿势，我想是个瓶口。他从这个镜筒中望着瓶里，说道："伏尔泰爱嘲笑就尽量地嘲笑吧，可是那位'鳗鱼专家'[1]是对的；我相信我的两眼；我看见了它们；有多少啊！它们这样去！这样来！这样摆动……"他在这个瓶子里看到了这样多刹那生灭的世代，他把这个瓶子比作宇宙；他在一滴水中看见了世界的历史。这个观念在他看来是很伟大的；他发现这个观念完全适合于那种在小物体中研究大物体的好哲学。他说："在倪唐的那滴水中，一切都在一瞬间发生和消灭。在世界中，同样的现象保持得稍微长久一点；但是我们的寿命和时间的永恒比起来算得什么呢？还赶不上我用一根针尖挑起的水滴之于我周围的无限空间。在发酵的颗粒中有无数微生物，在另一个所谓地球的颗粒中也有同样的无数微生物。谁知道发生于我们以前的那些动物种类呢？谁知道发生于我们人类以后的那些动物种类呢？一切都在变，一切都在过渡，只有全体是不变的。世界生灭不已，每一刹那它都在生都在灭，从来没有过例外，也永远不会有例外。

"在这个物质的大洋里，没有一个分子和另一个分子类似，也没有一个分子有一刹那和自己类似；'Rerum novus nascitur'('万象日新月异')这就是它的永恒铭文……"然后他叹了一口气，接着说道："唉，我们的思想是多么空虚！荣誉和我们的工作是多么贫乏！多么可怜！我们的眼界是多么狭小！切实可靠的只不过是吃、喝、生活、爱、睡而已……雷斯璧娜丝小姐，你在哪里？——我在这里。"——这时候他的脸色变了。我想摸摸他的脉搏，可是不

[1] "鳗鱼专家"是伏尔泰嘲笑英国生理学家倪唐的话。——译者

知道他把手藏到哪里去了。他好像在痉挛。他的嘴半开着，呼吸急促；他深深地叹了一口气，接着又更无力、更深地叹了一口气；他把脑袋在枕头上翻了一转，睡着了。我留心注视着他，不知道什么道理心里大大的感动了起来，心口直跳，然而并不是怕。几分钟以后，我看见他嘴唇上浮起一丝微笑；他低声说道："在一个行星里，人们用鱼类的方式繁殖，一个男人的精挤到一个女人的卵上面……这样做我是不会懊悔的……不应当把可以有用处的东西丢掉。小姐，如果可以把它收集起来，装在一个瓶子里，一清早就送给倪唐的话……"大夫，你说这不是胡说八道吗？

博尔窦：他当着你的面说这些话，确实是胡说八道。

雷小姐：当着我说，背着我说，都是一样，你不知道你说的是什么。我真希望下半夜会安静点儿。

博尔窦：这个常常会产生这种结果的。

雷小姐：根本就不是那么一回事；夜里两点钟光景，他又回到他的那滴水上，他管这个叫一个小……宇……

博尔窦：一个小宇宙。

雷小姐：他说的就是这个字。他钦佩古代哲学家们的机智。他又像是向他的哲学家说话，又像是代他的哲学家说话，我也不知道到底算哪一个说的，他说："伊壁鸠鲁曾主张大地包含着万物的种子，动物界是发酵作用的产物；如果他在作这种主张的时候，曾经提出一个建议，要举出那在时间开始时是大型的东西的小型的形象，那么该怎样回答他呢？……你眼前就有这样的形象，可是它并不能给你说明任何事情……谁知道那个发酵作用和它的那些产物是不是已经穷尽了？谁知道在这些动物世代的系列中我们是处在哪一个瞬间？谁知道这种形容古怪，只有四尺高、仅仅在北极附近还叫人、只要形容再古怪一点就要立刻失去人的称号的两足动物，就不是一种要消灭的种类的形象？谁知道一切动物种类不都是这样的？谁知道一切不是趋向于化为一大块呆板不动的沉淀物？谁知道这种僵化状态会继续多久？谁知道从同样大的一堆有感觉的活点子里能够重新产生出什么新种来？为什么不是一个单独的动物？像在起初的时候是个什么东西呢？也许是个庞大的东西，和我们现在所看见的一样，也许是一个细小的东西，因为这两种情形是同样可能的；这两种情形的前提不过是物质的运动和不同的特性……像这个庞大的有机块体，是发酵作用的突然产物！为什么不是呢？这个大四足动物和它的原始母胎距离很大，可是还不如蛆虫和产生蛆虫的面粉粒距离之大；不过蛆虫总归只是一个蛆虫……也就是说，这个使你看不出它的组织来的'小'，排除了它的神妙……神奇的东西就是生命，就是感受性；这个神奇的东西不再是个单一的东西……我看见了呆板的物质过渡到有感觉的状态之后，就对任何东西都不感到惊讶了……放在我手掌心里发酵的这一点少数的元素，比起那些分布在地球内部、地球表面、海洋之中、太空之内的种种元素的无尽藏来，差得多么远！……可是，既然同样的原因依然存在，何以那些结果竟没有了呢？为什么我不再看见金牛用角钻土，用脚蹬地，使劲来使它的笨重的躯体离开地面呢？[①] ……让存在着的动物现有的种类消灭吧；让那个呆板的大沉淀物酝酿几万万年吧。要革新物种，也许应该要有十倍于

① 见路克莱兹："论事物本性"，第五卷。——译者

它们存在时期的时间才行。等着吧，不要急于大讲其自然的伟大工作。你现在有两种重大的现象要研究，一种是从呆板状态到感受性状态的过渡，一种是自发的生殖，这两种现象已经够你研究了：请你从这些现象中作出正确的结论来吧，在事物的秩序中，是既没有绝对的大，也没有绝对的小，既没有绝对的持久，也没有绝对的变灭，你要谨防那种蜉蝣的诡辩……"大夫，蜉蝣的诡辩是个什么东西？

博尔窦：就是一个相信事物不灭的变灭的人的诡辩。

雷小姐：封德内尔[①]的玫瑰不是说，在玫瑰的记忆中，没有见过一个园丁死去吗？

博尔窦：正是；这是一句轻松而又深刻的话。

雷小姐：为什么你的哲学家们不用封德内尔那种优美词句来表达自己的意思呢？那样我们就懂他们的意思了。

博尔窦：老实说，我不知道这种轻佻的语气是否适合于讲重大的问题。

雷小姐：你把什么问题叫做重大的问题呢？

博尔窦：就是普遍的感受性，感觉体的形成，感觉体的统一，动物的起源，动物的生存期间，以及一切与此有关的问题。

雷小姐：我啊，我管这些东西叫胡思乱想，我承认人们睡着的时候倒可以梦见这些问题，然而一个有理性的人清醒的时候是决不会想这些的。

博尔窦：这是什么道理呢？可不可以劳驾讲一讲？

---

① 封德内尔(1657—1717)，法国文学家，启蒙思想家的先驱。——译者

雷小姐:这是因为有些问题实在太明显,明显到不必再来给它找理由,有些问题实在太模糊,模糊到人们一无所见,总而言之都是无聊透顶的。

博尔窦:小姐,你认为否认或者承认一个最高的心智是无所谓的吗?

雷小姐:不是的。

博尔窦:你以为一个人不必知道对于物质的永恒性与物质的特性,对于两种实体的区别,对于人的本性与动物的发生等问题应当持什么见解,就可以对于最高的心智有所主张?

雷小姐:不是的。

博尔窦:那么这些问题就不像你所说的那样无聊了。

雷小姐:但是我如果不能说明这些问题,对我又有什么要紧呢?

博尔窦:如果你不去考察这些问题,你又怎样能说明它们呢?可不可以请问,你发现是哪些问题明显到你觉得加以考察是多余的?

雷小姐:例如我的单一性,我的"自我"等问题。凭良心说,我觉得为了知道我是"我",为了知道我一直是"我",以及我不会是另一个东西,是用不着费上这么多唇舌的。

博尔窦:事实诚然是明显的,但是事实的道理决不是明显的,尤其是有些人只承认有一种实体,把人或一般动物的形成解释成许多有感觉的分子连续黏附:从这个假设来看,道理最不清楚。每一个有感觉的分子在黏附以前都有它的"我",它是怎样失去它的"我"的?从失去一个个的"我"怎样得出对于一个整体的意识这个结果来呢?

雷小姐:我觉得单单用接触就够说明了。有一个实验我做过一百来次……请等一等……我得看看那帐子里怎么啦……他睡着了……当我把手放在大腿上的时候,起头我清清楚楚觉得我的手不是我的大腿,然而过了一会儿以后,手和大腿的温度相等了,我就再也分不出来哪是手哪是大腿了;这两部分的界限混了起来,成为一体了。

博尔窦:是的,直到有人在你手上或大腿上刺一下为止;这时候分别又重新产生了。那么,在你身上一定有个什么东西,它知道挨刺的究竟是你的手还是你的大腿,而这个东西并不是你的脚,并不是你那挨了刺的手;并不是这个东西在痛,而是另一个自己并不痛的东西知道痛。

雷小姐:我想这是我的脑袋。

博尔窦:你整个儿脑袋?

雷小姐:不是的,大夫,我用个比方来解释一下,比方几乎是女人和诗人的全部理由。请你想像一个蜘蛛……

达朗贝:谁在那儿?……是你吗,雷斯璧娜丝小姐?

雷小姐:静点,静点……(雷小姐跟大夫静了一会儿工夫,接着雷小姐低声说。)我想他又睡着了。

博尔窦:没有,我觉得我听见什么东西响。

雷小姐:你说得对;是不是他又开始做梦了?

博尔窦:听着。

达朗贝:我为什么是这样的呢?因为我不能不是这样的……在这里,是如此,但是在别的地方怎样呢?在北极?在赤道上?在土星上？……如果数千里之隔就把我的品种改变了，那么数千倍于地球直径的间隔怎样不会改变品种呢？……如果全体是一个普遍的流，像宇宙景象随处指示给我的那样，那么数万万年的时间和变迁怎样不会在这里和别的地方产生出变种来呢？谁知道土星上的有思想和感觉的生物是个什么样的东西呢？……可是土星上到底有没有感觉和思想呢？……为什么没有？……土星上有思想和感觉的生物的官能是不是比我多呢？……如果比我多的话，唉！土星人是多么不幸啊！……官能越多，需要越多。

博尔窦：他说得有理；感官产生需要，反过来需要也产生感官。

雷小姐：大夫，你也在说梦话吗？

博尔窦：为什么不是这样的呢？我就看见过两只胳臂桩儿慢慢变成两只胳臂。

雷小姐：你骗人。

博尔窦：真的。为了代替两只断掉了的胳臂，我就见过两个肩胛伸长出来，像钳子似的动着，变成两只胳臂桩儿。

雷小姐：真是胡扯！

博尔窦：这是件事实。假定有一长串没有胳臂的世代，假定有继续不断的努力，你就可以看出这个钳子的两边伸出来，一点一点地伸出来，在背后交叉起来，再回到前面，也许会在末端长出手指，重新造成两只胳臂和两只手。原始的结构是通过需要与习惯作用而改变或改进的。我们路走得这样少，工做得这样少，想得这样多，我看人终究会只剩下一个脑袋的。

雷小姐：一个脑袋！一个脑袋！这是件些小的事情；我希望那种死乞白赖的献殷勤……你教我想到很可笑的念头上去了。

博尔窦：静点。

达朗贝：我是这样的，因为本来我就应该是这样的。你改变了全体，就必然改变了我；不过全体是不停地在改变的……人只是一个普通的结果，怪物只是个稀有的结果；两种东西是同样地自然，同样地必然，同样地存在于普遍的、共同的秩序中……这有什么可惊讶的呢？……所有的东西都在彼此循环，因此一切物种也都如此……全体是一个不断的流……一切动物都是或多或少的人；一切矿物都是或多或少的植物；一切植物都是或多或少的动物。在自然之中，根本没有严格的分别……卡斯德尔神父的丝带[①]……是的，卡斯德尔神父，就是你的丝带，而且只是你的丝带。任何东西都是或多或少的某个东西，或多或少的土，或多或少的水，或多或少的气，或多或少的火；或多或少的这一界的东西或那一界的东西……那么什么东西都没一个特殊事物的本质了？……没有，当然没有，因为没有一个性质不是为任何事物所分享的……使我们归属于这一类东西而不归属于另一类东西的原因，乃是这种性质的或多或少的量的比例……你们讲个体，可怜的哲学家们啊！把你们那些个体放到一边吧；请答复我：自然中有没有一个原子和另一个原子严格地相似？……没有……你不同意自然中一切事物都是互相关联的吗？你不承认链条中不可能有一个空档吗？那么你们要拿这些个体来说明什么呢？根本就没有个体，没有，根本就没有……只有一个唯一的大个体，就是全体。在这个全体中，和在一架机器中，在某个动物中一样，有一个你将称之为这样那样东西的

① 卡斯德尔神父所制造的一种光学仪器，由一些彩色的丝带构成。——译者

部分，如果你把全体中的这个部分称之为个体的话，那是由于一个错误的概念的缘故，这个概念是非常之错的，其错误就跟你把一只鸟的一只翅膀、翅膀上的一根羽毛称之为个体一样……你们讲本质，可怜的哲学家们啊！把你们的这些本质抛在一边吧。看这整个物质大块吧，要是你的想像力太小，不能把握它的话，就看看你自己的来源和末日吧……阿尔其塔斯啊！你这个曾经量过地球的人，你是什么东西呢？一点儿灰……什么是一个实物？……一定数目的倾向的总和……难道我能够不是一个倾向吗？……不能的，我在向着一个目的走……那么物种是什么呢？……物种只不过是一些引向它们所特有的共同目的的倾向而已……那么生命是什么呢？……生命，就是一连串的作用与反作用……我活着，就以块体的方式作用与反作用……我死了，就以分子的方式作用与反作用……那么我就根本不死了？……不死，当然不死，在这个意义之下我根本就不死，不但是我，无论什么东西都不死……诞生，生活，死去，乃是形式的变换……取这个形式或者取那个形式有什么关系呢？每一个形式都有它特有的幸运与不幸。从大象到木虱……从木虱到有感觉的活分子这种万物之源，整个自然中没有哪一个点是没有痛苦或没有快乐的。

雷小姐：他不说了。

博尔窦：不说了；他作了一个相当美的题外之谈。这就是很高的哲学；此刻有系统了，我相信人类的知识越有进步，这个哲学越得到证实。

雷小姐：然而我们呢，我们刚才谈到哪里了？

博尔窦：凭良心说，我记不起来了；我听了他的话，使我回想起这么多的现象!

雷小姐:等等,等等……我刚才是说到我的蜘蛛的。

博尔窦:是的,是的。

雷小姐:大夫,请挨近一点儿。请你想像有一个蜘蛛,待在它的网中央。你把一根丝摇动一下,便会看见这个受惊的动物乱跑一阵。好!这些丝是蜘蛛从肚子里吐出的,高兴的时候又把它吸回去,那么这些丝是否构成它自己的有感觉的部分呢?……

博尔窦:我懂你的意思了。你想像在你身体中有某一个地方,譬如说,在你脑袋的一个角落里,有些所谓脑膜的东西,有一个点或者许多点,凡是在神经丝的任何一段上激起的感觉都牵连到这种点上去。

雷小姐:就是这样。

博尔窦:你的看法简直再正确不过了;可是你没有看出来这几乎跟一个蜂簇是一模一样的吗?

雷小姐:哎呀,真的;我不自觉地做出了文章。

博尔窦:而且是极好的文章,你马上就会发现的。如果仅仅就人刚生下来的时候所表现的那个形状去认识人,对于人是得不到什么观念的。人的头、脚、手、四肢、全部脏腑、各种器官、鼻子、眼睛、耳朵、心、肺、肠、肌肉、骨头、神经、皮膜等等,真正说来,只不过是一个网的一些粗糙的发展物,这个网形成、扩大、伸展、迸出来许许多多看不出的细丝。

雷小姐:这就是我的蛛网了;这些细丝的原点就是我的蜘蛛。

博尔窦:妙得很。

雷小姐:这些细丝在什么地方呢?这个蜘蛛待在什么地方呢?

博尔窦：细丝是到处都有；你身体表面上没有哪一点不是这些细丝所达到的；蜘蛛的窝筑在你脑袋的一个部分里，这个部分，我曾经告诉过你，名叫脑膜，我们只消稍微碰它一下，就会把整个机体打击得陷于麻痹状态。

雷小姐：而且只要有一个小东西使蛛网的一根细丝颤动一下，这个蜘蛛就立刻警觉起来，不安起来，或者溜走，或者乱跑一阵。它的网所布置的这座巨宅的任何区域所发生的事情，它都在中央得到情报。既然我是一团有感觉的点子，一切都压着我，我也压着一切，为什么我并不知道我屋里或者世界上所发生的事呢？

博尔窦：这是因为印象的来源太远，以致印象都变弱了的缘故。

雷小姐：假如有一根长梁，有人轻轻地在它的一端敲一下，我如果把耳朵附在它的另一端上，是可以听见这个敲出来的声音的。要是这根梁一头在地球上，一头在天狼星上，同样的结果也会发生。既然整个儿都是连接着的，万物都彼此毗连，也就是说，既然宇宙是一根存在着的实在的梁，为什么我并不听见我周围这个巨大空间中所发生的事情呢——如果我把耳朵贴上去听的话？

博尔窦：谁跟你说过你没有多少听见一点儿呢？不过距离太远，印象太弱，中途的扰乱太多了；你被许多太强烈太纷杂的杂音所包围，被它们震聋了；因为在土星和你之间只有一些毗连的物体，虽然是应该有着连续的。

雷小姐：真可惜。

博尔窦：的确可惜，因为否则你就是上帝了。你就会仗着你与自然界的万物为一体而知道现在所发生的一切；仗着你的记忆而知道过去所发生的一切。

雷小姐:以及将来所发生的一切?

博尔窦:你就会对将来作出一些近似真实的揣测,不过这些揣测很容易错误。这种情形,正和你在你的手尖或者脚尖上去推测你身体里边所要发生的事一色一样。

雷小姐:谁跟你说过这个世界并不是也有它的脑膜呢?怎知道不是在空间的某个角落里有个大蜘蛛或小蜘蛛,它的细丝分布到全宇宙呢?

博尔窦:并没人说过,我也不知道是不是没有过这种蜘蛛,或者不会有这种蜘蛛。

雷小姐:怎么那种上帝……

博尔窦:那唯一可以设想的一种……

雷小姐:……能够存在过,或者生出来与消失掉吗?

博尔窦:当然能够;他既然是宇宙中的物质,是宇宙的一部分,不免于变化,他就会老,会死。

雷小姐:但是我现在又想起另外一个狂妄的念头来了。

博尔窦:你不必跟我说了,我知道的。

雷小姐:你说,是个什么念头?

博尔窦:你想到了与一些极有力的物质部分结合在一起的心智,以及各种可以想像得出的奇迹的可能性,别人已经和你一样想到过了。

雷小姐:你猜着了我的心事,我却不因此更加佩服你。你一定是天性特别接近于疯癫。

博尔窦:我承认。不过这种念头又有什么可怕呢?这也许是一种善神恶鬼的流行病;最稳定的自然律也会被一些自然因子所打破;我们的普通物理学也会因此越来越难,不过奇迹是决不会有的。

雷小姐:真的,我们的确应该对于自己所肯定和否定的事加以慎重考虑。

博尔窦:得啦,那个告诉你这一种现象的人看来是个大骗子。我们还是把一切想像的东西都抛在一边吧,连你那个有无穷个网的蜘蛛也不例外:我们现在回到你自己的网上来,看看它是怎样构成的吧。

雷小姐:我赞成。

达朗贝:小姐,你陪着一个人:在那里跟你谈话的是谁呀?

雷小姐:是大夫。

达朗贝:您早啊,大夫:您这么早到这里来做什么?

博尔窦:你待会儿会知道的:睡吧。

达朗贝:天哪,我真是需要睡。我想我从来没有过像昨天晚上那样不安的一夜。我没起来以前你不要走啊。

博尔窦:不走。小姐,我敢打赌你曾经以为你在十二岁时节是个比现在小一半的女人,在四岁时节是个又小一半的女人,在胎儿时节是个小女人,在你妈妈卵巢里的时节是个极小的女人,你曾经想着你一直是你现在这个形状之下的一个女人,因此现在的你和原来的你之间的整个差别,只不过是由于你逐渐长大而造成的。

雷小姐:我承认。

博尔窦:然而没有比这个观念更错误的了。起初根本就没有你。你一开头是一个看不出的点子,由一些散布在你父亲或者你。

母亲血液和淋巴液里的更小的分子造成;这个点子变成一根细丝,然后再变成一束细丝。到那个时候为止,你现在这个可爱的模样连一点儿痕迹都没有:你的眼睛,这双美丽的眼睛,那时候根本就不像眼睛,正和一根秋牡丹芽的末梢并不像一棵秋牡丹一样。丝束的每一个尖儿,都仅仅靠着营养作用和形成作用,转化成一个特殊的器官;此外也有一些器官,是由一些丝束尖儿变化而成,由一些丝束尖儿所产生出来的。丝束是一个纯粹的感觉系统;如果它在这个形态之下继续存在的话,它会感觉到一切与纯粹感受性有关的刺激,像冷、热、软、硬之类。这一些一个接着一个的、彼此不同的、各自的强度也不同的刺激,也许会在丝束中产生出记忆、自我意识,产生出一个极有限的理性来。不过这个纯粹的感受性,这个感触作用,是因那些由每一个尖儿所产生出的器官而变化不同的:一个尖儿形成了一只耳朵,便产生出一种我们所谓声音的感触来;另一个尖儿形成了舌头,便产生出第二种我们所谓味道的感触来;第三个尖儿形成了鼻子和鼻膜,便产生出第三种我们所谓气味的感触来;第四个尖儿形成了眼睛,便产生出第四种我们所谓颜色的感触来。

雷小姐:那么,假如我完全懂了你的意思的话,谁要是断定不可能有一个第六种感官,不可能有一个真正的阴阳两性体,就是个冒失鬼了。他怎么知道自然就不能用一个会产生一种我们还不知道的器官的特殊尖儿造成一个丝束呢?

博尔窦:或者用两个表示两性特征的尖儿?你说得对;跟你谈话是很愉快的:你不但明白了别人跟你说的话,还非常正确地得出结论来,正确得叫我吃惊。

雷小姐：大夫，你这是鼓励我。

博尔窦：不是的，凭良心说，我是跟你说心里话。

雷小姐：我很明白有些丝束尖儿的用途了；但是另外一些尖儿怎么样呢？它们变成些什么东西呢？

博尔窦：你以为除了你以外还有一个人想到过这个问题吗？

雷小姐：当然。

博尔窦：这就表示你并不虚骄了。其余的那些尖儿是要形成其他各种感触的，有多少种不同的器官和肢体，就有多少种感触。

雷小姐：这些感触叫什么名字呢？我从来没听见说过。

博尔窦：它们没有名字。

雷小姐：为什么没有名字呢？

博尔窦：因为凭这些器官而激起的那些感觉之间的差别很小，没有凭另一些器官而激起的那些感觉之间的差别那么大。

雷小姐：你极其认真地认为脚、手、大腿、肚子、胃、胸部、肺、心各有其特殊感觉吗？

博尔窦：我是这么想的。要是我敢问的话，我要问问你是不是在这些无名的感觉中间……

雷小姐：我懂你的意思。不。那种感觉是独成一类的，这是很可惜的。不过你有什么理由说有这许多苦多于乐的感觉存在，把它们欣然惠赐给我们呢？

博尔窦：理由吗？这是因为我们可以分辨得出这些感觉中的大部分。如果感触的这种无穷繁多性并不存在的话，我们就只知道自己感到快乐或痛苦，而不知道把这些感觉归结到什么地方去。这必须借助于视觉才行。这就不是一件感觉的事情，而是一件实验与观察的事情了。

雷小姐:我说手指头痛的时候,如果有人问我为什么知道痛的一定是手指头,我的回答应该是说:并不是因为我感觉到手指头痛,而是因为我觉得痛,同时我发现我的手指头有了毛病。

博尔窦:正是这样。过来让我拥抱你一下。

雷小姐:荣幸得很。

达朗贝:大夫,你拥抱小姐,你这做得真是对极了。

博尔窦:我曾经仔细想过这个问题,我觉得震动的方向和地点不足以决定网的原点的这样快的判断。

雷小姐:这个我一点儿都不知道。

博尔窦:你的怀疑是很可喜的。通常人们总是把天生的性质当作一些后天获得的习惯,当作一些几乎和我们一样老的习惯。

雷小姐:反过来也是同样常见的。

博尔窦:究竟如何,暂且不管,你知道:在一个关于动物最初形成的问题中,把注意力与思想固定在已经形成的动物上面是开始得太晚了一点;我们应该要上溯到它的最初根苗,必须把你的现有组织剥去,回到你还只是一个柔软的、纤维状的、无定形的、蛆虫似的、不大像一个动物而颇像一颗植物的根块的物质那一刹那才行。

雷小姐:假如大家的习惯是光着身子在街上走的话,我也一定遵从这个习惯,既不为人先,也不落人后。那么你爱把我怎么样就怎么样吧,只要能使我有所进益便行。你曾经跟我说过,每一个丝束尖儿形成一个特殊的器官;你是怎样证明是这样的呢?

博尔窦:你把自然有时候做的事在思想中做一做吧;请把丝束砍去一个尖儿;譬如说,砍去那个将要形成眼睛的尖儿;你以为将会发生什么样的事呢?

雷小姐:也许这个动物就不会有眼睛了。

博尔窦:也许会只有一个眼睛长在额头中间。

雷小姐:那就是个居克罗普[1]了。

博尔窦:就是一个居克罗普。

雷小姐:那么居克罗普就很可以不是一个神话人物了。

博尔窦:决不是,要是你愿意看的话,我马上就可以拿一个居克罗普给你看看。

雷小姐:谁知道这种殊异现象是个什么原因造成的呢?

博尔窦:解剖这个怪物的人,只发现他有一根视神经。你在思想中把自然有时做的事做一做吧。你除去另一个丝束尖儿,除去那个应该形成鼻子的尖儿,这个动物就会没有鼻子了。你除去那个应该形成耳朵的尖儿,这个动物就会没有耳朵,或者只有一只耳朵了,解剖学家在解剖它的时候就会发现不到嗅神经、听神经,或者只发现一根听神经了。你继续把这些尖儿一一除去,这动物就会没有头,没有脚,没有手了;它的寿命可能很短,不过总会活一下的。

雷小姐:这种情形有没有实例呢?

博尔窦:当然有的。还不止于此。你把丝束尖儿中的若干个加一倍,这动物就会有两个头,四只眼睛,四只耳朵,三个睾丸,三只脚,四只胳臂,每只手长六个手指头了。你把这些丝束尖儿搅乱一下,器官的位置便会长乱了:头长在胸口,两个肺部都长在左边,

① 居克罗普是希腊神话中的独眼巨人。——译者

心脏长在右边。你把两个尖儿胶合在一起，两个器官便会混合起来了；胳臂会连到躯干上；大腿、小腿和脚连成一气，于是乎你就会得到各种各类想像中的怪物了。

雷小姐：但是在我看来，一架和一个动物同样复杂的机器，一架从一个点子、从一点颤动的液体、也许是从两点偶然混合的液体——因为我们不知道是怎样的——产生的机器，一架通过无数连续发展阶段而长完全的机器，一架构造得正常与否要决定于一把纤细而柔韧的细丝、要决定于一种如果折断、弄碎、搅乱、除去其中最小的一个尖儿就会使整体发生严重结果的丝束的机器，一定常常会在它的形成场所纠缠起来，紊乱起来，比我的丝在我的纺车弄乱的次数还要多。

博尔窦：这架机器所遭受的困难之多，是远出我们想像之外的。我们的解剖功夫做得不够充分，对于这架机器的形成所存的观念是离开真相非常远的。

雷小姐：除了驼子跛子，可以说他们的不幸状态是遗传的缺点以外，还有其他这一类天生畸形的显著实例吗？

博尔窦：例子多到不可胜数。最近巴黎慈善院死了一个生于特罗耶地方的木匠，名叫让·巴底斯德·马塞，年纪二十五岁，死因是肺炎。这个人胸部和腹部的内脏部位是反转过来的，心脏长在右边，正像你的心脏长在左边一样；肝脏长在左边；胃、脾、胰都长在下腹部右侧；肝动脉本来是从右边入肝脏的，他的却从左边入了肝脏；整个肠管也是同样地反转过来长着；两个肾脏背靠背地长在腰椎上面，形状宛如一个马蹄铁。既然有这种事实，让人家来跟我们谈目的因吧！

雷小姐:这事情是很奇怪的。

博尔窦:假如让·巴底斯德·马塞结过婚生过孩子的话……

雷小姐:那么,大夫,这些孩子……

博尔窦:将会遵循着一般的结构;不过他的孙子的孙子们中间的某一个,在一百年之后(因为这些反常的性质是跳跃着遗传的),会回复他的祖宗的这种奇怪结构的。

雷小姐:这种跳跃是怎么来的呢?

博尔窦:谁知道呢?你知道,生孩子是两个人的事情。也许一个当事人补偿了另一个当事人的缺点,那个有缺点的网,只有当那怪种的后代占了优势并且规范了网的形成时,才重新产生出来。丝束构成一切动物种类之间的最初根本差异,一个物种的丝束的那些变异,造成这个物种的一切千奇百怪的变种。

(沉默了很久以后,雷小姐从她的梦想中醒转过来,用下面这个问题把大夫从他的梦想中拖出:)

我有了一个很荒谬的狂想。

博尔窦:什么狂想?

雷小姐:男人也许只是女人的怪物,或者女人只是男人的怪物。

博尔窦:如果你已经知道了某一些事情的话,你一定会老早就得到了这个想法。你要知道,男人的各种器官,女人也都一一具备,唯一的分别,只是男人有一个悬挂在体外的囊状器官,女人有一个缩进体内的囊状器官;一个女胎和一个男胎是很相似的,很容易认错;这个造成错觉的器官在女胎中越变越小,那个体内的囊则越变越大;这个器官虽然越变越小,却不丧失它原来的形状;它保持着这个具体而微的形状；它能够感觉同样的欲望；它同样是性快感的原动力；它有它的龟头，有它的包皮，我们见到它的末端上有一个点儿，好像曾经是一根已经封闭了的尿道的口子；在男人身上，从肛门到阴囊之间，有一个所谓会阴的间隔，从阴囊到阴茎的末端为止，有一条缝，好像是一个缝合了的阴门的线缝；阴核过于发达的那些女人长胡子；太监们并不长胡子，他们的大腿长粗，他们的臀部肥大，他们的两个膝盖变圆：他们既然失去了一种性别的特征结构，看起来就好像回复到另一种性别的特征结构了。在阿拉伯人中间，有一些人经常骑马，骑得把睾丸磨坏了，于是就不长胡子，说话尖声尖气，穿着女人衣服，在马车上坐在女人堆里，蹲着小便，仿效着女人的作风与习惯……可是现在是说得离题万里了。我们还是回到我们那个有生命的活的细丝束上来吧。

达朗贝：我认为你是在跟雷斯璧娜丝小姐说粗话。

博尔窦：谈科学的时候，是必须用术语的。

达朗贝：你说得有理；这样，这些字眼就失去那些使它们带有不好的意思的联想了。接着说吧，大夫。那么你是跟小姐说，子宫只不过是一个从体外翻转到体内的阴囊，只不过是一种转变，在这转变之中，睾丸被抛出包藏它们的那个囊以外，分布在体腔的左右两侧；阴核是一个具体而微的阴茎；这个女人的阴茎不断地在缩小，而那个子宫或翻转来的阴囊则不断地扩大，以及……

雷小姐：得了，得了，住口吧，你别夹进来管我们的事啦。

博尔窦：小姐，你知道，我们的一般感觉，只不过是一种触觉的各种变相，要讨论一般感觉的问题，势必要把这网所取的一连串形式抛在一边，单独讨论这个网才行。

雷小姐：有感觉的网的每一根细丝，从头到尾都是可以感到疼痛和发痒的。快乐或痛苦不是在这个地方发生，就是在那个地方发生，不是在我的蜘蛛的一根长脚的这一段上发生，就是在它的另一段上发生：我总要回想到我的蜘蛛身上。这个蜘蛛乃是每一只脚的共同根源，它把痛苦或快乐归结到这样一个地方或那样一个地方，而自己并不感觉到什么苦乐。

博尔窦：就是一切印象对这个共同原点所保持的恒常不变的那个关系，造成了一个动物的统一性。

雷小姐：就是对于这一连串印象的记忆，给每一个动物造出了它的生命与它的自我的历史。

博尔窦：就是必然跟随着这一切印象而产生的记忆与比较造成思想与推理活动。

雷小姐：这个比较是在哪里产生的呢？

博尔窦：在网的原点中产生的。

雷小姐：而这个网？……

博尔窦：……在它的原点上并没有任何专有的官能：根本看不见，听不见，感觉不到痛苦。它生了出来，发育起来：它从一团柔软的、无感觉的、呆板的物质中发生出来，把这团物质当作枕头使用，在上面伏着，听着，作着判断，发表着意见。

雷小姐：它并不感觉到痛苦。

博尔窦：并不：只要有一个最轻微的压力打断它的判断机能，它就陷入死亡状态。你把这压力除去了，它便恢复了它的机能，这个动物就再生了。

雷小姐：你这是从哪里知道的呢？是否有谁曾经随意使一个

人死去和更生过呢?

博尔窦:有的。

雷小姐:是怎么一回事呢?

博尔窦:我来跟你说;这是一件很罕见的事。拉·贝洛尼[1],这个人你可能是早知道的,曾经被请去瞧一个头部受了猛击的病人。这个病人感觉到脑袋里不断地在跳。这位外科大夫断定脑子里已经形成了溃疡,于是立即就动手术。他把病人的头发剃了,钻开头骨。器械的尖端精确地插进溃疡的中心。脓汁已经形成了;他把这些脓弄干;他用一个注射器把溃疡洗净。当他向溃疡里灌注射液的时候,病人闭着两眼;他的四肢躺在那儿一动也不动,一点儿生命的征象都没有;当他吸出注射物、使丝束的原点从注射液的重量和压力下松放过来的时候,病人睁开了眼睛,开始动作,说话,感觉;他苏醒了,活了。

雷小姐:这真稀奇;这个病人好了吗?

博尔窦:他好了;当他好了之后,他照样思索,思想,推理,照样有心智,照样有理性,照样有洞察力,虽然他的脑子少了一大块。

雷小姐:那个作判断的东西真是个非常特别的东西。

博尔窦:它有时候也判断错的;它很容易听从习惯的成见,像有人感觉到一个已经失去了的肢体在疼痛之类。人家可以任意欺骗它:你把手指一上一下交叉起来摸一个小球,它就会说有两个。

雷小姐:这是因为它和世界上的一切判断者一样:它需要经验,如果没有经验,它就会把对于冰的感觉当作对于火的感觉了。

---

① 拉·贝洛尼,外科医生,路易十五的御医。——译者

博尔窦:它还做另外的事:它把一个近于无限的体积给予个体,或者把自己几乎集中在一个点里面。

雷小姐:我不懂你这话是什么意思。

博尔窦:是什么东西划定你的实在的范围,划定你的感受性的真正领域呢?

雷小姐:是我的视觉和我的触觉。

博尔窦:白天是如此;但是在夜晚,在黑暗里,尤其是在你思索一个抽象的东西时——白天也是一样——,在你心不在焉的时候怎样呢?

雷小姐:那就毫无限制了。我好像存在在一个点里面;我几乎不再是物质,我只感觉到我的思想;对于我,位置、运动、物体、距离、空间都不复存在:宇宙对于我是消灭了,我对于宇宙也成了乌有。

博尔窦:这就是集中你的存在的最后限度,不过在思想上扩张你的存在,却是可以没有限制的。当超过了你的感受性的真正限度的时候,或者是把你缩得越来越小,缩到你自己身体里面,或者是把你扩张出去,就不再知道结果会变成怎样了。

雷小姐:大夫,你说得有道理。我曾经有好多次在梦中觉得……

博尔窦:那些发风痛病的病人也会觉得……

雷小姐:我自己变得硕大无朋。

博尔窦:他们的脚从床上直碰到天上。

雷小姐:觉得我的两臂和两腿无限伸长,我的身体的其他部分体积也成比例地变大;觉得神话里的恩采拉德只不过是个侏儒;觉得奥维德的那个伸出长臂可以绕地一圈的安斐特丽德和我比起来只不过是个矮子，觉得自己身高齐天，觉得自己怀抱全球。

博尔窦：好极了。我还知道有一个女人的现象和你正好相反。

雷小姐：怎么！她是逐渐缩小，缩到自己身体里面去的吗？

博尔窦：一直缩到她自己觉得和一根针那么细：她看着，她听着，她推论着，她判断着；她怕得要命，怕自己会消失掉；她挨近极小的东西就发抖；她不敢移动寸步。

雷小姐：这是个奇怪的梦；很不愉快，很不适意的。

博尔窦：她并不是做梦；这是月经停闭所引起的一种征象。

雷小姐：她长期停留在这个小得看不见的小女人形状中吗？

博尔窦：一个钟头、两个钟头，以后她就逐渐回复到她的本来体积了。

雷小姐：这些奇怪的感觉是什么道理呢？

博尔窦：在这些感觉的自然而安静的状态中，丝束的那些尖儿有一种张力，有一种力量，有一种划定实在的或想像的身体体积的习惯力。我说实在的或想像的，是因为这种张力，这种力量，这种能力是可以变化的，我们的身体并不是永远具有同一的体积。

雷小姐：那么，无论在身体方面或者在心灵方面，我们都很容易觉得自己比自己的实际形状要大了？

博尔窦：冷使我们收缩，热使我们膨胀，这样的个体是可以一辈子以为自己比实际上的大小大一点或小一点的。如果一旦丝束发生了强烈的兴奋，尖儿都竖了起来，它们的无数个末梢都挺到了平常的限度之外，那么，头、脚、其他肢体、身体里面的任何一点就都移出了一个很大的距离，这个个体就感觉到自己硕大无朋了。

如果这些尖儿的末梢一旦麻木、迟钝、呆滞起来，一点一点慢慢向丝束的原点缩的话，就会发生相反的现象。

雷小姐：我认为这种膨胀是无法衡量的，我更认为尖儿末梢的这种麻木、迟钝、板滞状态，这种麻痹作用，在发展到某一个程度之后，是会固定的，会停止的……

博尔窦：跟拉·贡达民所遇见的一样：那时候个人感觉到脚下好像有许多气球似的[①]。

雷小姐：他是存在在他的感受性限度之外了，如果他完全陷入了这种麻木不仁的状态，他就会表现得像是一个死人下面的小小的活人。

博尔窦：你可以就此得出结论说：动物原来只是一个点子，它还不知道自己实际上是否比这个点子更多。我们还是回转去吧。

雷小姐：回到什么地方？

博尔窦：什么地方？回到拉·贝洛尼的凿骨手术上……我相信这就是你要问我的，就是一个人死了活、活了死的那个实例……不过还有更好的例子。

雷小姐：这是怎么一回事呢？

博尔窦：是加斯多和波鲁斯的神话[②]的实现；有两个小孩儿，这一个死那一个立刻跟着就活了，那一个死这一个立刻跟着就活了。

雷小姐：哎呀！真是个好故事。这种现象继续了很久吗？

---

① 这是一种脊髓痨的病象。——译者

② 加斯多和波鲁斯，神话中天神的双生子，升天后成为双星。——译者

博尔窦：这种现象一共继续了两天之久，他们俩替换着你死我活、我死你活地平分了这两天工夫，所以每人一共活了一天死了一天。

雷小姐：大夫，我恐怕你有一点欺骗我这个轻信的人。请你小心点：如果你骗了我一次的话，我以后就不再相信你了。

博尔窦：你有时也看看“法兰西公报”[①]吗？

雷小姐：从来不看，虽然这是两位才智之士的大作。

博尔窦：你去找一个人借本月——九月——四日的那一份来，就可以看到：在阿尔比教区拉巴斯当地方，有两个女孩儿背连背生下来，最下面几个腰椎骨，屁股，小肚子连成一气。把一个竖起来，另一个就不得不头朝下。把她们平放下，她们就彼此相望；她们的大腿扭在她们的躯体之间，她们的小腿往上翘着；她们的小肚子上连着一条共同的弧线，在这条线的中央，可以分辨得出她们的性别，在这一个的右股与另一个的相应的左股之间，有一个凹处，上面生着一个小肛门，从这个小肛门里排出胎便。

雷小姐：这是一个相当奇特的物种。

博尔窦：她们吮吸着用一个匙儿喂给她们的奶。我告诉过你的，他们活了十二个钟头，一个苏醒的时候，另一个就昏迷过去，一个活了，另一个就死了。一个的第一次昏迷和另一个的第一次苏醒是四个钟头；以后几次的交替昏迷与苏醒时间则比较短；她们在同一个瞬间气绝。人们发现她们的肚脐也有一种一进一出的交替运动；昏迷的一个肚脐收进去，苏醒的一个肚脐凸出来。

① 法兰西公报，法国官方报刊，1763年后由亚尔诺和须阿尔主编。——译者

雷小姐：你要拿这种生死交替的现象说明什么问题呢？

博尔窦：也许说明不了什么问题；不过人们既然都是通过自己的系统的镜头来看一切，而我也不愿破这个例，所以我说，这就是拉·贝洛尼用凿骨手术所做出来的那个现象复制在两个连在一起的人身上；我认为这两个孩子的网混合得非常巧，因之彼此交互地作用与反作用；当一个的网的原点占优势的时候，就牵动了另一个的网，另一个就立即昏迷；如果另一个的网宰制了公共系统的话，情形就反过来了。在拉·贝洛尼的凿骨手术中，压力是由一种液体的重量从上到下造成的；在拉巴斯当的双胞胎中，压力是由网中的若干根丝从下往上牵掣而造成的。这一个推测的根据，是肚脐的交替进出：复生的一个肚脐凸出，晕死的一个肚脐收进。

雷小姐：这就是连在一起的两个灵魂。

博尔窦：一个具有两个知觉和两个意识的基体的动物。

雷小姐：然而在同一时间之内只能有一个意识起作用；如果那个动物活下去了，谁知道以后会怎样呢？

博尔窦：生命中每一瞬间的经验，我们所能想像出的最强有力的习惯，究竟在这两个头脑之间建立起了哪一种关联呢？

雷小姐：一些双重的感觉，一种双重的记忆，一种双重的想像，一种双重的注意力；一个生物的这一半在观察、阅读、冥想时，它的另一半就在休息：这一半疲倦了时，那一半就担当起同样的功能；一个双重生物的双重生命。

博尔窦：这是可能的吗？自然既然随着时间的进展引导出一切可能的事物，它是会形成某种奇异的复合体的。

雷小姐：和这一类生物比起来，我们是多么可怜啊！

博尔窦：为什么可怜？在一个单纯的理智中已经有那么多的疑虑、矛盾、谬误，我不知道有一个双重的理智会变出怎么样的局面来……不过现在已经十点半钟了，我简直听到有个病人从郊外老远的在叫我了。

雷小姐：要是你不去看他的话，他是不是有很大的危险呢？

博尔窦：也许不看危险还小些。如果自然没有我就不做事的话，我们一块儿做是会很有困难的，至于我，如果没有自然帮助的话，的确是做不了事的。

雷小姐：那么你就留下别走吧。

达朗贝：大夫，再听我讲一句话，我就让你去看你的病人了。我在我这一生中既然经历了千变万化，如今我身上可能连一个初生时的分子都没有了，怎么无论在别人或在我自己看来我依然还是我呢？

博尔窦：你在梦中已经跟我们说过这话了。

达朗贝：我做过梦吗？

雷小姐：你整夜都在做梦，梦话说得简直像是神经错乱，所以今早我叫人把大夫请来了。

达朗贝：都是因为蜘蛛的脚自发地动作起来，使蜘蛛警觉起来，使这个动物说出话来。这个动物说了些什么话呢？

博尔窦：它说它所以对别人对自己都是它，是凭着记忆；我补充说，是凭着变迁的缓慢。如果你在一瞬间由青年变到衰老，那你就像初生的一刹那一样，被投掷到这个世界里来了；你就不管对别人或对自己，或者对另一些在你看来已经不是原来的本人的人，都已经不再是你本人了。一切关系便都消灭了，你的全部生命史对于我，我的全部生命史对于你，便都弄糊涂了。你怎样能够知道这个弯腰扶杖、双目失明、举步维艰、内心和外貌都大异于他自己的人，就是昨天那个步履轻捷、荷负重担、能作最深刻的沉思、能做最柔和的和最剧烈的运动的人呢？你会看不懂你自己的文章的，你会不认得你自己的，你会一个人都不认识，任何一个人也不会认识你的；整个世界景象都变了。你想想看，初生的你和青年的你之间的差别，比青年的你和突然衰老的你之间的差别还要小些。你想想看，尽管你的诞生和你的青年时代之间连着一连串不断的感觉，你三岁以前的生活终究不是你的生命史。那么，你的青年时代既然与你衰老的时刻毫无联系，对于你还成个什么东西呢？衰老的达朗贝是一点都不记得青年的达朗贝的。

雷小姐：在蜂簇之中，是没有一个蜜蜂会有时间取得团体精神的。

达朗贝：你在那里说什么？

雷小姐：我说寺院精神所以能保持，是因为寺院是一点一点地补充的，当一个新僧侣进来的时候，便有百来个老僧侣引导他跟他们一样思想和感觉。一个蜜蜂走开了，跟着就有另一个蜜蜂补充到蜂簇中去，马上合流了。

达朗贝：得啦，你尽胡吹你那些僧侣，蜜蜂，蜂簇，修道院。

博尔窦：倒并不是像你所想的那样胡吹。在一个动物里面虽然只有一个意识，却有无穷个意志；每一个器官都有它的意志。

达朗贝：你是怎样说的？

博尔窦：我是说，胃要求食物，舌头并不要求食物，舌头和胃所以不同于整个动物，是由于动物知道自己在要求，而胃和舌头虽然在要求却不自知;这就是说,胃和舌头彼此间的关系,和人同禽兽之间的关系近似。蜜蜂们失去了它们的意识,却保留着它们的欲望或意志。纤维是一个单纯的动物,人是一个复杂的动物;不过我们还是把这个问题留到以后再谈吧。一件比衰老还小得多的变故,就能使人失去自我意识的。有一个濒死的人,以极度的虔诚领受圣餐,承认自己的过失,请求妻子原谅,拥抱他的孩子,呼唤他的朋友,和他的医生说话,吩咐他的仆人,口授他的遗嘱,安排他的事务,一切都做得一明二白,神志清明;以后他好转了,痊愈了,对于他在病中所说的话和所做的事竟一点都不知道。这一个期间,有时候还相当长,是从他的生命中消失了。甚至还有这样一些例子:有一些人在和人谈话或做事的时候突然病倒了,痊愈后竟接上了为暴病所打断的谈话或行动。

达朗贝:我记起在一个公开的演讲会中,曾经有一个学究,对自己的知识非常自负,竟被一个他素来瞧不起的托钵僧驳得瞪了眼。他,被驳得瞪了眼!被谁?被一个托钵僧!关于什么问题?关于偶然的未来!关于他思索了一辈子的那门平常的学问!在什么场合?当着一大群人!当着他的学生们!他的面子扫地了。他苦苦地思索这些观念,用心过度,以致突然昏睡不醒,这个昏睡病使他把得来的知识统统都丢掉了。

雷小姐:不过这倒是一件幸事。

达朗贝:凭良心说,你说得对。他的理性还保持未失;不过什么东西都忘得一干二净。人们重新教他说话和读书,当他开始勉勉强强拼得出音的时候,就死去了。这个人并不是个庸碌之辈,人们甚至认为他有相当的辩才。

雷小姐:大夫,既然听了你的故事,也该听听我的故事。有一个十八九岁的年轻人,他的名字我不记得了……

博尔窦:这是文德都尔的舒仑贝先生,他只有十五六岁。

雷小姐:这个年轻人从高处摔下来了,头部受了猛烈的震荡。

博尔窦:你说的猛烈震荡是什么意思?他从一个仓房顶上摔下来,头部破裂,有六个星期不省人事。

雷小姐:不管是怎样一回事吧,你知道不知道这件事故造成了什么后果?跟你说的那个学究一模一样:他把知道的事一股脑儿都忘了;他回到了他的幼稚时期,他有了一个第二度的童年,这个童年还继续了相当长的年月。他变得胆小而怯懦;他玩弄着玩具。如果淘气挨了骂,他就逃到角落里躲着;他要求做转小圈转大圈的游戏。人们教他读书写字;可是我忘记了告诉你人家还得重教他走路。他重新变成一个大人,变成一个能干的人,还留下了一部博物学的著作。

博尔窦:这部书是一些雕版,是祖吕尔先生关于昆虫研究的图片,依林奈氏的系统作的。我知道这件事;这件事发生在瑞士的苏黎世州,还有一些同类的例子。你把丝束的原点搅乱,你就把动物改变了;好像动物整个就在这个原点上,一会儿支配着分支,一会儿为分支所支配。

雷小姐:那么动物不是在专制统治之下,就是在无政府状态之下了。

博尔窦:在专制统治之下,这说得是很对的。丝束的原点统治,其他一切部分都服从。动物在由心灵统治的时候,是它自己的主人。

雷小姐:在无政府状态之下,网中的每一根细丝都挺身反抗它们的首领,不再有最高的权威存在。

博尔窦:对极了。在激情奔放的时候,在神经发狂的时候,在濒于危殆的时候,主人如果发动它的下属们的力量,集中于一点的话,连最柔弱的动物也会发挥出一种意想不到的力量。

雷小姐:在郁症发作的时候,亦即在我们妇女所特有的那种无政府状态中。

博尔窦:这就是一种孱弱统治的现象,其中每一分子都把主人的权威往自己身上拉。我知道只有一种办法可以医好;这种医法是很困难的,不过很靠得住;就是用一种猛烈的动力去激动那个有感觉的网的原点,那个构成自我的部分,使它恢复它的权威。

雷小姐:结果怎样呢?

博尔窦:结果不是它恢复权威,就是动物死掉。如果我有时间的话,我将在这一方面告诉你两件奇特的事实。

雷小姐:不过,大夫,你看病人的时间已经过了,你的病人不再等你了。

博尔窦:这个地方只能在没事的时候来,因为来了就不能走。

雷小姐:你这是客客气气地发脾气;可是你的故事怎么样?

博尔窦:今天你听了这一个故事就该满意了:有一个女人,分娩以后,陷入一种极其可怕的郁症的状态;不由自主地大哭大笑,窒息,痉挛,喉头肿胀,抑郁不语,尖声叫喊,简直什么糟糕现象都全有:这种情形继续了好多年。她狂热地恋爱,心里以为她发觉她的情人已经为她的病所苦而开始与她疏远了;因此她打定主意,如果不好,就得死掉。她的身上起了一场内战,一会儿主人占上风,一会儿属下占上风。当网的细丝的作用和网的原点的反作用相等的时候,她就倒在地上,跟死了一样;人家把她抬到床上,她就直挺挺地一躺整整几个钟头,一动也不动,差不多失去生命;也有些时候,她受到疲劳的侵袭,周身无力,虚脱得好像已经到了最后关头的样子。她在这种斗争状态中一直支撑了六个月。反叛常常从细丝上开始;她自己觉得出这种反叛。一有征兆,她就爬起来,奔跑,做最猛烈的运动;她在楼梯上爬上爬下;她锯木头,铲土。她的意志器官——丝束的原点坚持着;她跟自己说:不战胜就是死亡。经过无数次胜负之后,首领终于维持住了主人的地位,下属们终于变得非常服从,虽则这个女人尝尽了各种奴仆的痛苦,遭受了种种疾病,她却再也没有郁症的问题了。

雷小姐:这是很勇敢的,不过我想我也可以做得一样好。

博尔窦:这是因为你要恋爱就热烈地恋爱,同时你的性格是非常坚定的。

雷小姐:我知道。一个人的丝束的原点如果凭借着习惯或组织而统治着它的那些细丝,这个人的性格就很坚决;如果为细丝所统治,性格就孱弱。

博尔窦:从这里头还可以作出许多别的结论来。

雷小姐:不过你还有另一个故事啊,说完以后再去作这些结论吧。

博尔窦:有一个年轻的女人,行为有些不端。有一天她决意要弃绝各种快乐。一个人在屋里愁闷,忧郁,患郁症。她请我去给她看病。我劝她穿上乡下人的衣服,整天锄地,睡在谷草上,吃硬面包。这个处方她不喜欢。我就跟她说,那么你就去旅行吧。她于是周游全欧，在大路上恢复了健康。

雷小姐：你要说的不是这个故事；没关系，你还是说出你的结论来吧。

博尔窦：这故事还没说完哪。

雷小姐：很好。你说下去吧。

博尔窦：我没有勇气说了。

雷小姐：为什么呢？

博尔窦：因为我们这样的谈话什么问题都碰到一点儿，什么问题都深入不了。

雷小姐：有什么关系呢？我们又不是做文章，我们是在谈天啊。

博尔窦：譬如说，如果丝束的原点把一切力量都收到自己身上，如果整个系统比方说反转来运动，情形好像一个人在深思时那样，好像狂信者看见天开门时那样，好像野蛮人在火焰中高唱时那样，好像出神时那样，好像有意或无意地发痴时那样……

雷小姐：那么？

博尔窦：那么，动物就变得麻木不仁了，它就只存在于一个点儿上了。我没有见过圣奥古斯丁说的那位加拉谟神父[①]，痴癫到连对于赤热的炭都感觉不到烫；我没有见过那些野蛮人在刑场上向敌人微笑着，侮辱着敌人，提议他们再来些比已经受过的苦刑更残酷的刑罚；我没有在角斗场中看见过那些角斗士，在垂死的时候回想着角斗的风致和训练；但是我相信这一切事实，因为我曾经看

① 参看“哲学思想录”，第五十一节。——译者

见过，而且是亲眼看见过，有一件不容易的事，和以上所举的例子同样出乎寻常。

雷小姐：大夫，你讲给我听吧。我是跟小孩儿们一样的，就爱听稀奇古怪的事，如果这些事迹能显扬人类，我是不大追问真不真的。

博尔窦：在香宾省的一座小城朗格瑞，有一个好教士，名字叫勒·莫尼或德·莫尼，信心非常之深，对于宗教的真理是拳拳服膺的。他患了结石症，必须割治。日期决定了，外科大夫和他的助手们跟我一块儿到了他家；他安详地接待我们，自己把衣服脱下，躺了下来，人家要把他捆绑一下，他拒绝了。他说："只要把我放一个合适的位置就行了"，人家就把他放好了。于是他要人家把他床脚头的那个大十字架拿给他，人家给了他，他就双手把它紧紧抱住，把嘴紧紧贴在上面。人家给他动手术，他躺着一动也不动，既不流泪，也不呻吟，结石取出来了他还不知道。

雷小姐：这个故事很好；以后你还能怀疑被石头打断肋骨的人看不见天开门吗？

博尔窦：你知道耳朵痛是怎么一回事吗？

雷小姐：不知道。

博尔窦：你真幸运。这是一切痛楚中最厉害的一种。

雷小姐：我很不幸知道牙痛的滋味，耳朵痛是不是比牙痛更厉害？

博尔窦：厉害无比。你的朋友中有一位哲学家痛了半个月之后，有一天早晨告诉他太太说：我觉我实在没有足够的勇气度过这一整天了……他想唯一的办法只有用人工方法把这痛苦蒙过去。

于是乎他就一点一点地钻进一个形而上学或几何学的问题，专心得忘了他的耳朵。人家给他端来饭，他就不知不觉地吃了；一直到睡觉他都丝毫不觉得痛。当他的精神集中状态停止以后，可怕的痛苦又重新来了，而且这一次的痛苦是异乎寻常的凶猛，可能实际上是疲劳激起了痛苦，也可能是衰弱使痛苦更加难忍受。

雷小姐：在离开这个状态的时候，事实上必定疲劳到精神虚脱；那一个人有时候就是这种情形。

博尔窦：这是很危险的，他必须注意。

雷小姐：我不断地叫他留神，但是他不在意。

博尔窦：他已经不能控制自己了，这就是他的生活；他是免不了因此而死的。

雷小姐：这个断语叫我怕极了。

博尔窦：这种虚脱现象、这种衰疲现象证明了什么事情呢？证明了丝束的尖儿并不是闲着不动的，在整个系统中有一个强烈的张力引向共同的中心。

雷小姐：如果这个张力或强烈的倾向继续下去，如果它变成了习惯性的趋向，会怎么样呢？

博尔窦：丝束的原点就痉挛起来了；动物就发起疯来，疯到几乎不可救药的程度。

雷小姐：为什么呢？

博尔窦：因为原点的痉挛和一个尖儿的痉挛是不一样的。脑袋可以很容易地指挥两脚，但是两脚并不能指挥脑袋；原点可以指挥任何一个尖儿，尖儿却不能指挥原点。

雷小姐：有什么分别呢，请你说说？可不是，为什么不是整个的我在思想呢？这个问题我应该早就想到的。

博尔窦：这是因为意识只在一个地方。

雷小姐：这是马上就要说的。

博尔窦：这是因为意识只能在一个地方，在一切感觉的共同中心，记忆就是在这个地方，比较也是在这个地方进行的。每一个尖儿只感受一定数目的印象和一个跟着一个的孤立的感觉，并没有记忆。原点则感受一切印象和感觉，它是各种印象的登记员，它对各种印象保持着记忆或一种连续的感觉，动物从最初形成的时候起，就被引导到把自己归结到这一点上，把自己整个固定在这一点上，存在于这一点上。

雷小姐：那么我的手指是不是能够有记忆呢？

博尔窦：你的手指会思想。

雷小姐：那么什么是记忆呢？

博尔窦：记忆是中心所专有的，是网的原点的特殊官能，就像视觉是眼睛所专有的一样。说记忆不在眼睛里，和说视觉不在耳朵里是同样不足怪的。

雷小姐：你是逃避我那些问题，而不是回答那些问题。

博尔窦：我一点也不逃避，我是告诉你我所知道的东西，如果我像认识网的尖儿的结构一样认识了网的原点的结构，如果我能够同样容易地观察网的原点，我就会多知道一些了。我既然对于特殊现象无能为力，就只有抓住一般的现象了。

雷小姐：这些一般的现象是什么呢？

博尔窦：就是理性、判断、想像、疯狂、白痴、凶暴、本能。

雷小姐：我懂了。这一切性质都是网的原点和分支之间的关系所造成的;这种关系或者是原有的,或者是习惯所造成的。

博尔窦:正是。如果根本或本干比起分支来要强得太多呢?那就产生出诗人、艺术家、富于想像力的人、胆怯的人、善感的人、疯子。如果弱得太多呢?那就产生出我们所谓禽兽、猛兽。如果整个系统松弛、软弱,没有气力呢?那就产生白痴。如果整个系统很有力、很协调、很有秩序呢?那就产生优良的思想家、哲学家、圣贤。

雷小姐:根据占优势那个暴虐的分支,便产生出动物中不同的本能,人间不同的才智:狗有嗅觉,鱼有听觉,鹰有视觉;达朗贝是几何学家,伏刚松是机械学家,格雷特里是音乐家,伏尔泰是诗人;这些不同结果的产生,都是由于网中的一个尖儿比其他的尖儿更强,比同类生物的与此相似的尖儿更强。

博尔窦:由于受习惯的支配,老头儿还爱女人,伏尔泰还写悲剧。(说到这里,大夫做起梦来,雷小姐向他说)

雷小姐:大夫,你做梦了。

博尔窦:不错。

雷小姐:你梦见什么?

博尔窦:梦见伏尔泰。

雷小姐:啊?

博尔窦:我梦见造成大人物的那种方式。

雷小姐:他们是怎样造成的呢?

博尔窦:感受性怎样……

雷小姐:感受性?

博尔窦:……或者网的某些细丝的极端善感性是庸人的主要

性质。

雷小姐：哎呀！大夫，你简直是骂人。

博尔窦：我早料到你会这样说了。可是什么是一个善感的人呢？就是一个听任横膈膜作决定的人。一句动人的话打动了耳朵，一个特殊的现象打动了眼睛，就立刻惹起一阵内部的骚动，丝束的所有的尖儿就都动作起来了，战栗就发作了，恐惧就发生了，眼泪就流出了，呼吸就阻塞了，声音就打断了，网的原点就不知道发生什么事情了：再也没有冷静，没有理性，没有判断，没有本能，没有办法了。

雷小姐：我认识我自己了。

博尔窦：伟大的人如果不幸获得了这种自然倾向，他就不断地努力削弱它，制服它，使自己成为自己的各种运动的主人，保持丝束原点的统治。于是他便能在最大的危险中约束自己，便能冷静而正确地作出判断。凡是有助于他的观察的，有助于达成他的目的的，便都不能逃脱他的注意；人们会很难使他吃惊；他活到四十五岁，会成为伟大的国王，伟大的大臣，伟大的政治家，伟大的艺术家，尤其会成为伟大的喜剧家，伟大的哲学家，伟大的诗人，伟大的音乐家，伟大的医生；他会驾驭他自己和他周围的一切。他会不怕死，恐惧这个东西，斯多葛派说得很高明，乃是强者随心所欲地把弱者牵得到处跑的一个把柄；他会把这个把柄打碎，而同时使自己从世界上的一切压制之下解放出来。善感的人或疯子是在舞台上，他是在包厢里；这个人就是圣贤。

雷小姐：上帝保佑我不要和这种圣贤往来。

博尔窦：你不向他学习，就会有强烈的痛苦和快乐交替而来，就会在啼笑中度过一生，就会始终只是一个小孩。

雷小姐：我决意要这样。

博尔窦：你希望这样会更幸福吗？

雷小姐：这个我一点都不知道。

博尔窦：小姐，你如此珍视的这种丝毫不能使人伟大的性质，如果来得强烈，就几乎一定会引起痛苦，如果来得微弱，就一定会引起厌倦：不是打呵欠，就是如醉如痴。你无限制地纵情于一曲愉快音乐的感觉，你不顾一切地倾倒于一幕感人的戏剧；你的横膈膜收缩了，快乐就完结了，余下来的只是整夜不散的闷气。

雷小姐：可是如果只有在这种情况之下，我才能享受崇高的音乐和动人的戏剧呢？

博尔窦：错了。我也能享受，也能欣赏，可是除开犯了疝气以外，我是从来不痛苦的。我有纯粹的快乐；我的批评是比较严厉的，我的赞美是比较悦耳的，也是比较经过思考的。对于和你一样容易感动的人，有哪一出悲剧不好呢？你在读剧本的时候，想到你看戏时所经验过的那种出神的情况，有多少次没有脸红？又脸红了多少次？

雷小姐：我有过这样的情形。

博尔窦：因此像你这样善感的人，就不能和我这样冷静安详的人一样说：这是真的，这是善的，这是美的；……使你的网的原点坚强起来吧，这是我们最要紧的事。你知道这是有关生命的吗？

雷小姐：有关生命！大夫，这是很严重的。

博尔窦：是的，有关生命。没有人没有对生命发生厌恶之情的时候。只要出一件事故，便能使这种感觉成为不由自主的、习惯性的;这时候,各种赏心乐事,各种娱乐,朋友的劝告,自己的努力,便都不在心上了,尖儿固执地给丝束的原点带来致命的打击;不幸的人纵然挣扎抗拒,终归徒然,宇宙的景象在他眼睛里变成了漆黑一团;他带着一堆摆脱不了的悲愁观念前进,最后把自己毁了完事。

雷小姐:大夫,你说得教我害怕。

达朗贝(从床上爬起来,穿着睡衣,戴着睡帽):还有睡眠,大夫,你是怎样讲的?这是一件好事情。

博尔窦:睡眠,在这种状态里,不管是由于困倦,还是由于习惯,整个网是松弛了,不动了;在睡眠中,和在病中一样,网的每一根细丝都在作用着,运动着,向共同的原点传送一堆感觉;这些感觉每每是不协调的,断续的,紊乱的,而在另一些时候,则连接得非常紧密,首尾一贯,排列得非常整齐,连醒的人都不能有比他更多的理性,更多的辩才,更多的想像;也有些时候,这种感觉是非常强烈、非常活泼生动的,人醒来时还要怀疑是否真的发生过这件事……

雷小姐:那么,睡眠是……?

博尔窦:是一种动物的状态,在这种状态里,已经没有谐和了:全部协调,全部隶属关系都消失了。主人听命于自己的下属,受制于自己的活动的那种放肆的力量。如果视觉细丝激动了呢?网的原点就看见;如果是听觉细丝激动了它,它就听见。只有作用与反作用是唯一存在于原点与细丝之间的东西;这是中央专有的性质的一个结果,是连续法则和习惯法则的一个结果。如果作用从性欲的尖儿上开始——性欲的尖儿是自然为恋爱的快乐和传宗接代而设的——,那么所唤起的恋爱对象的形象便是丝束原点反作用的结果。如果反过来，这个形象首先显现于丝束的原点，那么性欲尖儿的紧张、性欲冲动和精液的流射便是反作用的结果。

达朗贝：那么就是有一种上升的梦和一种下降的梦了。我这一夜做了其中的一种：可是我不知道所取的是什么途径。

博尔窦：在醒的时候，网服从外部对象的印象。在睡着的时候，网中所发生的一切现象是从网本身的感受性的活动中产生的。在梦中是没有不专心致志的；梦之所以活泼生动，就是因为如此：梦几乎永远是一种激动的结果，一种毛病的暂时发作。在梦中，网的原点以无限多的方式交替着主动和被动：梦之所以颠倒错乱，就是因为如此。梦中的概念有时也很连贯、很分明，可以比得上动物面临自然景象时的概念。梦只是重新激起的自然景象的图像：梦之所以有真实性，就是因为如此：其所以不可能把梦境与醒时的情况分清，也是因为如此：梦中的情况和醒时的情况有同样大的或然性；除了实验以外，没有别的办法可以识别错误。

雷小姐：是不是永远可以实验呢？

博尔窦：不是的。

雷小姐：如果我梦见了一个失去了的朋友的形貌，而且梦见得如此真切，就像这个朋友存在一样；如果他向我说话而我也听见他说话；如果我摸着他并且我的手也得到了坚实的印象；如果我醒来的时候心中充满着柔情和痛苦，眼睛里滚着眼泪；如果我的手臂还伸向他出现的地方，谁能够回答我说我实际上并没有看见他，并没有听见他的话，并没有摸着他呢？

博尔窦：他的不在可以回答你。可是，如果醒与睡是不可能分清的，谁能判明睡眠的长短呢？在安静的情况之下，睡眠就是从上床时起到起床时止的一段昏迷时间；在骚动的情况之下，睡眠的时间有时是一连好几年。在第一种情况下，至少自我意识是完全停止了。你能告诉我一个从来没有人做过并且决不会有人做的梦吗？

雷小姐：可以，就是梦见自己是别人的那种梦。

达朗贝：而在第二种情况下，人们不但有自我意识，而且还有关于自己的意志和自由的意识。做梦的人的这个自由是什么，这个意志是什么呢？

博尔窦：是什么？这和醒着的人的自由和意志是相同的：就是欲望和厌恶的最后的冲动，就是人从出世到此刻的一切经过的最后结果；我相信心思最精细的人也看不出其中有任何区别。

达朗贝：你相信？

博尔窦：向我提出这个问题的竟是你！你不是专门作深刻的思辨，化了一生三分之二的时间来睁开眼睛做梦，无所贪图地行事吗？可不是，你是无所贪图的，比你在梦中更加无所贪图！在你的梦中，你指挥，你号令，人家服从你；你或者不满，或者满意，你遭遇矛盾，你遇到阻碍，你激动，你爱，你恨，你咒骂，你来，你去。在你沉思的过程中，早晨你一睁开眼就想起昨夜所想的观念，你穿上衣服，你坐到桌前，你沉思，你画图，你演算，你吃午饭，你又拿起你的算式，有时候你离开桌子来加以证明；你和别人说话，你给你的仆人下命令，你吃晚饭，你上床，你入睡，没有做出一点有意志的行动。你只是一个点子，你做出了活动，但是你并没有贪图。人们是不是自发地有所贪图呢？意志总是生于某个内部或外部的动因，某个当前的印象，某个对过去的回忆，某个欲望，某个未来的计划。

说完这些话之后，我只用一句话来和你说一说自由，就是：我们最切近的行动乃是一个单一的原因的必然结果：这原因就是我们自己，是非常错综复杂的，但也是单一的。

雷小姐：必然的结果？

博尔窦：毫无问题。假定行动的人是同一个人，你想一想另一种行动怎样产生吧。

雷小姐：他说得有理。既然我是这样行动的，那么以另一种方式行动的就不再是我；肯定我在做或说一件事的瞬间又能说或做另一件事，就是肯定我是我而又是另一个人。可是，大夫，罪恶和美德是怎么一回事呢？美德，这个名词在所有的语言里是这样神圣，这个观念在所有的国家里是这样不可侵犯！

博尔窦：应当把美德说成行善的行动，把罪恶说成作恶的行动。人有生而幸运的，有生而不幸的；人们不可抗拒地被总的潮流所牵引，这个潮流使一个人得到光荣，使另一个人得到耻辱。

雷小姐：自尊、耻辱、悔恨又是怎么一回事呢？

博尔窦：这是一个人把一个必然时刻所造成的功或过归到自己身上的那种幼稚想法，这种幼稚想法的基础是无知和虚骄。

雷小姐：那么赏和罚又是怎么一回事呢？

博尔窦：这是纠正可以改造的所谓坏人和鼓励所谓好人的方法。

雷小姐：这整个说法就没有一点危险性吗？

博尔窦：这个说法是对的还是错的呢？

雷小姐：我想是对的。

博尔窦：那就是说，你认为谬误有它的好处，真理有它的弊病了。

雷小姐：我是这样想的。

博尔窦：我也是这样想的：可是谬误的好处是一时的，真理的好处是永久的；真理有弊病时，这些弊病是很快就会消灭的，而谬误的弊病则与谬误始终相随。你看看谬误在人头脑里所产生的结果，和在人的行为里所产生的结果吧；如果头脑里有了谬误，若不是谬误多多少少地和真理联系在一起，因而头脑昏乱，就是谬误完全彻底地和谬误联系在一起，因而头脑错误。那么，一个或者推理时并不一贯或者错误得非常彻底的头脑，你能期待它作出什么行为来呢？

雷小姐：这两种弊病中的第二种虽然比较不甚可厌，也许却比第一种更可怕。

达朗贝：非常之对。所以一切都归结到感受性，归结到记忆，归结到机体的运动；我相当同意这一点。可是想像呢？抽象呢？

博尔窦：想像……

雷小姐：等一会儿，大夫，我们再把原则简述一下。根据你的原则，我觉得通过一系列纯粹机械的手续，我可以把地上的头等天才归结为一块无机的肉，只让它具有片刻的感受性，也可以把这个无形式的块体由鲁钝到无以复加的状态恢复到天才的人的状况。这两种现象中的一种，可以借砍去原始丝束的一定数目的尖儿并把其余的尖儿搅和起来造成；另一种相反的现象，则可以借恢复砍去的丝束尖儿并使整个丝束正常发展而造成。举例来说：我去掉牛顿的两个听觉尖儿，他便不再有声音的感觉；去掉他的嗅觉尖儿，他便不再有气味的感觉；去掉他的视觉尖儿，他便不再有颜色的感觉；去掉他的味觉尖儿，他便不再有味道的感觉；我除去或搅乱其他的尖儿，他的脑组织、记忆、判断、喜好、厌恶、欲望、意志、自我意识便都不见了，就是一个只保有生命和感受性的无形式的块体了。

博尔窦：这是两种几乎相等的性质：生命属于集合体的性质，感受性属于元素的性质。

雷小姐：我再把这个块体拿来，给它恢复嗅觉的尖儿，它便闻见了；给它恢复听觉的尖儿，它便听见了；给它恢复视觉的尖儿，它便看见了；给它恢复味觉的尖儿，它就尝得出味道来了。我把丝束的其余部分弄整齐，使其他的尖儿能够发展，我便看见记忆、比较、判断、理性、喜好、厌恶、欲望、自然的能力、才能都复活了，我便重新发现我的天才的人了，这是完全没有任何异质的、不可理解的因子参与其间的。

博尔窦：好极了：你坚持这种看法吧，别的都是毫无意义的看法……可是抽象呢？想像呢？想像就是对于形式和颜色的记忆。一个场面、一个对象的景象必然以一定的方式激动敏感的乐器；这个乐器或者是自己激动自己，或者是为某个外来的原因所激动。于是它便在内部震动起来，或者在外部发出回声；它默默地记录下它所得到的那些印象，或者用约定的声音使这些印象发布出来。

达朗贝：可是它的描述有些夸张，略去了一些情节，加上了一些情节，把事实歪曲了或美化了，四周的那些有感觉的乐器所获得的印象，诚然是那发出回声的乐器的印象，却不是那发生过的事情的印象。

博尔窦：对的，描述或者是历史性的，或者是诗意的。

达朗贝:可是这种诗意或幻觉是怎样带到描述里来的呢?

博尔窦:是由一些彼此互相唤起的观念所造成的,这些观念之所以彼此互相唤起,是因为它们永远是联系在一起的。如果你可以自由地把动物比作一架钢琴,那就请你允许我把诗人的描述比作歌曲。

达朗贝:这是很公道的。

博尔窦:在歌曲里都有一个音阶。这个音阶有它的各个音程;每一个音都有它的和音,这些和音也有它们的和音。因此旋律中便有了转调,歌曲便丰富了,扩大了。事实是一个给定了的母题,每一个音乐家都以自己的方式来感觉它。

雷小姐:为什么要用这种象征的方式把问题弄得含糊不清呢?我要说,每个人都有自己的眼睛,都用不同的方式来看和述说。我要说,每一个观念都唤起另一些观念,根据人们的头脑和性格,人们或者坚持那些严格代表事实的观念,或者在这些观念中带进一些唤起的观念;我要说在这些观念之间是有所选择的;我要说……只是这一个问题如果加以彻底研究便可以写一本书。

达朗贝:你说得对。不过并不能阻止我问大夫:他是不是确实相信,一个和什么东西都不像的形式,是从来不会在想像中产生的,也决不会出现在描述中的。

博尔窦:我相信是这样的。这种能力的一切荒诞的产物,都不过是一些走江湖变戏法的人的伎俩,他们用一些切碎了的动物拼凑成一个自然界从来没有见过的怪物。

达朗贝:至于抽象呢?

博尔窦:根本就没有什么抽象;只有一些习惯上的省略,一些略语，使命题一般化一些，使语言比较便捷一些。是一些语言的记号使抽象的科学产生。一种为许多行动所共有的性质，产生了罪恶和美德这两个名词；一种为许多生物所共有的性质，造成了丑陋和美丽这两个名词。人们说一个人，一匹马，两只动物；然后说一，二，三，于是全部关于数目的科学便产生了。人们对于一个抽象的名词是毫无观念的。人们发现所有的物体都有三度，长，宽，高；人们研究了这三度中的每一度，于是全部数学产生了。所有的抽象都不过是一个没有观念的记号。人们把记号与物质对象分割开来，便排除了观念，只有把记号重新联系到物质对象上去，科学才重新变成有观念的科学；便是因为这个缘故，在谈话中，在文章中都频频需要举例。当你听完一大堆记号之后要求举例时，你对那说话的人的要求，无非是要他给他所发出那一连串声音说出物体、形象、实在性、观念来，把经验到的感觉应用上去。

达朗贝：这对你是不是很清楚了呢，小姐？

雷小姐：并不太清楚，不过大夫就要解释的。

博尔窦：你可以这样说。我所说的这些话，也许有一些地方需要修正，有许多地方需要补充；不过现在已经十一点半了，十二点我在玛雷区有一个诊断要做。

达朗贝：使语言比较便捷一些！大夫，人们到底了解过没有？人们到底被了解过没有？

博尔窦：几乎所有的谈话都是作出的估计……我不知道我的手杖到哪里去了……心里一点观念都没有……还有我的帽子……只是由于没有一个人和别人完全相像，所以我们从来没有精确地了解过，我们也从来没有被精确地了解过；所有的事情不是太多了，就是太少了：我们说的话始终不是落在感觉的后面，就是落在感觉以外。我们看到了判断有这样多的不同，我们没有看见的不同还比这多一千倍，幸而我们不能看见……再见，再见。

雷小姐：我还有一句话，我请求你听一听。

博尔窦：那么快说吧。

雷小姐：你记得你跟我说过的那些跳跃吗？

博尔窦：记得。

雷小姐：你认为傻子和聪明人的种有这种跳跃吗？

博尔窦：为什么没有？

雷小姐：那对我们的后代是多好啊；也许又会来一个亨利第四。

博尔窦：也许他已经又来了。

雷小姐：大夫，你一定来和我们一起吃午饭啊。

博尔窦：我尽可能来，可是我不能说定，如果我来了你就留我吧。

雷小姐：我们等你到两点。

博尔窦：我同意。

谈话的继续

谈话者:雷斯璧娜丝小姐,博尔窦。

两点钟时候大夫回来了。达朗贝到外面吃饭去了,大夫和雷斯璧娜丝小姐两人面对面地交谈。午饭预备好了。他们

谈了一些不相干的话,一直到用甜食的时候;等到仆人们一走远了,雷斯璧娜丝小姐就向大夫说:

雷小姐:来,大夫,喝一杯葡萄酒,然后请你回答我一个问题,这问题我想过百来次,可是我只敢向你说。

博尔窦:这葡萄酒好极了……你的问题呢?

雷小姐:你认为杂种是怎么一回事?

博尔窦:凭良心说,这个问题的确是很好的。我认为人们十分重视传种的活动,这是对的;可是我既不满意人们的民事法律,也不满意他们的宗教法律。

雷小姐:你发现这些法律有什么不对呢?

博尔窦:我觉得人们制定这些法律时是不公道的,没有目的,也没有顾及事物的本性和公共的利益。

雷小姐:请你设法解释一下。

博尔窦:我本来就打算解释的……不过请等一等……(他看看

表。)我还有整整一个钟头给你;我要讲得快一些,一个钟头也够了。现在只有我们两个人,你不是一个吹毛求疵的人,你不会以为我故意失掉对你应有的尊敬;不管你对我的看法作什么样的判断,我总希望你不要作出结论,说我道德上不正派。

雷小姐:一定不;不过你的开场倒是使我有点不快。

博尔窦:在这种情形之下,我们还是换个题目吧。

雷小姐:不,不,你说吧。你的朋友中间有一个人,想给我、我的姐姐和我的妹妹找丈夫,他给我妹妹选一个天仙,给我姐姐选一个大告知天使,给我选一个第欧根尼[①]的门徒;他很知道我们三个人。可是,大夫,遮盖点,稍微遮盖点。

博尔窦:这没有说的,只要这事情和我的地位容许我这样做。

雷小姐:这个不会给你添麻烦的……这是你的咖啡……用咖啡吧。

博尔窦(用过咖啡之后):你的问题涉及物理学、伦理学和诗学。

雷小姐:诗学!

博尔窦:毫无疑问;那种模仿存在的东西来创造不存在的东西的艺术,就是真正的诗。这一次我不引证希波格拉底[②]了,请允许我引证贺拉西[③]。这位诗人或作家在一个地方说:Omne tulit punctum,qui miscuit utile dulci,就是说,最了不起的功绩就是把令人愉快的东西和有用的东西结合起来。完满就在于调和这两

① 第欧根尼,大儒派的创始人,主张苦行节欲。——译者

② 希波格拉底,希腊名医。——译者

③ 贺拉西,罗马诗人。——译者

点。令人愉快而又有用的行动应当占据审美等级的第一位；我们不能拒绝有用的占第二位，第三位将属于那令人愉快的；我们将把那既不能带给人快乐又不能带给人利益的列入末等。

雷小姐：到此为止，我可以毫不脸红地接受你的意见。这可以使我们得出什么结论来呢？

博尔窦：你就会知道的，小姐，你能不能告诉我，贞操和严格的节欲会带给人什么利益，什么快乐呢？——不管是带给守贞操的人，还是带给社会。

雷小姐：凭良心说，根本不会。

博尔窦：那么，尽管宗教狂热对这两种品质费尽辉煌的赞辞，尽管民事法律对这两种品质加以保护，我们是要把它们从美德的目录中涂抹掉的，我们要认为，没有比这两种难得的品质更幼稚，更可笑，更荒谬，更有害，更可鄙的了，除了积极的罪恶以外，没有比它们更恶劣的了。

雷小姐：人们会同意这种说法的。

博尔窦：请小心点，我预先告诉你，马上你就会退缩的。

雷小姐：我们决不退缩。

博尔窦：那么独自一个人做的那些行为呢？

雷小姐：啊？

博尔窦：啊，这些行为至少给个人带来快乐，因而我们的原则是错误的，或者……

雷小姐：怎么，大夫！……

博尔窦：是的，小姐，是的，由于这些行为是同样无所谓的，而且它们并不是同样不产生结果的。这是一种需要，如果我们不是为需要所驱使的话，这始终是一件愉快的事情。我愿意人健康，我绝对愿意这样，你懂吗？我斥责一切放荡，可是在一个像我们这样的社会状态中，对于一个人，特别是对于年轻的人有成百种合理的考虑，而不顾及体质和一种严格节欲的悲惨后果；钱财的缺少，男人们中间对于一种痛苦的悔恨的恐惧，女人们对于不名誉的恐惧，所有这一切，使一个苦闷憔悴得要命的不幸的生物，使一个不知道去向谁求助的可怜鬼不得不以犬儒派的方式来排遣自己。伽图[①]向一个要去嫖妓女的年轻人说："勇敢些，我的孩子，……"他今天会不会作同样的建议呢？如果相反地，他当场抓到这个年轻人单独一个人在作这种行为，他岂不会补充道：这比糟蹋别人的妻子或者危害自己的名誉和健康还要好一些？……怎么！因为环境剥夺了我可以想像的最大幸福，使我没有福气把我的感觉、我的陶醉、我的灵魂与我的心所选择一个女伴的感觉、陶醉、灵魂混合起来，使我没有福气在她身上、和她一起来传种；因为我不能用利益的印记来使我的行动神圣化，我难道就禁止自己有一个必要的，愉快的片刻！人在充血的时候放血，那过多的液体的性质、颜色和放出的方式又有什么要紧呢？这种液体在这些毛病的任何一种里都同样是多余的；如果它从它的储存所挤压出来，分布到了整个机体，由另一条更长、更痛苦的危险道路排泄出来，损失难道会小些吗？自然是不能容忍无用的东西的；当它用最不暧昧的征象向我求助的时候，我帮助它怎样会是有罪的呢？我们不要刺激它，而要在适当的时机向它伸出援助的手；我认为拒绝这样做和待着不动只是愚

① 伽图，罗马元老。——译者

蠢,只会失掉快乐。人们会跟我说:你要过有节制的生活,要使自己疲倦。我懂你的话,这是教我剥夺自己的一种快乐,这是教我使自己痛苦以便舍弃另一种快乐。想得倒好!

雷小姐:这套道理是不好向孩子们讲的。

博尔窦:也不好向别人讲。可是你能不能允许我作一个假定呢?假定你有一个女儿,很贤惠,非常贤惠,很清白,非常清白;她已经到了体质发展的年纪了。她头昏脑涨,自然并不帮助她:你把我叫来了。我立刻就看出了那使你吃惊的一切征象都是由于生殖。液过多和阻塞所造成的;我告诉你,她是患了一种狂症,这种狂症是很容易预防的,有时候却是无法治好的;我给你开了药方。你怎么办呢?

雷小姐:我跟你说真话,我想……可是这种情况是不会发生的。

博尔窦:不要骗自己吧;这是不稀奇的;如果我们的风化的松弛还不能防止这种情况的话,这种情况是会屡见不鲜的……不管怎样,把这些道理揭示出来,是会蹂躏全部礼法,引起人们最可恶的猜疑,犯下一种不尊重社会的罪行的。可是你在梦想了。

雷小姐:是的,我捉摸着是不是可以问你,你是否有过把这样一种大胆话告诉母亲们的经验。

博尔窦:当然有过。

雷小姐:这些母亲们是赞成还是反对呢?

博尔窦:一律都毫无例外地赞成,都采取理智的态度……我是不会在大街上向一个不敢实行我的学说的人脱帽的;叫他一声无赖就够了。可是我们现在在这里谈话,是既没有见证,也不会发生什么后果的;关于我的哲学,我要告诉你的话,正如第欧根尼在准备和一个年轻而且害羞的雅典人角力时,光着身子向他所说的:“我的孩子,不要怕,我不像那个家伙那么坏。”

雷小姐:大夫,我知道你说到什么地方了,我打赌……

博尔窦:我不打赌,你会赢的。是的,小姐,这就是我的看法。

雷小姐:怎么!若不是关在自己的种的范围之内,就是越出这个范围之外?

博尔窦:对了。

雷小姐:你是个怪物。

博尔窦:我不是怪物,怪物或者是自然,或者是社会。你听着,小姐,我是不让自己受言辞的欺骗的,我尽量自由地为自己辩解,因为我是清白的,我的道德的清白在任何一方面都是无可非难的。那么我要问你:有两种行为,同样属于性欲的范围,都只能带来并无用处的快乐,但是其中的一种只给做这种行为的人带来快乐,而另一种则使他与一个男的或女的同类共享这种快乐,因为在这里,性别、甚至性别的运用是无关紧要的,那么,在这两种行为中,常识将宣布哪一种为优呢?

雷小姐:这些问题对于我说是太高了。

博尔窦:哈!你做了四分钟男人以后,现在又戴上你的女帽,穿上你的裙子,重新变成女人了。还不错;好!应该把你当作这样的人看待……就是这样了……再听不见说起杜·巴丽夫人了……你看,一切都安排好了;人家以为宫廷里要闹翻天了。主人的行为是个有理智的人的举止;真是“最了不起的功绩”;他养着使他快乐的女人和对他有用的仆人……可是你不听我的话了……你想到哪里去了？

雷小姐：我想到这些胡拼乱凑在我看来都是违反自然的。

博尔窦：凡是存在的东西就不能违反自然，也不能超出自然，我认为连贞操和自愿的节欲也不例外，要知道，如果人可以对自然犯罪的话，贞操和节欲将是违反自然的头等罪过，在一个衡量行为的标准有异于宗教狂热和偏见的国家里，贞操和节欲也将是违反社会法律的头等罪过。

雷小姐：我现在回到你那些该死的三段论上来，我发现这些推论里是没有中间道路的，应该或者全部予以否定，或者全部予以承认……可是请注意，大夫，最老实和最短的道路是跳过泥坑，回到我原来的问题上来：你认为杂种是怎么一回事？

博尔窦：要谈这个问题根本不用跳；我们已经在谈这个问题。你的问题是物理方面的呢，还是伦理方面的呢？

雷小姐：物理方面的，物理方面的。

博尔窦：好极了；伦理方面的问题已经先谈了，并且你也解决了这个问题。那么……

雷小姐：我同意……这无疑地是一个引子，可是我希望……你把原因与结果分开。我们把那下贱的原因抛到一边吧。

博尔窦：你这是叫我从末尾开始；可是你既然愿意这样，我就告诉你，多亏我们的畏怯，多亏我们的阻遏，多亏我们的法律，多亏我们的偏见，做出来的实验是很少很少的；人们简直不知道完全不会生产的交合是怎么一回事，在什么情形之下有用的与愉快的结合在一起，从各种不同的连续的试验中可以预期产生出哪些类的品种来,那些浮恩[1]究竟是真的还是假想出来的,是否不能用一百种不同的方式来增广骡子的种类,是否我们所知道的那几种骡子是真正不能生殖的。可是有一件奇怪的事,无数受过教育的人都会向你证明是真的,而实际上是假的:据说他们看见过奥国太子的饲养场里有一只无耻的兔子,像公鸡一样和二十几只无耻的母鸡交合,这些母鸡也都服它;他们还会接着说,他们看见了这种兽行产生出许多长着兔子毛的小鸡。你可以想像人们是怎么样嘲笑它们。

雷小姐:可是你说的那些连续的试验是什么意思呢?

博尔窦:我的意思是说,生物的流转是逐渐的,生物的同化是有准备的,要想在这些种实验中得到成功,必须从远处开始,必须首先用近似的饲养法使动物接近起来。

雷小姐:使一个人吃草是很难的。

博尔窦:不过可以常常喝山羊奶,而让山羊吃面包是很容易的。我选山羊是由于我个人的一些特殊考虑。

雷小姐:是些什么考虑呢?

博尔窦:你真是胆大!这是因为……这是因为我们可从山羊培养出一个有力、智慧、不倦、敏捷的种来,我们可以拿它当出色的仆人。

雷小姐:好极了,大夫。我已经觉得看见你的公爵夫人们马车后面有五六个粗蛮的羊脚人了,这个我很喜欢。

博尔窦:这是因为我们不想再让我们的兄弟做下贱事,强迫他

① 浮恩,罗马牧神,传说是人兽杂种,披毛带角,长着羊蹄。——译者

们干辱没他们和我们的差使。

雷小姐:这尤其好。

博尔窦:这是因为我们不想再把我们殖民地的人当负重的牲口待。

雷小姐:快点,快点,大夫,去进行你的事业吧,给我们造出羊脚人来吧。

博尔窦:你毫不犹豫地许可这样做吗?

雷小姐:可是,请停一停。我想到一件事;你的羊脚人将是一些淫荡的恶棍。

博尔窦:我不能给你担保他们有好道德。

雷小姐:那样,正经女人就会没有安全了;它们会没完没了地繁殖下去,长久了就不得不或者把它们打死,或者服从它们。我不愿意要了,我不愿意要了。你歇歇吧。

博尔窦(起身走):还有给它们施洗礼的问题呢?

雷小姐:那就要闹翻索尔邦神学院了。

博尔窦:你有没有在王室花园看见过一个玻璃笼子里有一只大猩猩,神气好像一个在沙漠里布道的圣约翰?

雷小姐:看见过。

博尔窦:红衣主教德·波利尼亚克有一天就跟它说过:"说话吧,我就给你施洗礼。"

雷小姐:再见吧,大夫,不要几百年都不来呀,你向来是那样的,你得有时候想一想我爱你爱得发疯啊。要是有人知道了你跟我讲的那些可怕的话呢?

博尔窦:我完全相信你会闭口不言。

雷小姐:别那么自信,我听话就是为了喜欢跟人讲。不过再说一句,我就一辈子不再提这件事了。

博尔窦:什么?

雷小姐:那些讨厌的嗜好,它们是从哪里来的?

博尔窦:都来自青年人的身体不健全,来自老年人的头脑昏聩,来自雅典的美色吸引力,来自罗马的女人荒,来自巴黎的梅毒恐怖。再见,再见。

拉摩的侄儿

（1762写出，1773修订）

天生有煞星

——贺拉西

不管天气是好是坏，我有个习惯，每天下午五点钟光景，就到御花园散步去。人们会看见，老是独个儿，坐在阿让松路长凳上沉思默想的那个人就是我。我沉思着政治、爱情、趣味或哲学，让我的心灵尽情恣意地为所欲为。我让它自由自在地，追随着那浮上心来的第一个念头，不管是聪明的或是傻的；就好像人们在福亚路上会看见的我们那些浪荡青年们那样，一会儿紧跟着一个举止轻浮、满脸笑容、眼睛灵活、鼻子翘起的妓女，马上又舍弃她去追随另外一个，挑逗着所有的娘儿们却不跟任何一个纠缠起来。我的思想就像我所说的那些卖淫妇一样。

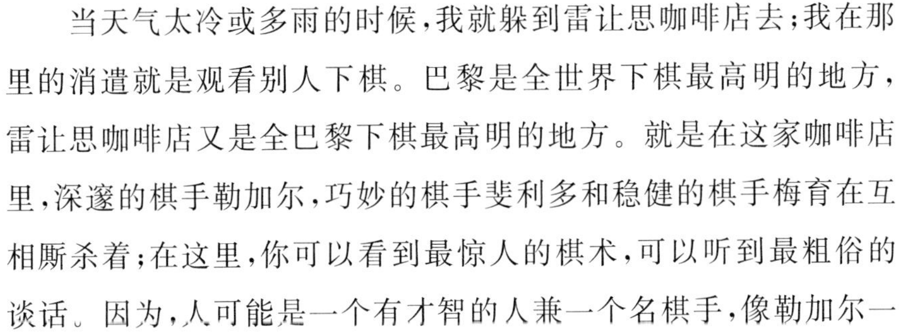

当天气太冷或多雨的时候，我就躲到雷让思咖啡店去；我在那里的消遣就是观看别人下棋。巴黎是全世界下棋最高明的地方，雷让思咖啡店又是全巴黎下棋最高明的地方。就是在这家咖啡店里，深邃的棋手勒加尔，巧妙的棋手斐利多和稳健的棋手梅育在互相厮杀着；在这里，你可以看到最惊人的棋术，可以听到最粗俗的谈话。因为，人可能是一个有才智的人兼一个名棋手，像勒加尔一样;也可能是一个名棋手,兼一个傻瓜,像富贝尔和梅育一样。

一天下午,我在那里,多观看,少说话,尽量少听,这时有一位上帝不令这地方缺少的最奇怪的人物向我招呼。他是高傲和卑鄙、才智和愚蠢的混合物。在他脑海里正当和不正当的思想一定是奇异地混淆在一起;因为他毫不夸张地表露了自然赋予他的优良品质,但也毫不羞耻地表露了他所接受的恶劣品质。此外,他禀有坚强的体魄,特出想像力的激动和非常壮健的肺。如果你遇见过他,而他的奇特处没有令你止步的话,那你不是把手指塞进了耳朵,就是撒腿跑开了。天哪,多么可怕的肺啊!

没有比他自己更不像他自己的了。有时他瘦削憔悴,像到了末期的痨病患者一样;你可以透过他的腮颊数得清他有几颗牙齿。你会说他曾经饿了好几天,或者是刚从练心会修道院里出来的。到了下一个月,他会长得肥胖丰满,好像不曾离开过一位金融家的餐桌,或者曾经被关在圣伯尔纳丁的修道院里一样。今天,他穿着脏衬衣,破裤子,衣衫褴褛,差不多光着脚,低垂着头走路,避开人们;你会打算叫住他给他一点布施。明天,他扑着粉,穿着鞋子,鬈着头发,穿着漂亮的衣服,抬起头来走路,神气十足,你几乎会相信他是一位体面的绅士。他过一天算一天,忧愁或快活,随境遇而定。他早晨起来的时候,第一件心事就是要知道在哪里吃午饭;午饭后他便想起到什么地方去吃晚饭。夜晚也给他带来不安:他或者是步行回到他所住的顶楼,只要女房东没有因为等候他交房租等得不耐烦,把钥匙收回了;或者他就转到郊外的酒店里去,在那里用一片面包一瓶啤酒来等候天亮。当他已没有六个铜板在衣袋里的时候,这是他有时会碰到的,他就或者向他朋友中间的马车夫求助,或者依靠某位贵族的车夫,这位车夫会让他睡在稻草上,在马的旁边。早晨,就会有一些作他的床垫的稻草仍然藏在他的头发里。如果天气暖和,他就会整夜在皇后散步场或香榭丽舍漫步走着,到了天亮就在城里出现,身上的衣服从昨夜穿到今天,有时也会从今天穿到足足一个星期。

我并不看重这样的怪人。别人也许把他们看作熟识的人,甚至看作朋友。当我遇见他们的时候,一年中有一次会引起我的注意,因为他们的性格和别人的性格迥乎不同,他们打破了我们的教育、我们的社会习俗、我们关于礼貌的惯常观念所造成的令人厌烦的常规。如果在一群人中出现了这样一个人,他会像一颗酵母一样,开始发酵,使每个人都恢复了他的自然的个性的一部分。他动摇着和鼓动着人们,他令人们对他表示赞许或斥责;他使真理显示出来,他使人认识谁是善良的人,他把恶棍的假面具揭穿了;这时候有知识的人才倾听他并且学会辨别人们。

我认识这位怪人已经很久了。他常到一个赏识他的才能而招待他的人家去。这一家只有一个独生女儿,他对这家的父亲和母亲发誓说要娶他们的女儿,他们就耸耸肩膀,当面嘲笑他,告诉他说,他是发疯了;我预料这时事情就完了。他向我借几个钱我就给了他。我不晓得他怎样弄进了某些体面的人家,在那里吃饭,但是有一个条件,如果不得到准许,他就不要说话。他老是默不作声,恶狠狠地吃着,看他这样抑制着自己,真是有趣。如果他要破坏契约,开起口来,他才说了第一个字,大家就齐声地叫道:“呵,拉摩”!于是他愤怒得眼睛发亮,就更加恶狠狠地吃起来。你一定很好奇地想要晓得这个人的名字,现在你已经知道了。他是著名音乐家拉摩[1]的侄儿。这位音乐家把我们从一百多年来我们所唱的吕依[2]的教堂歌调里解脱出来；关于音乐理论他曾经写了这样多的不可理解的幻想和启示的真理，这是无论他自己或任何别的人都一点也从未了解的东西。他曾经给了我们一些歌剧，这些歌剧里有和声，歌曲片断，不连贯的思想、喧哗、飞扬、凯旋、投枪、光荣、喃喃低语、胜利令歌手唱得喘不过气来；还有将会永远流传的舞曲。他在把这位佛罗伦萨人的声名埋没了以后，自己也将被意大利的音律家所埋没，这是他预感得到、因而令他忧郁、悲伤和愤激的；因为没有任何人，甚至一个在起床后发觉自己鼻子上长了一个粉刺的美妇人，也没有能像一位在生时就有丧失声名的危险的作家，会感到那样愤愤不平的：这有马里窝和小克莱比庸为证。

他先来招呼我说："呀！原来你也在这里，哲学家先生；你在这班懒汉中间有什么事呢？难道你也推木头来消磨时间吗？"（人们是这样轻蔑地称呼象棋和后棋的。）

我：不，但当我没有更好的事情要做的时候，他们精于此道的人在推着，我在旁看一会也是有趣味的。

他：要是那样，你就不大会觉得有趣味了；因为除了勒加尔和斐利多，其余的人都是一窍不通的。

我：皮塞先生怎样呢？

他：他在棋手中的地位正如克莱容小姐在演员中的地位一样。

① 拉摩（1683—1764），法国最伟大的音乐家之一，"多情的印度人"，"双子星"等曲的作者，他曾写了许多关于音乐理论的作品。——译者

② 吕依（1633—1687），佛罗伦萨的音乐家，在法国路易十四的宫廷中很得宠，并曾与莫里哀合作。——译者

这些游戏中能学会的东西他们两个都知道了。

我：你是很苛求的，我晓得只有真正了不起的人才能获得你的称赞。

他：是的，在象棋、后棋、诗、辩才、音乐诸如此类的琐事里是这样；在这些事情中庸才有什么用处呢？

我：很少用处，我承认。但是必须有许多人来努力练习它们，然后才能出现天才。他是千万人中的一个。让我们不谈这些吧。我已有不晓得多少年代不看见你了；当我不看见你的时候，我从来不想起你，但是再见到你时，总令我高兴。你这一向做些什么呢？

他：就像你，我和他们大家所做的事情：有些好的，有些坏的，有时什么事情也没有。我肚子饿了，如果碰到吃的机会我就吃；吃过后我口渴了，有时我就喝起来。同时我的胡子也在长着，当胡子已经长出来了，我就把它刮掉。

我：你这就做错了，因为要成为一个贤者，你所欠缺的就只是这一件了。

他：你说得对，我的前额高而有皱纹，眼睛有热情，鼻子突出，脸颊宽广，眉毛黑而浓，大口，翻唇，方脸。如果这个大的下颌长着一把长胡子，你知道这在铜像或大理石像中是多么好看么？

我：在恺撒，马可·奥略留，苏格拉底的旁边。

他：不，我在第欧根尼和弗里芮当中倒是更好些。我像前者一样地厚脸皮，又是喜欢拜访后者的常客。

我：你近来好吧？

他：是的，健康如常，但今天却不怎么特别好。

我：怎么？像你现在这样，一个肚皮好像西伦尼，一个脸孔……

他:一个脸孔,人们也许以为是背面。使我亲爱的叔叔变干瘪了的这一点愤愤不平,却好像使他亲爱的侄儿长胖了。

我:说到这位叔叔,你有时看见他吗?

他:是的,在街上走时看见过他。

我:难道他从来没有给你一点好处吗?

他:如果他给了任何人一点好处,那是他自己料想不到的。他可以说是独具一格的哲学家。他只想到他自己,这个宇宙的其余部分对于他是一文不值的。他的女儿和太太愿意什么时候死去都可以,只要为给她们送葬而敲的钟声继续地回响着第十二音和第十七音,那就一切都好了。在这一点上他是很幸运的,这也就是我觉得天才特别可贵的所在。他们只精通一件事,除了这件以外,便什么也不会了。他们不晓得怎样做一个公民、父亲、母亲、兄弟、亲戚和朋友。我老实对你说,人们应该在一切方面都完全像他们;但决不该希望他们这种人很普遍。人是必需的,但天才的人不是必需的。不,老实说,他们是根本不需要的。改变地球的面貌的就是他们;而在最细微的事情中,愚蠢是这样地普遍和这样地强有力,以致不大吵大闹起来就不能够实行改革。他们的理想一部分是建立起来了,一部分是仍旧原封不动;因此就有两个福音,一件丑角的服装。拉伯雷小说中的修士的贤智,为了他自己的和他人的心境安宁,是真正的贤智;他多多少少地尽了自己的责任,常常说修道院院长的好话,此外随这个世界爱怎么样就怎么样。既然众人都感觉满意,就是情况良好了。如果我懂得历史,我将会证明给你看,这下界的不幸,常常是由某些天才带来的;但是我不懂得历史,

因为我什么也不懂得呵。如果我曾经学会一些什么东西，如果为了不曾学会任何东西我就更糟糕些，那才是活见鬼哩。有一天我在法国国王的一位大臣那里吃饭，他一个人有几个人的聪明；你看他能够像一加一等于二那样清楚地给我们证明：没有什么比谎话对人民更有用，没有什么比真话更有害。他的论证我已经记不起来了，但是很显然地可以得出这个结论：天才是可憎恶的东西。如果一个婴儿在出世时，额头上就带有这个危险的天赋的标记，那就应该或者把他活活地闷死，或者把他投到水里去。

我：然而，这些人物这样地仇恨天才，他们却都自以为有天才哩。

他：我很相信他们心坎里会这么想，但是我不相信他们敢于公开这样地招认。

我：那是由于谦逊的缘故。那么你是对天才怀着可怕的憎恨吗？

他：这是我一辈子也不会回转过来的。

我：可是我记得有个时候，你为了自己不过是一个平常人而感到失望啦。如果一个辩论的正反两面都同等地使你苦恼，你决不会得到快乐的。你必须选择一边，并且始终不渝地拥护它。我同意你的意见，天才通常是有点奇特的，或者如俗谚所说，没有大智不带着一点疯狂，可是他们却不能不令人惊异叹服；我们将要鄙视那些没有任何天才产生的时代。他们将是和他们在一块生活的那些民族的光荣；迟早人们会给他们建立纪念像，把他们看作造福人类的救星。请你所引证的那一位聪明的大臣原谅吧，我相信如果谎话可以有用于一时，从长远看来它必然是有害的，反之，真话从长远看来必然是有用的，尽管暂时也会发生害处。由此我就倾向于下这样的结论：那个使一种普遍流行的错误失去势力的，或者令大家接受一种伟大的真理的天才，永远是值得我们崇敬的人物。也许这位人物会成为偏见和法律的牺牲品；可是有两种不同的法律：一种是绝对地公正和普遍的，另一种是特别的，它们只由于人类的盲目和境遇的需要才得到批准。后一种法律只令违犯它们的人受到暂时的耻辱，时间会把这种耻辱反转过来，落在那些法官和国家的身上，永不消除。在今天看来，究竟是谁的耻辱，是苏格拉底的抑或是那位令他喝毒药的法官的耻辱呢？

他：这个对于苏格拉底有什么好处呢？难道他因此就不是被判罪了吗？不是被处死了吗？不是犯法作乱的公民了吗？由于他蔑视坏的法律，难道他不是鼓励愚人去蔑视好的法律吗？难道他不是一个大胆的奇怪的家伙吗？你刚刚所招认的不是很接近于对天才并不十分有利的一种论调吗？

我：亲爱的朋友，听我说吧。一个社会不应该有坏的法律；如果它有的只是好的法律，社会里就决不会发生迫害一个天才的事情。我并没有对你说过，天才是不可分地和邪恶结合在一起的，也不是说邪恶是和天才结合在一起的。一个愚人比较一个聪明人更容易做坏事，如果一个天才通常是一个无礼貌的、难以相处的、乖戾的、不可容忍的，如果他甚至是品质恶劣的，从这里你会得出什么结论呢？

他：是应该把他淹死的。

我：亲爱的朋友，温和点吧。现在，告诉我；我是不打算把你的叔叔来做例子的。他是一个冷酷无情的人，一个粗暴的人，无人性，悭吝，他是坏的父亲，坏的丈夫，坏的叔叔，但并不能确定地说，他是一个天才，他大大地推动了他的艺术的进步，在十年之内人们仍将谈论着他的作品。可是拿拉辛来说吧；这一位毫无疑问地是有天才的，并且他不是被看作一个太好的人。还有伏尔泰呢？

他：不要逼迫我太甚了；因为我的推断是前后一贯的。

我：在两种情形中你愿意挑选哪一种呢？或者拉辛是一个好人，像布里阿松一样，与他的柜台成为一体，或像巴尔别一样，与他的量尺寸步不离；一个好丈夫，年年照例跟他的太太生一个合法的孩子；好父亲，好叔叔，好邻居，正直的商人，但仅仅如此而已；或者拉辛是奸诈的、背信的、有野心的、嫉妒的、恶劣的，然而却是“安德洛马克”、“布利丹尼古斯”、“伊菲格尼”、“菲特勒”、“阿达丽”[①]的作者？

他：老实说，为他自己的缘故，在这两种人中，如果他是头一种人也许会更值得些。

我：这实在是比你所想到的还要真实得无限多哩。

他：呵，你们这些人就是这个样子！如果我们说了一些合情合理的话，那一定是像疯人或通神的人一样，是出于偶然的；只有你们这些人才了解你们自己。是的，哲学家先生，我了解我自己，一点也不亚于你了解你自己。

我：那么看吧；为什么说：为了他自己的缘故呢？

他：因为所有这些优秀的作品不曾给他挣得二万佛郎；可是，

① “安德洛马克”、“布利丹尼古斯”、“伊菲格尼”、“菲特勒”、“阿达丽”都是拉辛的作品。——译者

如果他是圣丹尼斯大街或圣赫诺莱大街上一位殷实的丝商，一位殷实的杂货批发商，一位营业发达的药房老板，他就会聚积了巨额的家财，就会没有哪一种娱乐不是他所享受过的；他就会不时地把一个金币赏给像我这样一个穷困的可笑的丑角，这个丑角会使他发笑，也会有时给他找到一位年轻姑娘〔使他得以排遣同太太永恒同居的单调生活〕；我们会在他家里吃上等的大菜，赌大的押注，饮上等的葡萄酒、上等的烈酒、上等的咖啡，还结伴到郊外寻乐去，现在你就知道我是了解我自己了。你笑起来了，但让我再说吧：这样他对于他周围的人就会更好些。

我：不错；只要他不是以不正当的方式来使用合法营业所赚得的钱财；只要他把所有那些赌徒、寄生虫、无味的谄媚者、游手好闲的人、邪恶的食客，都从家里赶出来；只要他令店里的伙计把那个用变化多端来解脱丈夫们同他们的太太们长期同居所感到的厌倦的好管闲事之徒，狠狠地鞭打一番。

他：鞭打他，先生！鞭打他么？在一个很文明的城市里，是没有人挨鞭打的。而且这是一个正当的职业，许多人，甚至有尊衔的人，也都干这样的事哩。究竟你要一个人怎样去使用他的钱呢？如果不是用于享受好食物，好伴侣，好酒，漂亮女人，形形色色的娱乐，各种各样的游戏？如果空有巨万家财，而这些享乐却一样也没有尝到，我倒宁愿做乞丐了。可是让我们回到拉辛吧：这个人只有对于不相识的人们并且只有在他已经去世以后，才是一个好人。

我：同意，但是请把好处和坏处较量一下吧。一千年之后他将仍然令人流泪；他将在世界上一切国家里引起人们的惊奇、感叹；他将鼓舞人们的同情心、怜悯心、慈爱。人们要知道他是谁，他是哪个国家的人，他们将羡慕法兰西有了他。他令几个人遭受痛苦，这些人现在已经不在世上了，他们几乎和我们一点关系也没有。对于他的恶习和他的过失，我们一点也用不着害怕。毫无疑问地，如果他从自然禀受的，不但有一个伟大人物的才能，还有一个善人的品德，那就更好了。这是一棵大树，它使栽种在邻近地方的一些树木都枯萎了，它闷死了生长在它脚下的植物；但是它把自己的顶尖一直耸入云中去，还把树枝远远地伸展开来。它把树荫赏赐给曾经来到、正在来到和将要来到它的伟大躯干旁边休息的人们；它产生了味道绝妙的水果，而且不断地重复产生出来。要是伏尔泰还像杜克洛一般的温和、特吕伯勒方丈一般的坦白、奥里佛方丈一般的正直，那将是很合我们的愿望的；但是，既然这是不可能的，就让我们从真正要紧的方面来看这事情吧；让我们暂时忘却我们在空间和时间中所占的那一点，让我们把眼光放远，看到未来的世纪，最遥远的地区，和尚未出世的人们。让我们为我们同类的幸福而考虑吧。如果我们不够宽大仁慈，至少让我们因自然比我们更加贤明而宽恕它。如果你们把冷水浇在格莱茨①的头上，你们也许会把他的天才和他的虚荣心一起弄熄了。如果你们使伏尔泰对于他人的非难不那么敏感，他就不再能进入麦洛柏②的灵魂深处了，他就不再令你感动了。

他：可是如果自然是贤明的也同样是有力量的话，为什么它既把他们造成伟大的人而不把他们也造成善良的人呢？

① 格莱茨(1725—1805)，法国绘画家。——译者

② 麦洛柏，伏尔泰所著悲剧“麦洛柏”的女主角名。——译者

我：可是你不晓得吗？用了像这样的推理你会把事物的一般秩序推翻了，如果这下界的一切都是完美的，那就会没有任何完美的东西了。

他：你说得对；主要的一点是：你和我两人是在这里，我们恰恰是你和我：此外一切随它去吧。我以为事物的最好的秩序就是需要我在里边的一个秩序，如果我不在里边，即令最完美的世界，也是毫不足取的。我愿意存在，甚至做一个厚颜无耻的好辩者而存在，也比不存在的好。

我：没有一个人不是像你这样想的，不是反对现存的秩序的，却没有看到：这样一来，它把自己的存在都抛弃了。

他：这是真的。

我：那么让我们就按照事物的现状来接受它们吧。让我们想想他们要我们拿出什么代价来，他们对于我们又有什么贡献，所有我们懂得不透，因而不能加以赞赏或非难的东西，让我们抛开一边吧，也许它既不是好的，也不是坏的；设若它是必需的，正如许多正直的人所想像的一样。

他：上面你对我说的所有这些话，我是不大懂得的。这个好像是哲学；我得预先告诉你，我是不搞这一套的。我所知道的只是，我很希望自己是别样的人，甚至碰巧是一个天才，一个伟大人物；是的，我应该承认，我心中有些什么东西这样对我说。我从来没有听见过任何人被称赞、而我不因这个称赞暗暗地感到愤懑的。我嫉妒他们。当有人把关于他们的私生活的一些有损他们的名声的事情告诉我时，我就很高兴地听着；这事情使我们彼此靠近起来，我就较易于忍受自己的平庸。我对自己说：实在的，你决不会写出

“穆罕默德”[1],但是你也不会写出对于莫贝欧[2]的歌颂来。我曾经是、现在还是因自己的平庸而苦恼着。是的,是的,我是平庸的,我很苦恼。我从来没有听见演奏着“多情的印度人”[3]的序曲,从来没有听见人唱着“德那尔的深渊”或“夜、永恒的夜”而不痛苦地对自己说:这里是些你所永远做不出来的东西。所以我很嫉妒我的叔叔;如果在他去世的时候,他的书夹里面还有几个美丽的大键琴乐曲,我就不会迟疑,究竟仍然做我自己、抑或做他了。

我:如果令你苦恼的不过是这么回事,这是不大值得这样痛苦的。

他:这个没有什么,这些是一会儿就会过去的。

(于是他开始唱“多情的印度人”序曲和“深渊”歌,接着说)

那里面对我说话的什么东西告诉我说:拉摩,你真愿意作出这两个曲子;如果你作了这两个曲子,你一定能够作另外两个;当你已经作出了一定数目的曲子之后,就会到处有人演奏和歌唱你的作品了。在你走路的时候,你就会把头高抬起来;你自己的功绩会由你的良心给你作证,别的人会用手指头指着你说:“作那些美丽的舞曲的人就是他。”(他就唱起那些舞曲来;然后做出一个人深受感动、快乐已极、眼泪汪汪的样子,他一面摩擦着双手继续说)你将得到一间漂亮的房屋(他用胳膊来比量这房屋的面积),一张漂亮

① “穆罕默德或热狂主义”,伏尔泰的悲剧,曾于1742年8月上演。——译者

② 莫贝欧,法国的司法大臣,是1771年4月13日那些旨在改革司法制度的著名法令的制定者,这些法令曾引起许多人的反对。伏尔泰是为莫贝欧辩护的人之一,狄德罗对此大不以为然。——译者

③ “多情的印度人”,拉摩所作的歌剧(1735)。——译者

的床(他毫不介意地在床上躺下来),好的酒(他用舌头舐上颚发出声来,好像尝着酒的香味),一辆漂亮的马车(他举起脚来走进车厢里去),美丽的女人(他好像已经拥抱着她们,并且淫荡地瞅着她们);每天有成百个流氓走来向你谄谀奉承(他想像看见了他们在自己的周围:他看见巴里索[①]、普恩西纳[②]、佛勒龙父子[③]、拉·波尔特[④],他听着他们说话,感到骄傲自满,赞成他们,对他们微笑,轻视他们,嘲笑他们,叫他们走开,把他们唤回来;然后他继续说),就是这样地,到了天亮就有人会告诉你,你是一个大人物,你在"三个世纪"的历史[⑤]中会读到,你是一个大人物,到晚上你将会深信你真是一个大人物,这个大人物,拉摩的侄儿,耳朵里回响着甜蜜的嗡嗡的赞美调子睡着了;就是在睡眠中他也有满足的神情:他的胸部膨胀起来,舒畅地起伏着;他像一个大人物的样子发着鼾声。

当他这样说的时候,他让自己懒洋洋地躺到一张长凳子上,他闭着眼,模仿着他所想像的幸福的睡眠。在享受了这个甜蜜的休息一会儿之后,他醒过来,伸开胳臂,打着呵欠,擦着眼睛,好像还在找寻他周围的那些无聊的奉承者。

我:你相信一个幸福的人睡得与众不同吗?

---

① 巴里索,是反对百科全书派的作家。他所写的讽刺喜剧"哲学家"(1760)就是攻击狄德罗和他的集团的。——译者

② 普恩西纳(1735—1769),剧作家,诗人,以虚荣及轻浮著名。——译者

③ 佛勒龙父子,也是反对百科全书派的作家,有名的"文学年鉴"的编者,和巴里索都为耶稣会所利用。——译者

④ 拉·波尔特(L'abbé de la Porte,1713—1773),编纂家及文艺批评家,1749年及后几年的"近代文学观察家"的编者。——译者

⑤ 指加斯特(Sabatier de Castres)所作的"三个世纪的法国文学史"(1772)。——译者

他：但愿我能相信！我这个可怜虫，当夜里我回到我的顶楼，爬上我的卧床的时候，我伤心地蜷缩在毡子底下；我的胸部收紧起来，呼吸困难，只是一种微弱的叹息，人们差不多听不见；可是一位金融家就会震动了整个屋子，使整条街上都感到惊讶，但是今天令我忧愁的，倒不是我像一个穷人那样寒伧地睡眠和打鼾。

我：究竟这个也是可悲的。

他：我所遭遇的事情，要更悲惨得多哩。

我：什么事情呢？

他：你总是对我有一点关心，因为我是一个你从心底里瞧不起的可怜虫，可是却令你觉得怪有趣的。

我：这是真的。

他：让我告诉你吧，（在他开始说话之前，他深深地叹了一口气，双手抱着前额，然后，面容重复安静起来，他说）你知道，我是无知的，愚蠢的，疯狂的，不识羞耻的，懒惰的，像布尔高涅人所说的那样，是一个极端的无赖，一个骗子，一个贪食者。

我：多么好的颂词呀！

他：这个完全是真的。一个字也不能减少，请你在这一点上不要争论。没有人比我更知道我自己；而且我还没有全说呢。

我：我并不想叫你生气；我将完全同意你的话。

他：现在想想吧，我一向和一些人同住着，他们恰恰是为了我具备所有这些性质到一个少有的程度，因而才很喜欢我的。

我：那倒是奇怪，到现在为止，我向来认为，或者人们把这些性质对自己隐瞒起来，或者人们纵容自己的这些性质，而轻视别人身上的这些性质。

他:人们怎么能够对自己隐瞒呢?你可以确信,当巴里索一个人独自地对自己省察的时候,他说的就会是完全另外一套了。你可以确信,他和他的同僚,两个人面对面的时候,他们会坦白地承认他们是一对劣迹昭著的流氓。至于说轻视他人的这些性质么?我的朋友们是要公平得多,我和他们配合得真是妙极了。我那时真是安逸。他们对我都很殷勤。只要我离开一会儿,他们就挂念着我了。我是他们的小拉摩、他们的漂亮的拉摩,他们的滑稽的、厚脸皮的、无知识的、懒惰的、贪食的拉摩,他们的小丑,他们的大傻瓜拉摩。每一个这些亲昵的形容词都带来微笑或是抚爱,肩膀上轻轻一拍,一个耳光,脚踏一下,在吃饭时把少许好吃的东西投到我的菜盘上,在饭后别人对我随便一点,我也毫不在乎地接受了:因为我是无所谓的。人们对于我,和我一起,或在我面前,可以为所欲为,我并不介意。多少小礼物落到我的分上——我真是傻瓜,把这一切都失掉了!我失去了这一切,由于有一次我有了常人的理智,这是我一生中唯一的一次。唉!如果我再次遇见同样的事情呵!

我:你说的是什么事情?

他:一件无双的、不可思议的、不可原谅的愚蠢行动。

我:什么样的愚蠢行动呢?

他:拉摩,拉摩!人们是为了这个款待你吗?具有了一点鉴赏力、一点机智、一点理性,这是多么愚蠢的事呵。拉摩,我的朋友,这件事将教你仍旧像上帝所造就你的,和你的保护者所喜欢你的样子。人们就这样抓着你的肩膀,把你带到门口,对你说:“恶棍,走开吧,不要再上这里来。我相信,这家伙想要有智能,想要有理性！滚开吧！这样的东西我们有多余的。”你咬着手指走开了；先前你倒应该咬紧你的可恶的舌头呵！为什么你不放明白点？现在你流落在街头，身上没有分文，不晓得到哪里是好。你曾经吃到你所要吃的东西，现在你却要回到零卖店前了；你曾经住得很舒服，现在只要人们再让你住到小顶楼里去，你就会喜出望外了；你曾经有舒适的床，现在在苏比斯先生的马车夫和朋友洛贝[①]的中间，有稻草铺等候着你。现在不再是你所享受过的甜蜜平静的睡眠，你将要一只耳朵听着马的嘶叫和践踏声，另一只耳朵听着那枯燥的、生硬的、比野蛮的诗句的更千倍难以忍受的聒噪。真是倒霉！冒失！一百万个活见鬼！

我：但是难道没有什么方法，使你再回到那里去吗？难道你的过失，是这样不可饶恕的吗？如果我处在你的地位，我就会再去访问这些人；他们需要你的程度，是你所意想不到的。

他：呵，我相信现在没有我来使他们发笑，他们会过得像狗一样厌烦了。

我：那么我该去找找他们。我将不让他们有时间学会可以不需要我，而自己转向一些高尚的游戏；因为谁知道会发生什么事呢？

他：我所怕的倒不是这个，这是不会发生的。

我：你尽管是最了不起的，总还有人能够代替你。

他：那倒是不容易的。

---

① 洛贝，此人曾作了一首关于梅毒的诗，因此后文（第 271 页）又提到他。——译者

我：也许是的，但是我还是该去，带着这个烦恼的面容，这双迷乱的眼睛，衬衣的领口完全敞开着，头发蓬松着，在这个真正悲剧的状态里，恰恰像你现在的情形。我将自己投在女神的脚下；把脸孔贴在地上，不肯起来，用低的呜咽的声音说："请饶恕我，夫人！饶恕我吧！我是卑鄙的，下贱的。那只是一个不幸的刹那；因为你知道，我是从来不服从理智的，我应允你，在我这一生再也不会有同样的事情发生了。"（有趣的是，当我正在对他这样说的时候，我看见他在默默地表演着我的话。他倒在地下；把脸孔贴在地上，好像是用双手把握着一只拖鞋的鞋尖；他哭着，他呜咽着，他说："是的，我的小女王；是的，我答应你，我一辈子再也不会有同样的事了，一辈子。"然后他突然站起来，他用严肃的、深沉的声调继续说：）

他：是的，你说的对，我想这是最好的办法。她是仁慈的。维埃拉先生说，她是这样地仁慈；我也有点晓得她是这样。但是要我走去对这样一个母猴来贬低自己！在一个下贱渺小的女戏子脚下来乞求慈悲，她这个东西是到处被戏台底下的观众喝倒彩的！我，拉摩，是第雍的药剂师拉摩先生的儿子，他是一个正直的人，从来不曾在任何人的面前屈过膝的！我，拉摩，是他们称呼作伟大的拉摩的侄儿，这位伟大的拉摩，自从卡尔蒙特勒先生把他弯着背，双手放在衣裾底下的样子画出来以后，你就可以看见他挺直着身子，胳膊在空中挥动着，在御花园里来回散步了！我曾作了一些无人演奏的大键琴曲子，但是也许只有这些曲子可以留传到后代，后人将要演奏它们；我，够了，我！我应该去吗？不，先生，那是不可能的！（现在把他的右手放在胸前，他继续说）这里我感觉有些什么东西在涌上来，在对我说："拉摩，你不要那样做。"一定是有某种尊严之感和人性结合着，那是没有人能够把它消灭掉的。现在无缘无故地，它一下子奋发起来了。是的，无缘无故地：因为在别的日子，我随心所欲地下流无耻，它并没有令我难过；在那些日子，为了一个铜板，我也曾经吻过小胡丝的臀部哩。

我：但是我的朋友，她长得白皙、美丽、年轻、柔润而丰满；这样的屈辱行为，甚至比你要高雅得多的人有时也会情愿贬低自己去做哩。

他：我们得说清楚：吻臀部有真正的吻和比喻的吻，请你问问胖子贝尔基也[①]吧，他真正地又比喻地吻着拉·马尔克夫人的臀部；实在的，就这个场合来说，真正的和比喻的吻都同样是我所不喜欢的。

我：如果我所提议的办法对于你不合适，那么你就鼓起勇气去做一个叫化子吧。

他：既然世间有这样多有钱的傻子，人们可以花他们的钱来过活，做一个叫化子，是很困难的。而自轻自贱又是这样不可忍受的。

我：难道这样一个感情是你所体验到的吗？

他：我是否体验到！我多少次对自己说："喂，拉摩，巴黎有一万张豪华的餐桌，每一桌安排着十五人到二十人的席位，而所有这些席位中竟没有一个是你的！有许多钱袋满装着金币，这些金币

① 贝尔基也（1718—1790），是狄德罗和他的集团的敌人，是法国的神学家，编了一部《神学辞典》。——译者

或左或右地流出来，但没有一个金币落在你的身上！成千的小文人既没有才能也没有成绩；成千的小姑娘没有任何美貌；成千的无聊的阴谋家都穿得很体面，而你将要赤身裸体！难道你愚蠢到这步田地吗？难道你不会像别人那样谄媚吗？你不会像别人那样说谎、发誓、作伪誓、许诺、守信或食言自肥吗？你不会像别人那样四脚在地上爬着吗？你不会像别人那样帮助夫人跟人私通，并且给丈夫传递情书吗？你不会像别人那样鼓励这位年轻人对小姐说话，又劝说小姐听他的话吗？你不会让一个生意人的女儿懂得，她穿得很难看，而美丽的耳环，一点胭脂，一些花边，一件波兰装的长袍就会把她打扮得十分惊人吗？让她懂得小脚不是造来在街上走路的？告诉她一个漂亮的男子，年轻而有钱，他有镶金边的外衣，华丽的马车，六个大跟班，在路过的时候看见了她，觉得她非常可爱，自从那一天起他就不能吃也不能喝，再也睡不着，也许快要死了？——‘但是我的爸爸。’——对的，对的，你爸爸！他开头也许会有一点生气。——‘还有妈妈呢！她老是劝我做一个好姑娘，她告诉我，名誉是这世界上唯一紧要的东西！’——那是没有什么意义的老生常谈。——‘那个听我忏悔的教士呢！’——你不必再见他了；或者如果你坚持这个怪想，要把所有你的傻事的历史都告诉他去，那你就得要花费几磅白糖和咖啡。——‘他是一个很严厉的人，为了那个歌：《到我的修道室里来》，他已经拒绝给我免罪了。’——那是因为你没有送给他一点东西的缘故……但是当你穿着镶花边的服饰出现在他面前时——‘我将有花边吗？’——当然，各种各样的花边，戴着漂亮的钻石耳环——‘我将有漂亮的钻石耳环吗？’——是的——‘像有时到我们店里来买手套的那位侯爵夫人所戴的那样吗?’——正是那样,坐着漂亮的马车,套着灰色而有斑点的马,两个大跟班,一个小黑人,一个马夫跑在前面,抹着胭脂,贴着小绢片,衣裾有人牵着,——‘到舞会去吗?’——是的,到舞会去,到歌剧院去,看喜剧去……她的心已经为欢乐而跳跃了。现在你拿着一张纸条在手指中间玩弄着。——‘那是什么东西?’——没有什么,——‘我想是什么东西’——一封小笺——‘给谁的?’——给你的,如果你有点好奇的话。——‘好奇么?我是非常好奇呵。让我看看。’——她读着。——‘一个约会吗?那是不可能的。’——当你去做弥撒的时候——‘妈妈老是跟我在一块;但是如果他清早到这里来;我常常是第一个起床,在他们起来之前就先到柜台前来的。’——他来了;他满意了;有一天黄昏时分,这个小姑娘逃跑了,人们给了我两千块钱。怎么!有了这样好的才能,你竟还会缺面包?可怜人,你不觉得羞耻吗?”我记得有一帮流氓,给我当跟班都不配,却有非常丰富的财产。我穿着粗布的大衣,他们穿着绸缎,他们拿着镶有金头和曲柄的手杖,他们手指上戴的指环刻有亚里士多德和柏拉图的名字。然而他们从前是什么呢?大部分是可怜的拙劣的音乐匠;现在他们却像贵族一样舒适了。于是我觉得有了勇气了,兴高采烈,心思敏锐,有能力干任何事情。但是好像这个快乐的心情并不持久,因为直到现在,我没有能够获得任何显著的进步。无论怎么样,这就是我经常的独白的原文,你可以随意地解释它的意义,只要你从这里给我得出这个结论来:我是懂得对自己的轻视,这种由于感到天所赋予我们的才具的无用而产生的良心的痛苦的;这是一切痛苦中最残酷的。一个人到了这步田地,几乎是当时没有生出来还好些。

(我听着他说下去。当他正在表演着那个牵线者和他所引诱的年轻女郎的一幕时,我的心被两种相反的冲动所烦扰着;我不晓得应该让这个想笑出来的欲望,还是让想发怒的冲动发泄出来。我十分苦恼。有许多次一声大笑防止了我的动怒;也有许多次从我心里涌起来的愤怒结果成了一声大笑。使我惊讶的是,这样的精明和这样的卑鄙在一起;这样正确的思想和这样的谬误交替着;这样的一般地邪恶的感情,这样极端的堕落,却又这样罕有的坦白。他注意到我的心里所进行着的斗争,问道)怎么一回事?

我:没有什么。

他:你好像是在苦恼着。

我:我是很苦恼。

他:但你对我究竟有什么劝告呢?

我:让我们谈别的吧。不幸的人,你是生下来到或者堕落到何等下贱的地步。

他:我承认。但是不要因我的情况而太烦恼了。我把心事对你坦白出来,我的用意并不是要使你苦恼。我从这些人那里积下了一点钱;请思量,我不需要什么东西,绝对地什么也不需要,人们给了我这样多的闲钱花……(于是他再次开始用拳头捶击他的前额,咬他的嘴唇,眼睛迷乱地向天花板翻转着,然后他叫道)可是事情已经过去了。我已经留下了一些东西。时间过去了;那就是这么多的东西积累下来了。

我:你的意思是说消失了。

他:不,不!积累下来了。每一瞬间人们都在逐渐富有起来,生活上少了一天,或者多赚了一块钱,完全是一回事。生活中主要的一点就是：每天晚上要自由、轻松、愉快、丰裕地到厕所里去：呵，宝贵的排泄物！这对于一切身份的人们，都是一生的大结局。在最后一瞬间，我们都是同样地富裕了；伯尔纳[①]用盗窃、强夺和使人破产的办法留下了二千七百万金币，和什么也没有留下，慈善院将给一块裹布作为他的寿衣的拉摩是一样的。死人听不见鸣钟的声音；成百的教士，为他唱得喉咙嘶哑；点燃着的火把的长列在他的前面和后面行进着，这些都是白费；他的灵魂并不在主持仪式的人旁边走着。不管你是在大理石下面或是在泥土下面腐烂着，你总是腐烂。在你的棺材周围有穿红衣的和穿蓝衣的孩子们，或者一个孩子也没有，有什么关系呢？请看看我的这个拳头吧；以前他像魔鬼一样顽强。这十个手指，简直是装在木头手腕上的十根木棍；这些筋像肠膜制的旧弦线，比较辘轳匠的轮子上所用的那些更干些，更坚硬些，更难挠曲些。但是我曾经这样地折磨它们，疲劳它们，训练它们。你不肯就范么，我，瞧吧，我说你得要就范；到底是要依我说的这个样子。（当他这样说的时候，他用右手抓着左手的手腕和手指，他把它们向上和向下扭，直到手指尖触着他的下臂，他的关节吱吱的在响起来；我害怕他会把骨头弄脱节了。）

我：小心点，你会把自己扭伤的。

他：不要害怕，它们已经习惯了；十年以来我就一直不只这样地对待它们。它们虽不愿意，但这些小流氓不得不习惯下来，它们得要学会弹中乐键，而且在弦线上翻飞着。现在这就好了，是的，这就好了。

---

① 伯尔纳（1651—1739），路易十四及路易十五时代的大金融家。——译者

(同时,他做出了一个小提琴手的姿态。他低声哼着洛嘉泰伊[①]的一支快速调,他的右臂模仿着琴弓的运动,他左手的手指好像在小提琴的颈上来回运动着;如果他奏了一个不合调子的音节,他就停下来,把弦调整高些或低些,用他的指甲来弹一弹,相信它确实地合调子了,然后他重复把乐曲从停下来的地方起继续奏起来;用脚踏着拍子,把他的头、脚、手、臂膀和整个身体都摇晃着,正如你有时在宗教音乐会所看见的,佛拉里或夏白朗,或其他的音乐家,起着同样的痉挛,让我看到一种同样难受的样子,而且引起我差不多一样的痛苦。因为对于那个努力要把快乐给我描绘出来的人,我却只看见他的苦难,这不是一件令人痛苦的事吗?请放下一层帷幕把那个人给我遮住吧,那么,如果他一定要表现出一个在拷问台上的受难者的样子,我至少可以看不见他。但是在这样的痉挛和喊叫的当中,他会用一个和声的段落改变了他整个的姿态,在这个段落中琴弓徐徐地同时在几根弦线上移动着。这时他的脸孔就现出了狂喜的神情,他的音调变柔和起来,他欢乐地倾听着自己。这和谐的音乐的确是在他的耳朵和我的耳朵里鸣响着。然后他用刚才拿着乐器的那只手把乐器放回在左臂下面,让拿着乐弓的右手落下来,他说)现在,你觉得怎么样?

我:妙极了!

他:我觉得还不错;听来大概和旁人的差不多。

(他立刻像一位坐在大键琴旁边的音乐家那样蹲下来。)

我:请你原谅吧,为了你和我自己。

---

① 洛嘉泰伊(1693—1764),著名的小提琴家。——译者

他：不，不！我既然找到了你，你应该听下去。我不愿意得到人们不知道为什么而给我的称赞。你将要用更确定的口气夸奖我，那就可以使我获得个把学生了。

我：我的交游很少，你会白受累的。

他：我从来不觉得累的。

（我看见了要怜悯这个家伙也是徒然的，因为那个小提琴奏鸣曲已把他弄得浑身是汗了，我就决定随他的便。于是他坐在大键琴旁边，弯着双腿，面孔朝向天花板，你会相信他在那上面看见了乐谱；他唱着，先试弹一会儿，就演奏起来阿尔伯底或格吕比的一支曲子，我不晓得究竟是其中哪一位的。他的声音像风一样吹过，他的手指在乐键上飞舞着；一时离开了最高音便奏起低音来，一时又放下了伴奏，回到最高音来。他脸上接续地流露了各种的表情；你可以辨别出温柔、愤怒、喜悦和痛苦，你可以感觉到柔音和强音。我相信一个比我更熟练的人从曲子的旋律和性格，从他的各种表情和他间歇地唱出的歌曲的断片，一定能够把那个曲子辨认出来。但最奇怪的事情却是，他有好几次在摸索着；好像因为有了错误而自己改正过来；感觉到这个曲子已经不再在自己的手指头上，便懊恼起来。）（他站起身来，擦干沿着脸颊流下来的汗珠说）：现在你看见了，我们也知道怎样安排一个三和音，一个升半度的第五度音，我们也熟识属和音符的连贯。我亲爱的叔叔所大事喧嚷的那些四分音阶的段落，其实也不是什么大不了的事，我们也知道怎样去应付。

我：你费了很大的劲来让我晓得，你是非常伶俐的；我愿意相信你的话。

他:非常伶俐?那倒不是。我大约知道些我这一行的东西,而这样就是足够有余了。因为在这个国家,人们是否必须懂得自己所教授的东西呢?

我:不需要超过于懂得自己所学习的东西。

他:这是正确的,完全正确的。现在,哲学家先生,把你的手放在心坎上,老实告诉我吧,曾经有一个时候,你不是像现在这样的宽裕。

我:现在我也还不是怎么特别宽裕的。

他:但现在夏天你不要再到卢森堡去了,你会记得……

我:不要说了,我记得的。

他:穿着灰色的绒大衣。

我:是的,是的。

他:一边完全破了;袖口裂开,黑色的毛袜子用白线从后面缝补起来。

我:是的,是的,你愿意怎么说就怎么说吧。

他:那时你在"叹息之路"上做什么呢?

我:一个十分可怜的人。

他:你离开那里便在街头上踯躅着。

我:完全对的。

他:你教授数学。

我:数学,我连一个字也不懂得;这就是你所要说的吗?

他:对极了。

我:我一面教,一面学,还教出了几个好学生哩。

他:那是可能的,但音乐和代数或几何就不一样了。现在你已经成了一个大绅士了。

我:并不怎样大!

他:你很有办法。

我:并不见得。

他:你给女儿聘了家庭教师。

我:还没有。她的母亲管她的教育。因为人们在家里需要安静。

他:家里安静吗?天哪,只有当人们是仆从或主人的时候,他才会有这个;而人是应该做主人的。我曾经有过一个太太,愿上帝保佑她的灵魂!但当她有时出言不逊的时候,我就张牙舞爪了;我大发雷霆,像上帝一样吩咐:"要有光,"就有了光。所以在四年当中,我们不曾有十次愤怒地彼此高声说话。你的孩子几岁了?

我:那个和这件事一点关系也没有。

他:你的孩子几岁了?

我:见鬼!让我们不要管我的孩子和她的年龄吧,让我们再说到她将来要有的教师吧。

他:天哪!没有见过像一位哲学家这样执拗的人。如果人们谦逊地恳求着,是否可以请教哲学家先生,他的小姐大约有多大年纪了?

我:你可以设想她是八岁。

他:八岁!四年以前她就应把手指放在键盘上了。

我:也许因为我不太急于要把费时这么久而用处这么少的一种学习作为教育她的计划的一部分。

他:那么,请你告诉我,你将教给她什么呢?

我:如果我能够,教她正确地思想;这在男子们中间已经是很不平常的事,在妇女们中间就更稀罕了。

他:只要她是美丽的,逗人喜欢的和百般媚态的,就听任她尽量的胡思乱想吧!

我:因为自然对她很不仁慈,给了她一个柔弱的体质和善感的心灵,却使她如同有了强健的体质和铁石的心肠一般,去经历着同样的人生的苦难,如果我能够,我将要教她有勇气地忍受这些苦难。

他:只要她是美丽的,逗人喜欢的和百般媚态的,就听任她像其他女人一样哀哭、痛苦、装模作样,容易激怒吧。怎么?没有舞蹈吗?

我:不超过为了致敬礼、姿态端正和仪容大方并且走路合度所必需的限度。

他:没有歌唱吗?

我:不超过为了正确地发音所必需的限度。

他:没有音乐吗?

我:如果有一位很好的音律老师,我倒愿意把她托付给他,每天两小时教这么一年或两年,但不再延长了。

他:现在代替你所取消的这些主要的东西……

我:我把文法、寓言、历史、地理、一点点图画,和分量很多的道德修养安排上了。

他:我要给你证明在我们这样的世界里所有这些知识的无用,是多么容易;我说无用!也许还有危险哩!可是这一会儿我只限于提出一个问题:难道她不需要一位或两位教师吗?

我:一定的。

他:呀!我们又回到那个问题上来了。这些教师,你期望他们都懂得他们将要教她的文法、寓言、历史、地理、道德修养吗?胡说,我亲爱的先生,这是胡说:如果他们懂得这些东西到足够教它们的程度,他们就不会教它们了。

我:为什么呢?

他:因为他们就会耗费了一生光阴来研究它们。对于一门艺术或科学必定要钻研得很深,才能够很好地掌握它们的基本要领。教课用书只有那些终身从事一门学问的人才能很好地写作出来;只是当中和末尾才能阐明开头的艰深处;请问问数理科学的泰斗,你的朋友达朗贝先生,是否对于教这门科学的初步,他已是太好了。只在三十年或四十年的实习之后,我的叔叔才瞥见了音乐理论的初次曙光啦。

我:(我大叫道)呵,傻子,大傻子!在你那可怜的头脑里怎么会有这样正确的思想和这么多的怪想混淆在一起?

他:只有天晓得!机缘把它们扔在这里面,它们就留在那里了。这一点是可以肯定的:当人们不懂得一切东西,他们就不会好好地懂得任何东西。他们不了解,一个东西是到哪里去的,另一个东西是从哪里来的,这个或那个应当安排在什么地方,哪一个当该在先,哪一个在后较为相宜。一个人能够毫无方法而教授得好吗?而方法又从哪里来呢?我告诉你,亲爱的哲学家,我相信物理学始终是一门贫乏的科学;正如用针尖从一望无际的大洋里取出来的一滴水,从阿尔卑斯山脉上分离出来的一粒沙。至于现象的原因呢?实在说,懂得的东西这么少,又懂得这么粗浅,还不如一点都不懂得的好;这恰恰就是当我成为一个伴奏和作曲的教师的时候,我所遇到的情形。你在想什么?

我:我想,所有你刚才对我说的话与其说是有根据的,不如说是似是而非的。但是随它去吧。你说,你曾经教授伴奏和作曲吗?

他:是的。

我:你一点也不懂得这些东西?

他:不,的确不懂;这就是为什么其他的人比我还要坏得多——那些自以为懂得一些的人。至少我既没有使孩子们的鉴赏力也没有使他们的手变了质。当他们后来从我这里转到一位好的教师的时候,既然他们什么也没有学会,至少他们也就没有什么要忘却的。这就总是省下这么多的金钱和时间。

我:但是你怎么样着手?

他:像他们大家一样,我来到了便坐倒在椅子上:"多么可怕的天气!这石子路是多么累人!"然后闲谈一会儿新闻:"勒米尔小姐本来要扮演这出新歌剧中一个贞女的角色,但她却第二次怀孕了。还不晓得谁将代替她。阿尔奴德小姐刚刚离开了她的小伯爵,他们说她开始和贝尔廷和好了。同时小伯爵找到了蒙达密先生的瓷器。在上一次的业余音乐会中有一位意大利小姐唱得像天使一样。这个普莱维依是一个稀奇的剧团,你应该看看他们的'多情的使者'的演出;关于谜语的一场是非常妙的。这个可怜的邓丝尼再也不知道自己说些什么,做些什么……小姐,来吧,拿起你的书吧。"当小姐正在不慌不忙地找寻她放错在哪里的书,当一个女仆被叫来责骂的时候,我就继续说:"克莱容实在是不可理解的。我听人说起一件最荒唐的婚姻:这是……你叫她什么?……小姐的婚姻，他所抚养的一个小东西，这一位已给他生了两三个小孩；并且曾经和这么多的人同居过。——唔，拉摩，这是不可能的，你是在胡说。——我不是在胡说，他们甚至说事情已经完成了。有人谣传伏尔泰已经死了。那就更妙——为什么更妙呢？——那就是说他要给我们做出一些很好的谐谈来了。这是他的习惯，在两个星期之前就死去了。"[①]我还要告诉你些什么呢？我会把我在曾到过的一些家庭里听得的最下流的故事重述一番；因为我们都是新闻传播的能手。我会扮演一个傻瓜，他们听着我的话笑起来，大叫道："他总是很有风趣的。"同时小姐的书终于在一个靠椅底下找到了，在那里曾经被一只小狗或小猫拖来拖去、啃咬和撕裂了。她会坐到大键琴前面。开头她会自己一个人弄出一些噪音来。然后我在对母亲做出一个赞许的手势以后，就走近前来。母亲："练习得还不错；只要一个人肯学；可是她不肯学；她更爱把时间荒废在瞎聊天，玩耍，跑来跑去，和我也不晓得的什么名堂上面。你刚一走就把书阖起来了，直到你回来才又打开。但你从来没有骂过她……"同时，既然应该做一些事情，我就把她的双手拿起来，换一个样子放着；我会生起气来，叫道："sol，sol，小姐，这是一个 sol。"母亲："小姐，难道你没有耳朵吗？我不在键琴边，又看不见你的书，我也感觉得应该是一个 sol。你给先生带来无限的麻烦。我想不到他为什么这样有耐心，你一点也记不得他告诉你的东西，你一点进步也没有……"于是我就又使空气和缓一些，摇起头来，说道：

① 说伏尔泰死了的谣言确实有过好几次，如 1753 年，1760 年，1762 年都曾有此谣言。——译者

“请原谅我，夫人，请原谅我；如果小姐愿意，如果她肯用功一些，就会学得更好了，可是现在也就不坏啦。”母亲：“如果我处在你的地位，我就会让她整整一年学习同一支曲子。”——呵，关于这一层，她只有在克服了所有的困难之后才会放下它的；而这个并不需要像夫人所相信的那样长的时间。——母亲：“拉摩先生，你夸奖她，你是太好了。这个将是她从功课里所记得的唯一的东西，在有机会的时候她一定能够给我重述出来的。”时间会这样地溜过去，我的学生会优雅地把胳膊一摆动，做了从舞蹈教师那里学来的敬礼，把一点学费递给我。我把它放在口袋里，同时母亲就说：“很漂亮，小姐。如果夏维益[①]在这里，他一定会称赞你。”我会有礼貌地再扯淡一会儿；然后我就溜走了，这就是那时候人们叫做伴奏一课的情形。

我：今天情况就不同了吗？

他：天哪，我倒是这样想的。我到来了。我带着很严肃的样子，急急地脱下暖手筒，把大键琴打开，试一试琴键。我老是非常匆忙的；如果需要我等候一分钟，我就好像被偷了一个银币似地大嚷起来。在一小时以内我必须在某某地方；在两小时以内，在某某公爵夫人的家里。我被邀请在一位美丽的侯爵夫人的家里吃饭，之后就有在小田新街的巴格男爵的公馆里的音乐会。

我：然而根本任何地方也没有人在等候你么？

他：是的。

我：那么为什么用了所有这些卑劣的小诡计呢？

---

① 夏维益，歌剧院的舞蹈家，国王的舞蹈师。——译者

他：卑劣！请问，为什么卑劣？它们在我这种地位的人们当中是惯常的；我绝不因为像大家一样做就轻贱了自己。并不是我发明了它们，如果我不照样奉行，那倒是很奇怪和不便了。实在的，我知道，如果在这个场合中，你打算应用某些我说不出来的什么道德的一般原则，这些人人乐道，而没有一个人实行的原则，就会发现，白的将是黑的，黑的将是白的了。但是，哲学家先生，正如有一个普遍的文法，也有一个普遍的良心，而在每一种语言中都有例外，我相信，你们这些学者，把它叫做……帮帮我的忙吧……叫做……

我：习惯语。

他：对了。那么，每一种地位的人都有它的对于一般良心的例外，我很愿意把它们叫做行业的习惯语。

我：我明白了。封德内尔说得漂亮，写得漂亮，尽管他的文笔富于法文的习惯语。

他：君主、大臣、财政家、官吏、军人、作家、律师、辩护士、商人、银行家、手艺人、歌唱师和舞蹈师都是很诚实的人物，虽则他们的行为在某几点上离开了普遍的良心，充满着道德的习惯语。事物的制度愈古，就有愈多的习惯语；时代愈不幸，习惯语就愈多起来。人有多大价值，行业就有多大价值，反过来说，毕竟行业有多大价值，人就有多大价值。因此人努力尽可能地使他的行业有出息。

我：所有我从这个错综复杂的论辩里清楚地认识到的，就是，很少行业是诚实从事的，或者，在行业中很少诚实的人。

他：对的，没有一个是诚实的；但是，另一方面，在行业之外很少人是骗子；一切都会是很好的，如果没有相当数量的人，他们被认为是勤勉的、严格的、对职务尽忠的、精打细算的，或者换句话说，老是在商店内的，从早到晚干他们的行业，此外什么也不干的。所以他们就是唯一发了财而被尊敬的人物了。

我：由于习惯语的力量。

他：对了，我知道你已经懂得我的意思。现在说到属于差不多一切地位的人的一种习惯语，因为有一些习惯语是一切国家和一切时代所共同的，正如有一些共同的糊涂事一样。一个共同的习惯语就是使自己获得尽可能多的主顾；一个共同的糊涂事就是，相信那个有最多主顾的人是最伶俐的。这就是对于一般的良心的两个例外，是人们所应该服从的。这是一种信用，它本身没有任何价值；但是由于大家的意见而有价值。有人说，好名声比金腰带更有价值；然而有好名声的人并没有得到金腰带，而且我见到，今天有金腰带的人绝不缺乏好名声。一个人应该尽可能地既有好名声也有金腰带，当我用你所称为卑劣的手段和不名誉的小诡计来使自己有出息的时候，我的目的就是如此。我教功课，而且我教得好；这就是一般的规程。我使人相信，要我去教的功课比一天所有的钟点还要多，这就是习惯语。

我：那么，你把功课教得好吗？

他：是的，不坏，过得去。亲爱的叔叔的基本低音谱把所有这些弄得简单得多了。以前我偷了我的学生的金钱，是的，我偷了它，这是的确的；现在，我赚得了它，至少像任何别的人一样。

我：你过去偷了钱没有愧悔吗？

他：呵！一点也没有愧悔！有人说“如果一个窃贼偷窃了另一个，魔鬼也会发笑了”。父母们充盈着天晓得是怎样得来的钱财；

他们是宫廷中人,财政家、大商人、银行家、工商业家。我帮助他们偿还,我,以及像我一样被他们雇用的另一伙人。在自然界中,一切的种类互相吞噬;在社会中,各种地位的人互相吞噬。我们互相执行刑罚,没有法律来干涉。从前是狄桑,今天是季麻[①],替王爷对财政家报了仇;而替财政家对狄桑报了仇的就是服装店、珠宝商、室内装饰商、洗衣店、骗子、女佣人、厨夫和马具商。在这一切当中,只有笨人或游手好闲的人吃了亏,任何人也不会介意;他是罪有应得的。从这里你就可以见到:关于这些一般良心的例外,或这些道德的习惯语,在"不义之财"的名称下,人们这样地大惊小怪,其实它们算不得什么东西,整个说来,只需要有正确的眼光就行了。

我:我很钦佩你的眼光。

他:还有贫穷。当肚子在喊叫的时候,良心和名誉的呼声是很微弱的。不消说,如果有一天我会富起来,我一定要偿还,我也很有决心用一切可能的方式来偿还:吃好的,赌钱,喝酒和玩女人。

我:但我恐怕,你永远不会富起来。

他:我也这样猜想。

我:但是如果事情真变成我们料想不到的样子,你怎么办呢?

他:我会像一切重新得志的乞丐一样做;我将是人们所曾见过的最蛮横无耻的流氓。到了那时候我就会记得他们使我遭受的一切痛苦,我就会把他们施于我的侮辱回敬他们。我爱发命令,我就会发命令。我爱受称赞,人们就会称赞我。我将有成群的维尔摩

① 狄桑和季麻都是歌剧院的女舞蹈演员。——译者

良的食客[1]侍候我，我会像人们对我说过的一样，对他们说："来吧，恶棍，你们来使我开开心吧"，人们就会使我开心了。"你们毁谤那些正直的人们吧"，如果世间上还找得到正直的人的话，人们就会毁谤他们了。我们还要玩玩女人；在我们喝醉的时候，我们将互相轻慢地称呼"你"；我们将要喝得酩酊大醉，我们将要捏造些无稽之谈，我们将不缺少形形色色的乖僻和恶习。那将是很快乐的。我们将要证明伏尔泰是没有天才的；老是趾高气扬的毕封，不过是一个浮夸铺张的著作家；孟德斯鸠不过是一个会卖弄些小聪明的人；我们将要把达朗贝贬到他的数学里去。所有像你一般的这些小伽图[2]们，他们由于妒忌而轻蔑我们，他们的谦逊是傲慢的外衣，他们是由于必需而有节制的。我们将要痛打他们一顿。至于说到音乐，那时就是我们创造音乐的时候了。

我：从你对于你的财富的这个高贵的用途看来，我认识到，你竟然是个乞丐，是多么大的损失了。因为你将要采取的一种生活方式，对于人类是很大的荣誉，对于你的同胞是很大的利益，对于你是很大的光荣。

他：但是我相信你是在嘲笑我。哲学家先生，你不晓得你是跟谁在打交道；你没有想到，在这当儿，我代表了城市中和宫廷中最重要的一部分人。所有我们的有钱人，不管干哪一种职业的，也许对他们自己说了，也许没有说像我刚刚泄露给你听的事情；但这是

① 按有些古老的版本，这句是"成群的谄媚者，丑角和食客……"。拉摩在这里是指波勒的女婿，田赋包收人维尔摩良的门客。——译者

② 伽图（公元前237—公元前142），罗马人，以严守道德原则著名。以后这名字就用为严守或装作严守道德原则的人的代名词。——译者

事实:我要是处在他们的地位将会过的生活,恰恰是他们自己所过的生活。你们这些人,你们就是这个样子,你们相信有一种给所有的人造出来的同样的幸福。这是多么奇怪的幻想呵!你们的那种幸福的前提是我们所没有的某种荒诞的心境,一种奇怪的气质,一种特殊的趣味。你们用德行的名义来粉饰这种奇癖;你们把它叫做哲学。可是德行和哲学,它们是为一切人造的吗?谁能够,谁就有德行和哲学吧。谁能够,谁就保持它们吧。试想像一个贤智而懂哲理的世界;你要承认它将是非常沉闷的。请看吧,哲学万岁,所罗门的明智万岁!喝好酒、饱吃美味的菜肴,占有漂亮的女子,在柔软的床铺上睡眠;除此而外,其余一切都是无谓的事了。

我:怎么!捍卫祖国呢?

他:无谓的事。再也没有什么祖国:从北极到南极,我只看见暴君和奴隶。

我:为朋友效劳呢?

他:无谓的事!难道一个人有朋友吗?如果一个人有朋友,难道应该使他们变成忘恩负义的人吗?仔细注意一下吧,你就会看见,人们替朋友效劳所得到的收获,往往就是这样。感恩是一种负担,而一切负担就是为了要被摆脱而造出来的。

我:在社会中有一定职位并且尽分内的责任呢?

他:无谓的事!一个人有或者没有一个职位,有什么关系呢?只要他有钱就行,既然他只是为了致富而执掌一个职位的!尽责任,这会有什么结果呢?引起妒忌、烦恼和迫害。难道这样就是一个人上进的道路吗?献媚奉承,天哪!献媚奉承,拜访大人物,研究他们的趣味,顺从他们的怪癖,为他们的罪恶服务,赞同他们的不义:这就是秘诀呵!

我:留意孩子们的教育呢?

他:无谓的事!这是一个家庭教师的事情。

我:但是如果这位家庭教师信服你的原则,放弃他的责任,那么受害的将是谁呢?

他:老实说,这将不是我,却也许有一天,是我女儿的丈夫或者我儿子的太太。

我:可是如果他们两人都投身于放荡和邪恶的生活呢?

他:那是适合于他们的身份的。

我:如果他们有失身份?

他:当一个人有钱的时候,无论他干什么都是不会失掉身份的。

我:如果他们倾家荡产?

他:他们就活该糟糕了。

我:我看到:如果你完全不管你的太太,你的孩子们,你的仆人们的行为,你也就很容易疏忽了你自己的事务。

他:请原谅我,有时找钱是很困难的;老早就预先准备才是有远见的。

我:你将不大关心你的太太。

他:请你说,一点也不关心。一个人对于他亲爱的伴侣所能有的最好的办法,我以为就是,随自己的意思去做。如果每个人都按照自己的意思行事,你不认为这社会将是顶有趣的吗?

我:为什么不呢?只有当我对于我的早晨感到很满意的时候,我才觉得晚上是分外美丽的。

他:我也觉得是这样。

我:正由于社交界的人物极端空闲,他们才这样讲究他们的娱乐。

他:不要相信这个;他们倒是常常兴奋得很。

我:既然他们从来不觉得厌倦,他们也就从来没有休息过。

他:不要相信这个;他们是永远精疲力竭的。

我:对于他们快乐永远是一桩事务,而不是一种需要。

他:那就更好了;需要永远是一个烦恼。

我:他们把一切消耗了,他们的心思愚钝起来了,他们觉得非常无聊。他们生活在富裕之中,感觉得喘不过气来,任何人如果取去了他们的生命,就是为他们效劳了。因为他们所知道的快乐只是那最快地消磨了的那一部分。我并不轻视感官的快乐。我也有味官,它能够欣赏精致的菜肴和甘美的酒;我有一个心和眼睛,我喜欢看见美貌的女子。我爱用手来抚摩她的强健丰满的胸脯,用嘴唇吻着她的嘴唇,在她的眼波中吮吸着极度的欢乐,这样在她的怀抱里死去。偶尔和朋友们来一个甚至有点放荡的狂欢的晚会,我也不讨厌。但是,我不瞒你说,要是我帮助了一个不幸的人,办好了一件棘手的事,给人一个有益的劝告,读了一本满意的书,和知己的男友或女友作一次散步,和我的孩子们度过教训他们的几小时,写了很好的一页,尽了我分内的责任;或者对我所爱的人说了一些温柔的一往情深的话,赢得她用胳膊抱着我的颈项,我就觉得要更无比地甜蜜。我知道有这样的一些行为,是我愿意放弃我所有的一切来完成的。“穆罕默德”是一本优秀的著作;但是我更

愿意恢复对于加拉一家的纪念[①]。我认识的一个人在迦太基避难;他是一家中的幼子,在那个国家里有个惯例要把全部产业传给长子。在那里他听说,他的长兄,一个惯坏了的孩子,在很容易地把他的父母的一切所有都抢光了之后,把他们从家宅里驱逐出来,这两位善良的老人家就一贫如洗地在外省的小城镇里苟延残喘。那时候这个被他的双亲所苛待、因而流浪到远方去找寻财富的幼子,怎么办呢?他给他们接济;他匆忙地安排好自己的事务。他成了一个巨富回到家里去,他把父母接回他们的家宅里,他给妹妹们成了婚。呵,我亲爱的拉摩,这个人把这一时期看作他一生中最幸福的时辰。当他对我说起这事的时候,他的眼眶里含着泪水;当我把这故事告诉你的时候,我也感觉到心里喜悦得激动起来,简直快乐得说不出话来。

他:你真是何等奇怪的人!

我:你是何等可怜的人呵!如果你不能设想一个人可以超出于他的命运之上,而且,在像这样的两桩高贵的行动的庇护之下,他是不可能感到不幸的。

他:那是我将不大容易熟识的一种幸福:因为人们很少遇到它。可是据你看来,人们应当正直诚实吗?

我:为了得到幸福,这是一定的!

他:可是我看到无数的正直人并不快活,还有无数的人,他们是快活的,却并不正直。

---

① 加拉是一个新教徒,他的儿子要想信天主教,加拉就把儿子杀死,因此他自己就被用车轮碾死了。伏尔泰曾有一个作品叫做“因加拉之死论宽容”,使人对加拉留下了永久的纪念。狄德罗这里所指的就是这件事。——译者

我:这只是你觉得如此。

他:难道不是由于我有一瞬间表露了理性和诚实,所以弄到今天晚上没有吃晚餐的去处吗?

我:决不是的。那倒是由于你不是经常地这样;由于你没有及早地认识到,一个人首先要有独立生活的准备,以免受他人的奴役。

他:管它独立不独立,我给自己准备的至少是最舒适的生活。

我:同时却是最不安定和最不端正的生活。

他:但对于我这样的人,一个懒汉,一个傻子,和一个无赖的性格,却是最合适的。

我:我同意。

他:既然我能够通过为恶而得到快乐,而这恶习对于我是自然而然的,是不费劳力而获得的,是不用努力而巩固下来的,是和我们同胞的习俗相配合的;并且和我的保护人的趣味相投合的,比起讨厌的德行来,恶习和他们的琐屑的个人要求是更一致的,因为德行会从早到晚地向他们唠叨,给他们为难;既然如此,要是我为了把自己改变成另外一个人,为了获得一个对自己陌生的性格,就像一个被判入地狱的人一样使自己受苦刑,那就是最奇怪不过的了。当然我承认这些性质是很可宝贵的,对于它们的价值我没有异议;但这些性质却是要我费很大力气去获得和培养的,是不会产生什么结果的,或者比毫无结果更坏,因为那样一来,就会使像我这样的叫化子受到我们要倚靠他们谋生的阔人们的不断的嘲弄了。人们歌颂德行,但人们却憎恨它,躲避它,它是冷冰冰的,而在这世界上人们必需使自己安乐舒适。并且,这样就必然会使我的脾气变坏;你晓得为什么我们常常看见虔诚的人这样冷酷,这样可厌和这样地难以亲近吗?因为他们勉强要实行一件违反天性的事。他们受苦,而当人们受苦的时候,人们就会令他人也受苦。这个对于我是不适宜的,对于我的保护人也是如此;我一定要快活、不拘泥、有趣、滑稽、可笑。德行令人肃然起敬;而尊敬是不愉快的。德行令人钦佩;而钦佩是无乐趣的。我所要应付的是些感到生活厌倦的人,我要使他们发笑。而滑稽和愚蠢令人发笑,所以我应当是滑稽和愚蠢的。如果我的天性不是这样造就的,那么最简捷的办法便是装成这个样子。幸而我还无需是一个伪君子,因为已经有各色各样的这么多的伪君子了,那些对自己是伪君子的人还不计算在内。请看那个莫里哀骑士,他把帽子斜戴在耳朵上,高抬着头,用轻蔑的眼光斜视着路过的行人,他所佩带的长剑在腿旁摇晃着,他对于任何不佩剑的人随时给予侮辱,好像是要对一切迎面而来的人挑战一样;他是在干什么呢?他是尽一切可能来使自己相信,他是一个勇敢的人;可是他却是一个懦夫。如果你在他鼻端用指头弹一下,他会恭顺地承受着。你要他说话小声点吗?那么你提高自己的声音。对他举起你的手杖,或者踢他的臀部;他十分惊讶地发现自己是一个懦夫,他会问你道:谁告诉你的,你从哪里发现出来的?因为一分钟之前他自己也不晓得呵。由于长期地模仿着勇敢的姿态,使他自己也受骗了。他这样长期地装模作样,以致自己也信以为真了。还有那个妇人,她抑制自己的情欲,她到监狱去访问,她参加所有的慈善集会,她走路时眼睛向下,不敢正视男子一眼,老是戒备着感官的诱惑;尽管如此,她的心脏还是燃烧着,她还是唉声叹气,她的情欲还是激动起来,她还是为热烈的欲望所缠绕着,她的想像力还是昼夜追忆起猥亵的景象和姿态来。她发生了什么事呢?夜里穿着睡衣从床上起来,奔去援救她的病危的女主人的这个侍女,会怎么想呢?唉,柔丝廷,回去睡吧,你的女主人在梦呓中所呼唤的并不是你呵!至于朋友拉摩,如果有一天他开始厌弃财富、女人、好的食物和闲暇,而品行端正起来,那么他会变成什么呢?一个伪君子。拉摩应该保全他的本来面目:许多富有的强盗中间的一个快活的强盗;并不是一个满嘴道德的自夸者,或甚至是一个有德行的人,独自地或和叫化子在一块啃着面包皮。坦白地说,你的那种幸福,像你这样的一些梦想家的幸福,对于我是毫不合适的。

我:我晓得了,亲爱的朋友,你并不懂得什么是幸福,而且甚至生性就是学不来的。

他:那就更好了,更好了!这种幸福将会使我饥饿、厌烦和也许悔恨得要死的。

我:那么,我所能提供你的唯一的劝告就是:赶快回到你因卤莽而被驱逐出来的那一家里去。

他:去做那件按字义说来你并不反对,但是按比喻说来却是我颇嫌恶的事情?

我:我是这个意思。

他:除了这件此刻使我不快而别的时候并不使我不快的比喻。

我:多么奇特的事情!

他:一点也不奇特。我很愿意轻蔑自己,可是不要出于强迫;我愿意降低我的尊严——你笑起来了?

我:是的,你的尊严使我发笑。

他：每人都有他自己的尊严；我愿意忘记我的尊严，可是要出于我的意愿而不是出于他人的命令。当他们告诉我："爬"，我就得爬吗？那是蠕虫的行动方式，那也是我的；当我们被允许自由行动的时候，我和蠕虫都采取了这种方式，但当我们的尾巴被践踏的时候，我们就要翘起来。我的尾巴曾经被践踏着，我是会翘起来的。而且你一点也不晓得那是一个多么糟糕的场所。试想像一位患忧郁症的可厌的人物，充满胡思乱想，裹着一件比他大两三倍的睡衣；他对于自己和一切其他东西都是厌恶的；尽管你把你自己的身和心扭歪成一百种不同的样子，也难得令他笑起来；当我把自己的脸孔作出滑稽的鬼脸，把我的心智作出甚至更滑稽的歪相的时候，他冷眼地在注视着；因为，不瞒你说，那个做鬼脸这样出名的恶劣的本笃会修士，诺埃神父，虽则在宫廷中大出风头，比起我来，却仅仅是一个木偶罢了——我这样说并没有夸奖自己也没有夸奖他。我徒劳地苛待自己，力求达到疯人院的极高造诣；但是没有效力。他究竟笑呢？还是不笑呢？我一面在扮演着，一面不得不老是这样自问；你会明白，这样没有信心对于一个人的天才是如何大的损害。我的忧郁症患者把脸孔埋藏在遮住眼睛的一顶睡帽里，看来好像一个毫不动弹的木偶，它的下颚缠着一根绳子，绳子末端垂到椅子底下。你在等候绳子拉动；但它没有被拉动，或者，如果偶然下颚张开了一点，那是要发出令你难过的片言只语，这片言只语告诉你说，你根本没有受到注意，所有你的猴子把戏都是白费气力的。那片言只语是回答你在四天以前对他提出的问题；这话说过了之后，筋肉松弛起来，下颚又合拢来了……

（于是他开始模仿那个人。他坐在一张椅子内，头不动，帽子戴到眉毛上，眼睛半闭着，臂膀垂下来，像机器人一样地摆动他的颚骨，说着）“是的，小姐，你是对的，那里应该雅致。”他就是这样决定的；他就是经常地和最终地这样决定的。晚上和早上，在漱洗时，在用膳时，在喝咖啡时，在赌博时，在戏院里，在晚餐时，在床上，还有，上帝饶恕我吧，我相信在他的情妇的怀抱里。在最后这个场合的决定，我是没有机会听见的，但我对于一切其他的决定，已经厌倦非常了。忧郁的、深奥的，像命运一般地决断的，我的保护人就是这样。

和他相对的是一位神态十足的女疯子，人们可以同意说，她是美丽的，因为她还有姿色，虽则她的脸孔上这里那里有一些斑点，而且她也赶上布维容夫人的胖了。我喜爱美丽的肉，但太多总是太多，运动对于物质是这样本质的呵！一、她比一只鹅更顽劣，更骄傲，更愚蠢；二、她自作聪明；三、你得说服她，你相信她比任何人都聪明些；四、她什么都不懂得，但她的话也是有决定性的；五、你得拍手顿足地赞成她的决定，快活得跳跃起来，目瞪口呆地佩服她：这是多么优美，多么精巧，词藻多么美丽，观察多么锐敏，感情多么独到！妇女们从哪里得到这些呢？没有学习，纯粹由于本能的力量，纯粹由于天赋的智慧；这真是近乎奇迹。然而人们却要我们相信经验、学习、思考、教育和这个是有点关系的，诸如此类的蠢话；于是你快活得哭起来。一天有十回你得要鞠着躬，一膝向前跪下，另外一条腿退后，双臂向着这个女神伸开，你得在她的眼睛里找寻她的心愿，取决于她的嘴唇，听候她的吩咐，然后像闪电一样的溜开。谁能够担任这样的角色，如果不是那个可怜虫，借此一星期有两三回，可以获得平息自己肠肚的苦楚的东西？那么人们对

于其他的人，像巴里索、佛勒龙、普恩西纳、巴吉拉[1]，他们并不贫穷，他们的卑躬屈节，不能以饥肠辘辘的鸣声来辩解的，会作何感想呢？

我：我意想不到你是这样不易迁就的。

他：我倒不是。开始时我看见别人怎样做的，我就学他们那样做，甚至会做得更好一些，因为我是更公然无耻，更好的丑角，更饥饿些，具有更强壮的肺。我好像是著名的斯腾托[2]的直系后代一样。

（为了使我正确地认识他的肺脏的威力，他开始这样剧烈地咳嗽，以致咖啡店的玻璃窗都震动了，下棋者的注意都被打断了。）

我：但这个才能有什么用处呢？

他：你猜想不出来吗？

我：猜不出，我是有点笨的。

他：假设展开了争辩，胜负未决；我就站起来，发出我的雷霆，我说："这正像小姐所断定的。这才叫做判断呵！我们一百个聪明人也难以超过。这话真是天才的。"但是决不可每次都以同样的方式来表示赞美；这样就单调了，显得不诚实了，而且变成无趣味了。你只有凭借判断力和才智才能避免这些；你应该善于准备和安排这个不可抗拒的和坚决的声调，抓住适当的机会和时间。例如，当意见在分化，当争辩达到顶激烈的地步，当人们不再听别人说话，大家同时在说话；你应该避开到旁边，在离开战场最远的角落，用

① 巴吉拉，十八世纪诗人和剧作家，是短小的爱情诗歌的作者，也写作悲剧。——译者

② 斯腾托，荷马史诗"依利亚特"中的人物，以声音洪亮著名。——译者

长时的沉默来准备爆发，然后像炸弹一样突然投进争辩者中间，没有人能像我一样掌握这个艺术。但是我真正卓越的地方却在相反的方面；我有伴着微笑的柔和声音，有表示赞成的无限多样的脸部表情；这里鼻、口、前额和眼睛都参加进去；我的腰部是这样柔顺，还有背脊骨这样扭转，肩膀这样耸起或垂下，手指这样伸开，头这样倾侧，眼睛这样闭拢，神态这样惊惶失措，宛如听见神圣的天使的声音从天上下来一般；这才真是恭维。我不晓得你是否认识了这最后一个姿态的充分力量；这个并不是我发明的，可是以表演而论却没有人能超出我之上。看吧，看吧。

我：的确这是独一无二的。

他：你相信任何一个有点虚荣心的妇女能有抵抗这个的头脑吗？

我：没有，我得承认你把做丑角和自轻自贱的天才已发展到无以复加的程度了。

他：随他们怎样尝试，所有他们一伙人，都决不会达到那样的程度；他们中间最好的一位，例如巴里索，也不过是一个好学生罢了。但是，如果扮演这一角色在开始时还觉得有趣，如果你由于从心底里嘲笑这些沉醉于你的人们的愚蠢，而觉得一些快乐，到底这趣味是不持久的；然后，在做了一些发现之后，你不得不重复已经做过的，因为聪明和艺术都有它们的限度；只有上帝或少数稀有的天才会觉得他们走得越远，路途就越广阔。波勒[①]也许是其中的

① 波勒，是一个田赋包收人。这种田赋包收人只交一定数额的田赋给官家，其余能收多少就都可落入私囊，因此都大发横财，人民恨之入骨。——译者

一个:他的某些发明在我看来,是的,甚至我看来,也是真正卓越的。“小狗”、“幸福的书”、“凡尔赛路上的火把”,就是些使我惊奇和使我屈服的东西;这是足以使人厌弃自己的行业的。

我:你说的“小狗”是什么意思?

他:你是从哪里来的?老实说,难道你不知道这位罕有的人物怎样设法使小狗对自己的感情转移到喜欢这头小狗的掌玺大臣身上吗?

我:我承认我是不知道的。

他:那就更好。这是曾经被人想像到的最美丽的事情之一;整个欧洲都为这事情而惊奇赞叹,它激起每一个廷臣的羡慕。你是不乏聪明伶俐的,让我们看看,你处在他的地位将要怎样着手。要记得这狗是爱波勒的,要记得这位大臣的奇异服装使这小动物害怕;还要记得只有八天的时间来克服这些困难。应当知道这个问题的一切条件,才能充分鉴赏这一解决的价值呢?

我:呃,我得承认,这一类的事情,即使是最简单的,也使我为难。

他:听着(他轻拍着我的肩膀对我说,因为他是表示亲密的),听着并且叹赏吧。他做了一个像掌玺大臣的面具;他从跟班那里借来一件长袍。他脸上戴着面具,穿起了长袍。他呼唤他的小狗,他爱抚它,他给它饼干。于是突然地,换了服装,不再是掌玺大臣,而是波勒在呼唤小狗和鞭打它了。这样从早到晚地练习了不满两三天,小狗便学会了逃开田赋包收人的波勒而跑到掌玺大臣的波勒那里,但我是太好心了;你是一个无信仰者,是不配知道在你周围所发生的奇迹的。

我:虽则如此,我请求你,关于书和火把是怎么回事?

他:不,不。问问街上的人,他们就会告诉你这些事情,请利用我们在一块的机会,来打听一些只有我才知道的事情吧。

我:你是对的。

他:借了掌玺大臣的长袍或假发,我忘记那假发了。做了一具像掌玺大臣的面具,特别是这面具使我五体投地,结果,这个人享有最高的荣誉,获得了亿万的钱财。有些人得到了圣路易的十字章,但却饿着肚皮,所以为什么冒着生命的危险,去追求十字章呢?为什么不找寻没有危险,而决不缺乏报酬的职业呢?这就是我们说的好高骛远。这样的先例是令人灰心的;使人觉得自己可怜,觉得厌烦。那个面具呵!那个面具呵!如果我能想出那个面具,就是折断了一根手指也值得!

我:但是像你这样具有对于美丽事物的这种热心和这样多才多艺,难道你没有发明什么吗?

他:请原谅我;例如,像我对你说过的用背部来赞美的姿势;我把这个认作是自己的发明,虽则嫉妒者对于这个也许要争为己有的。我的确相信从前也有人使用过这样的姿势,但是有谁认识到它如何便于暗暗嘲笑自己所表示钦佩的傻瓜呢?我有一百种以上的方法,能在母亲的身边去从事引诱一个年轻姑娘而不令母亲知道,甚至让她也作了帮手。当我还是刚刚从事这一行业的时候,我就已经瞧不起一切通常的传递情书的方法了;我有十种方法让人把情书从我的手中拿走;我可以夸奖自己一句,在这些方法中有的是很独创的。最要紧的我有叫一个胆怯的年轻人鼓起勇气来的本领;我曾使一些既无才又无貌的人得到了成功。这些如果都写下来，我相信人们会承认我是有些天才的。

我：你会得到特殊的荣誉。

他：没有疑问的。

我：我要是处在你的地位，我就会把所有这些事情都写在纸上了。如果它们失传了是很可惜的。

他：对的，但你猜不到我如何看轻方法和格言，需要说明书的人绝不会有大成就的。许多天才都读得很少，实践很多，全是无师自通的。请看恺撒、杜伦尼、傅班、邓珊侯爵夫人，她的兄弟红衣主教，和红衣主教的秘书、特吕伯勒方丈，还有波勒？谁教过波勒呢？谁也没有。像这样罕有的奇才是天生的。你相信狗和面具的故事有任何记载吗？

我：但在你空闲的时光，当你空肚皮的痛苦或胀肚皮的疲乏令你不能入睡的时候……

他：让我考虑考虑吧；写述大事情比做小事情要好些。那时你灵魂会升华，你的想像力会激发、燃烧和扩张起来；可是它会收缩起来，如果在小胡丝身旁，来对于愚蠢的观众表示惊讶，说他们非常固执地对惯作媚态的丹格维喝彩，虽则她的演技这样平凡，她几乎弯腰到地在台上行走，她老是装模作样地注视着同她对话的人的眼睛，动作鬼鬼祟祟的，而且自以为她的做作表情是美妙的，她的小快步是雅致的；又说他们对那个夸张的克莱容同样大加喝彩，虽则她是比你所想像得到的更干瘪，更不灵活，更矫揉造作，更不自然，蠢笨的观众狂热地对她们鼓掌，而从来没有注意到我们是一簇的美色；的确这一簇有点臃肿起来了，但有什么关系呢？——我们有最可爱的皮肤，最可爱的眼睛，最甜蜜的口；虽则情感少些，行步并不轻快,但也没有如他们所说的那样笨拙。在另一方面呢,关于感情的问题,是没有任何人可以使我们让步的。

我:你说这些话是什么意思呢?这些究竟是讥讽还是实话呢?

他:不幸的是,这个鬼感情是完全在里面的,没有一丝光线透露到外面来。但我现在对你说,我知道她有这东西,我很清楚地知道。如果这个并不确切地是感情,也是类乎感情的东西。你应当看见,当我们发脾气的时候,我们怎样对待我们的男仆,怎样打我们的女仆的耳光,那个度支官[①]如果对我们有稍欠尊敬之意,便怎样被我们粗暴地脚踢一顿。我告诉你这是一个充满感情和尊严的小妖精……唔,怎么样,你觉得莫名其妙,是不是?

我:我承认我猜不透你说这些话究竟是出于真诚或恶意。我是一个老实人,请你发发善心,直截了当地对我说,把你的艺术放在一边吧。

他:唔,这就是关于克莱容和丹格维的事,我们对那个小胡丝所谈的话,其中穿插着几个刺激你的字眼。我允许你把我看作一个无赖,而不要看作一个傻瓜,只有一个傻瓜或一个堕入情网的人,才会真诚地说出这么多蠢话来的。

我:但一个人怎样会决心把这些话说出来呢?

他:这不是突然地做出来的,而是一步步地逐渐达到的。肚腹是机智的施与者。

我:它一定是由残酷的饥饿所促成的。

他:也许是的。然而,尽管你觉得这些话是夸大的,但是请相

① 胡丝的情人贝尔廷是度支官。——译者

信我吧，他们听这些话，比起我们敢于说这些话，是更习以为常的。

我：在你们这一伙中有没有一个人有勇气和你持同样的见解呢？

他：你说一个人？整整一群人的思想和语言都是这样的。

我：你们当中那些不是大无赖的人，一定是大傻瓜了。

他：我们当中的傻瓜？我可以对你发誓，只有一个这样的傻瓜，就是那个款待我们，使我们可以欺骗他的人。

我：但一个人怎么会让自己这样显明地受骗呢？因为丹格维和克莱容的卓越的天才究竟是毫无疑问的。

他：一个取悦于我们的谎言是被整个地吞咽下去的；一个我们觉得有苦味的真理是被一点一滴地浅尝的。而且，我们装出了这样真诚的样子！

我：然而，你一定会有时违犯艺术的原则，不留心地让几个这种伤人感情的有苦味的真理流露出来的；因为，你虽则扮了这样一个可怜、卑贱、下流和可怕的角色，我相信在骨子里你是具有敏感的心灵的。

他：我？一点也不。如果我知道自己在骨子里是什么，真是活见鬼。一般说来，我的心像皮球那样圆，我的性情像柳树那样直；决不会不诚实，只要诚实对于我是有点利益的；也决不会诚实，只要不诚实对于我是有点利益的。我想到什么就说什么；如果所说的是合情理的，那就更好；如果是荒唐话也不管它。我尽量利用我的信口开河。我一生中从来没有在说话之前，在说话当中，或在说话之后好好想一回的。所以我也没有得罪任何人。

我：然而你却得罪了那些你在他们家生活的善良人，他们曾经给过你很多恩惠的。

他：你要怎么样呢？那是一个不幸，一个人在生活当中总会遭遇到的倒霉的时候。决没有永恒的快乐；我曾经是太幸福了，所以那是不会持久的。像你所知道的，我们有的是数量很大的和很杰出的一伙人，这是一个人道的学校，古代好客风尚的复兴。所有潦倒的诗人们，我们把他们聚集拢来；写了“撒拉”之后的巴里索和写了“孤儿”之后的勃勒，所有不受欢迎的音乐家，所有没有人读的作家，所有被嘘的女演员，所有被嘲骂的男演员；一帮可耻的可怜人，一群寄食者，我光荣地做了他们的首领，懦怯的一伙中勇敢的领袖。他们初次到来时鼓励他们去吃的是我，吩咐拿酒来给他们喝的也是我！他们占的地方这么小！一些衣衫褴褛的年轻人，他们不晓得把头朝向哪一面是好，可是他们是有仪容的；其他的是无赖汉，他们哄骗着那个保护人，把他弄去睡了，以便在他之后得到女保护人的好处。我们表面是快活的，但是在骨子里我们都是脾气很坏又很饥饿。狼并不比我们更贪婪些，虎也不比我们更残忍些。我们像狼一样吞噬着，当大地早已盖满白雪的时候；我们像虎一样把每一个成功的人撕个稀烂。有时候贝尔廷的一伙，蒙叟的一伙和维尔摩良的一伙碰在一块了，于是在动物园中就大吵大嚷起来。从来没有人在一个地方看见过这么多郁闷、乖僻、恶毒和发怒的野兽。你只听见毕封、杜克洛、孟德斯鸠、卢梭、伏尔泰、达朗贝和狄德罗的名字。上帝知道这些名字被加上些什么样的形容词。任何人如果不是像我们一样的愚蠢，我们便不承认他是有智慧的，喜剧

"哲学家"[1]的计划就是在这里想出来的。小贩的一场是由我仿照"女系的神学"所提供的。在这里面你也不能幸免,正如其他的人一样。

我:那就更好了。也许人们给予我的荣誉超过我所应得的。他们对这么多的聪明正直的人说了坏话,如果对我说起好话来,那倒令我觉得羞辱了。

他:我们的人数很多,每人都应该贡献他的一份;在较大的动物被牺牲之后,我们就要宰割其他的了。

我:为生活而对科学和道德加以侮辱,这些面包的代价是很高了。

他:我已告诉过你,我们是无关紧要的,我们辱骂了所有的人却并不伤害任何人。有时候和我们在一起的是笨重的奥里佛方丈、胖子勒·勃朗方丈、伪君子巴德。胖子方丈只在进餐之前才是恶作剧的。喝了咖啡以后,他就倒在靠椅里,两足翘起靠在炉架上,像栖息在枝丫上的一只老鹦鹉那样睡着了。如果喧声闹得很凶,他就打个呵欠,伸伸胳膊,擦擦眼睛说:"唔,唔,怎么回事,怎么回事?""我们正在争辩着皮洪是否比伏尔泰更富于机智。""让我弄清楚,你们谈的是机智吗?不是谈趣味吗?因为,说到趣味,你们的皮洪是一点也不知道的。""一点也不知道?""不。"于是我们便开始了关于趣味的论辩。这时保护人用手表示大家要听他说话,因为趣味是他所特别自夸的题目。"趣味,"他说,"趣味是一种东西……"老实说,我不知道他说趣味是一种什么东西,就是他自己

① 巴里索的作品,见第230页注1。——译者

也不知道的。

朋友洛贝有时和我们在一起，他把他的邪淫的故事，把他所亲眼看见的，痉挛症患者当中发生的奇迹，和他用他深知底蕴的一个题材所作的诗歌中的一些篇章，来款待我们[①]。我讨厌他的诗歌，可是我喜欢听他朗诵。他有好像着了魔一样的神情。在他周围的人都叫起来："这才真是一个诗人啦。"不瞒你说，这诗不过是各种嘈杂声音的混合，巴别尔塔的居民们的野蛮的喧嚣罢了。

有时候也来了一个糊涂人，他外貌好像平庸愚蠢，但他却是像魔鬼一样机智，比一个老猴子精还更狡猾些。这是引人嘲笑和轻侮的脸孔中的一个，上帝特意选出来使那些以貌取人的先生受到教训的，因为他们的镜子可以告诉这些先生们，一个聪明人生了一个蠢相貌，正如在一个聪明的脸孔底下隐藏着一个傻瓜一样，是很容易的事情。通常一件很平常的卑劣的事情就是，牺牲一个好人来愉悦其他的人；这位先生就常常成为这样的牺牲品。这是我们给所有新来者设下的一个陷阱，我几乎未曾见过一个人不投进去的。

（这个傻子关于人们和性格所作的观察的恰当，有时使我觉得惊讶，我这样告诉了他。）

他：一个人从坏的伙伴中可以得到好处，正如从放荡中得到好处一样。他的纯朴天真的丧失，由于他的偏见的丧失而得到补偿了。在同恶汉们一起生活当中，罪恶是赤裸裸地暴露出来的，你便可以学会认识它们。而且我也读了些书。

---

① 见第233页注。——译者

我:你读了些什么书呢?

他:我曾经读过,现在还读,而且不停地反复读着狄奥弗拉斯德、拉·勃里埃和莫里哀①。

我:这都是些很好的书。

他:它们比你所想像的还要好得多;但是有谁知道怎样去读它们呢?

我:人人都知道,按照他的智力的程度。

他:差不多一个人也不知道。你能告诉我人们在这些书里找寻什么东西吗?

我:娱乐和教训。

他:但是什么样的教训呢?因为关键是在这里。

我:对于自己责任的认识,对德行的爱慕和对恶的憎恨。

他:我呢,我在那里面学到一切应该做的和一切不应该说的。这样当我读"悭吝人"的时候,我对自己说:要是你愿意就做一个悭吝人吧,可是留神说话不要像悭吝人一样。当我读"伪善者"的时候,我对自己说:要是你愿意就做一个伪善者吧,可是不要说话像个伪善者。保留那些对于你有用的恶习,可是不要有表现这些恶习的神态和外貌,因为这是会使你成为很可笑的。要避免这样的神态和外貌,你必须熟识它们;现在这些作家已作出了它们的很卓越的画像。我就是我而且永远是我;但我要合式地行动和言谈。我并不属于轻视道德家的一流人;从道德家可以获得许多好处,特

① 狄奥弗拉斯德(约公元前372—公元前287),希腊哲学家,亚里士多德的学生。拉·勃里埃(1645—1696),法国著名作家。莫里哀(1622—1673),法国著名喜剧家。——译者

别是从那些把道德付诸实践的人们。恶行只是偶尔得罪人;恶行的表现却从早到晚地得罪人。是一个傲慢的人比有傲慢的态度也许还好些;性情傲慢只是有时给人以侮辱,态度傲慢却经常侮辱人。而且不要想像我是这类读者中唯一的一个。这里我的功绩不过是有系统地、意义确切地从合理的和正确的观点做了大部分其他的人凭本能所做出来的事情罢了。结果,他们的阅读并不使他们变成比我好,他们仍旧是不由自主地很可笑,而我却只当我喜欢时才是这样,就在这方面我也超出他们很远;因为这个教我在有些时候避免可笑的艺术,也教我在另外一些时候巧妙地抓紧可笑的。这时我记起一切其他的人所说的,一切我所读过的,然后我再把一切在我自己土地上所生长出来的添加上去,在这一种类中它是异常丰饶的。

我:你把这些秘密泄露给我是很好的事情,否则我会认为你是自相矛盾的。

他:我一点也没有自相矛盾。因为如果有一次应该避免可笑,幸而就有一百次应该追求可笑。在大人物的左右除了傻子以外没有更好的角色了。自古以来就有国王的丑角这个官衔,可是却从来没有人领过国王的聪明人这个官衔。我是贝尔廷和其他许多人的傻子,此刻也许还是你的傻子;或者也许你是我的:一个真正的聪明人是不会有傻子的;因此有一个傻子的人不是聪明人;如果他不是聪明人,他就是傻子;也许,这个人要是国王,他就是他的傻子的傻子。而且,你要记得,关于像道德这样一个变化多端的题目,没有任何绝对地、本质地、一般地真或假的东西;除非你一定要按照自己的利益而决定是怎样:好或坏,聪明或傻,可敬或可笑,正直或邪恶。如果德行偶然可以致富,那么或者我就是有德行的,或者我就和其他的人一样假装有德行的;人们要我可笑,我就把自己培养成可笑的;说到邪恶的,唯有自然本身做了一切努力。当我说邪恶的时候,我是用你的语言来说,因为如果我们要说明白,很可能是这样的情形:我叫做德行的东西你叫做邪恶,而我叫做邪恶的东西你却叫做德行。

我们还有喜剧院的作家们,他们的演员和女演员,更常见的是他们的老板哥碧、摩埃,都是有才能和很高名誉的人们,我忘记说了那些伟大的文学批评家们:“先驱者”,“小报道”,“文学年鉴”,“文学观察家”,“每周评论”,整整一群的专栏作家。

我:“文学年鉴”,“文学观察家”?那是不可能的,他们互相憎恶。

他:不错,但所有的乞丐在食物盘边就大家和好了。这个该死的“文学观察家”,但愿魔鬼把他和他的报刊带走了!这个狗一般的悭吝无耻的小教士兼高利贷者,他就是我的不幸的原因。昨天他头一次出现在我们的地平线上。他是在把我们都从洞窟里赶出来的那个时辰,正餐的时辰,到来的。当天气坏时,我们当中要是谁的衣袋里有二十四个铜板可以雇一辆车,他就算幸运了。嘲笑他的同伴早晨到来时满身泥污衣衫湿透的那个人,当他晚上回家时也许是同样狼狈的。我们当中有一个人,我忘记是谁了,他在几个月以前,和在我们大门口的那个萨伏伊人有过一次剧烈的争吵。他们有来往账目;债主要他的负债人清还,负债人没有钱,可是如果他要上楼去，便躲避不了他的债主①。

现在用餐了，方丈是贵宾，坐在桌子的首位。我进来了。我看见他，我对他说："方丈，怎么样？你是主席吗？今天这样是很对的，可是明天就要请你退到下一个坐位，后天退到再下一个坐位，这样地，由一个坐位到一个坐位，或是右边，或是左边，从有一次我在你之前曾占过的那个位置，佛勒龙有一次在我之后，道拉有一次在佛勒龙之后，巴里索有一次在道拉之后占过的那个位置，一直退到一个固定的坐位，紧靠着我，我这个同你一样的下流东西，Qui siedo sempre come un maestoso cazzo fra duoi coglioni。"②

方丈是一个性情和善的家伙，什么都不在乎，笑起来了。小姐深感到我的观察的正确和我的比较的恰当，也笑起来了；所有坐在方丈右边或左边因他而退下一个坐位的人都笑起来了；所有的人都笑起来，除了我们的主人，他发了怒，说了一些话来责骂我，如果只有我们两人在一起，这些话倒是无所谓的……"拉摩，你是一个无礼的人。""我知道得很清楚，恰是因为这样你才把我收留起来的。""一个恶棍"，"像别人一样"，"一个叫化子"，"不然的话，我会在这里吗？""我要把你赶出去"，"吃完饭以后，我自己会走的。""你最好是这样。"

大家在用餐，我并没有少吃一口，在吃饱了喝够了之后，——因为这究竟是没有关系的，肚皮先生是一位我对它绝没有恶意的人物；我就下了决心准备离开了；我已在这么多人面前说了出来，

① 按末两句为法文原本所无，Jonatham Kemp 的英译本有此两句，现照英译。——译者

② 是一个侮辱人的解剖学上的比喻。——译者

所以不能不守我的诺言。我花了许多时间在屋子里转来转去，在没有手杖和帽子的地方找寻我的手杖和帽子，同时老是期望着保护人大发雷霆再辱骂我一番，于是有人出来劝说，而在我们把怒气都发泄之后我们终于和解了。我周围徘徊着，徘徊着，因为我心里一点芥蒂也没有；可是我的保护人在屋子里纵横散步，拳头放在下巴下面，帽子拉得比平常更低些，脸色比起荷马史诗中对着希腊军队放箭的阿波罗还要阴沉些，还要黑些。小姐走到我跟前来，“可是，小姐，有什么异乎寻常的事情吗？难道我今天和平常有什么不同吗？”“我要他离开”，“我要离开的……我对他并没有失敬。”“请原谅我，方丈是被请来的，而且……”“他请了方丈，又把我和其他同我一样的许多无赖收留下来，他就是对自己失敬了……”“来吧，亲爱的拉摩，你得要请求方丈的原谅。”“我无需乎他的原谅。”“来吧，来吧，这一切都要平息的。”我的手被拉着；我被引到方丈的靠椅边，我伸出臂膀，带一种钦佩的神情瞧着方丈，因为有谁曾经请求过方丈的饶恕呢？“方丈，方丈，”我对他说：“所有这些都是很可笑的，不是吗？”于是我笑起来了，方丈也笑了。我这样地在这一方面得到饶恕了；可是还要向另一方面接近，而我所要对他说的却是另外一个问题。我已不大记得我是用怎样的措词来道歉的：“先生，这个傻子在这里，……”“他已经使我苦恼得太久了，我不愿意再听见说起他”，“他惹人生气……”“是的，我十分生气。”“他再也不会这样了……”“直到第一个恶棍……”

我不晓得这是否碰上了他的发脾气的日子，小姐害怕走近他，只有用温和的态度才敢接触他的日子，还是他听不见我所说的话，或是我说错了话；但事情越弄越糟了。真是见鬼！难道他不认识我吗？难道他不晓得我像孩子一样，有时候会什么都不顾脱口而出的吗？这时我相信，上帝饶恕我吧，我将不会有一刻的安静了。就是一个钢制傀儡，从早晨到夜晚又从夜晚到早晨拉动它的牵线，也会把它弄到精疲力竭的。我得要令他们开心，条件是这样，可是有时我自己也得开开心呵。在这个心绪纷乱当中，我脑海里来了一个致命的想头，这个想头使我妄自尊大起来，使我感到骄傲和蛮横起来，这就是人们没有我就不行，我是一个了不起的人物。

我：是的，我相信你对于他们是很有用的，可是他们对于你就更是这样。要是你去找，也再不能找到这样一个好的去处了；但他们要是缺少一个傻子，还可以找到一百个的。

他：一百个像我一样的傻子！我的哲学家先生，他们不是这样普通的。平庸的傻子，是的。人们对于傻子比较对于才能或德行是更难以满意的。我在我这一类中是稀罕的，是的，十分稀罕。现在他们再也没有我了，他们怎么办呢？像狗一样的无聊。我是一个取不尽的荒唐宝库。每一瞬间我都有一个戏谑，会令他们笑到流出眼泪来，对于他们我简直是整个的疯人院。

我：所以你有吃的，床、衣服、背心和裤子，鞋子和每月一个比斯托。

他：这是好的方面，这是利益；可是代价呢，你却没有提及。首先，如果传闻有什么新的剧本，不管天气怎样，我得要寻遍巴黎的顶楼，一直到我找着了这剧本的作者；我得要设法取得允许来诵读这作品，并且要巧妙地暗示着这戏里有一个角色，要是由我所认识的一个人来扮演真是尽善尽美了。“由谁呢，请你说。”“由谁呢？问地妙！那是优雅、玲珑、精致。”“你是说丹格维小姐吗？难道你认识她吗?”“是的,有点认识,可是这不是她。”“那么是谁呢?”我就低声说出名字来。“她!”“是的,她。”我有点害羞地重说一遍;因为我有时觉得羞耻;当重说这个名字时,你得看见诗人怎样拉长了脸孔,或者在别的时候,他怎样当着我的面笑出声来。然而,不管他喜欢不喜欢,我得要把他带回来吃饭,而他害怕有什么许诺,总是推托,表示辞谢。你应当看见当我的商谈不成功时我受到怎样的待遇;我就是一个粗鲁的人,一个傻瓜,一个愚蠢的人,我是没有丝毫用处的;我的价值还抵不过别人给我喝的一杯水。当一个剧本在演出时就更糟了,我得要在观众的叫骂声中——不管你怎样说,观众总是好的评判者——大胆地进去,使人听见我的孤独的鼓掌声;吸引他们来注意我;有时把对女演员的嘘声转引到自己的身上;听见在我身边有人耳语:“这是她的情人的一个侍仆化装的;这个光棍不肯静下来吗?”人们不晓得能驱使一个人做这些事情的是什么东西;人们以为这是愚蠢,然而这却是一个可以原谅一切事情的动机。

我:甚至违犯国家的法律。

他:然而到了最后,人们认识了我,他们说“呵,这是拉摩……”我的策略便是放出几个讽刺的字眼,这就使我的孤独的鼓掌不致变成很可笑了,因为人们给予了反面的解释。你得要承认,必须有强烈的利益,才能使一个人这样和聚到一块的观众挑战,而且每一个这样的苦差是不只值一个银币的。

我:难道你不设法给自己找一些援助吗?

他:这情形也是有的,我在这上面还得到一些利益。在我到受苦刑的地方去以前,须得要在记忆中装满了精彩的段落,这是要作为示范的地方。如果我偶然忘记了它们，或者犯了错误，当我回家时就浑身发抖了；你想不到这将是怎样的喧噪。而且在屋子里还有一群狗要我照顾，的确这件工作是我蠢笨地自己负担起来的；有猫得我去看管；如果米古赏我一爪，抓破我的套袖或手，我就太幸运了。克里格害着疝痛症；给他按摩肚腹的也是我。小姐从前有忧郁病，现在就是神经衰弱了。我不消提起其他轻微的疾病了，在我面前这些是毫无拘束地被谈论着的。这一层是无所谓的，我绝不是打算使人受拘束的。我不晓得在哪里读到，一个号称大帝的君主，有时靠在他情人的马桶的靠背上。一个人对待和自己亲近的人是随随便便的，那些日子我比任何人都更随便些。我是狎昵和随便的使徒。我以身作则地在那里宣传它们，而没有得罪什么人。只要给我放任自由就行了。我已经给你描画了保护人的轮廓。小姐开始长胖起来了；你应该听见他们关于这题目所说的有趣的故事呵。

我：你不是属于这种人吧？

他：为什么不呢？

我：因为对自己的恩人加以嘲笑，至少是不合适的。

他：但是对人有恩惠就自认有权贱视受保护者，岂不是更坏吗？

我：但是如果这个受保护者自己并不是卑贱的，任何东西也不能给保护人以这样的权利。

他：可是如果这些人物自己并不可笑，人们也不会说他们的好故事的。并且，如果他们结交下流人，难道这是我的过错吗？他们既然结交下流人，如果他们被出卖，被讥笑，难道这是我的过错吗？

当人们决心和像我们一流的人在一块生活，要是他们有常识，他们应该预期到不知道多少丑恶行为的。当他们收留我们的时候，难道他们不晓得我们的本性，我们的自私的、卑劣的和背信弃义的灵魂吗？如果他们认识我们，那就很好。彼此就有了不言而喻的协约，他们将要给我们好处，而我们早晚要以恶意来报答他们对我们的恩惠。难道人和他的猴子或他的鹦鹉之间，不是存在着这样的协约吗？勒·布伦为了他的门客和朋友巴里索写诗攻击他，而大发雷霆，巴里索应该写他的诗，错误是在勒·布伦方面。普恩西纳为了巴里索将他所写来攻击勒·布伦的诗归入自己的账上而大发雷霆，巴里索应该将他所写来攻击勒·布伦的诗归入普恩西纳的账上，而错误是在普恩西纳方面。矮小的雷伊方丈把朋友巴里索介绍给他的情妇，巴里索夺去了他的情妇，而雷伊方丈大发雷霆；或者雷伊方丈根本就不应该把巴里索这样的人介绍给他的情妇，或者他就只好让她被抢走算了。巴里索尽了他的责任，错误是在雷伊方丈身上。书商达卫为了他的同伙巴里索曾经或想要跟他的太太睡觉，而大发雷霆；他的太太为了巴里索让任何愿意相信的人相信了他跟她睡过觉，而大发雷霆；巴里索是否跟书商达卫的太太睡过觉，是很难决定的，因为那个女人一定会否认所发生的事情，而巴里索也可以使人相信并没有发生的事情。无论怎么样，巴里索做了他应该做的事，错误是在达卫和他的太太方面。赫尔维修为了巴里索把他在舞台上表现为一个不诚实的人而大发雷霆，巴里索还欠了自己借给他养病、买食物和做衣服的钱。对于一个满身沾染着各种丑事秽行的人，他难道能预期另外一种行为吗？这个人为了自己消遣而使他的朋友背叛宗教，他侵吞了他同伙的财物;他没有什么信义、法律、感情;他千方百计追逐财富;他用自己的罪恶行为来计算着日子,他把自己在舞台上表现为最危险的恶棍之一,这样的厚颜无耻我不相信在过去曾经有第一个例子,将来会有第二个的。不。因此错误不在巴里索而在赫尔维修。如果一个年轻的外省人被引领去参观凡尔赛的动物园,如果他由于糊涂而把自己的手伸进虎槛或豹槛的栅栏里面去,如果这年轻人的臂膀让凶猛的野兽一口咬着,错误的是谁呢?所有这些都是写在大家默认的协约里的。如果谁不晓得或忘记了这协约,谁就活该倒霉。根据这个普遍的神圣的协定,我可以替许多被人们指责为邪恶的人辩护,而人们倒应该指责自己的愚蠢呵!是的,胖伯爵夫人,当你把你们这种人所称呼的贱人集合在你的周围,而这些贱人对你做出卑劣的行为来,让你自己也做出卑劣的行为来,因而使你受到正人君子的痛恨,错误是在你自己的。正人君子做他们所应该做的,这些贱人也是如此,错误的是你把他们收容起来。如果贝尔廷胡丝[①]安静地闲适地跟他的情妇一起生活着,如果由于他们性情的正直,他们结交了正直的人们,如果他们把有才能的人,在社会上德行昭著的人吸引到自己的周围;如果他们把在静寂的隐居中同居和相爱,并且互倾爱慕之情的快乐所能剩下来的空闲时光保留给一小群有知识的上流人物,你相信会有人讲他们的好的或坏的故事吗?那么他们所得到的是什么呢?恰恰是他们所应得的;他们因不谨慎而受到惩罚,而我们被上帝注定了永远要恰如其分地对待这时代的贝尔廷们,而我们后代的同道也被注定了要恰

① 贝尔廷的绰号,他的情妇是胡丝小姐。——译者

如其分地对待将来的蒙萨奇们和贝尔廷们。但是当我们执行了上帝对于这些蠢材的正当的命令时，你们把我们的本来面目描绘出来了，你们却也执行了上帝对于我们的正当的命令。以我们这样可耻的品行，如果我们要求得到公众的敬重，你们会怎么样看我们呢？会以为我们是疯了。那么他们从品质恶劣，性格卑鄙下流的人们方面，期望有正当的行为，难道他们是聪明的吗？这世界上的一切都有它的真正的代价。有两个高等检察官；一个在你门前，对于反社会的犯罪行为给予惩戒；另外一个是自然。它注意到了法律上漏了网的一切恶行。你淫欲过度，你便得到水肿病。你饮酒无度，你便得到肺病；你开门接纳恶棍进来，和他们在一起生活，你就会被出卖，被嘲笑，被轻蔑。最好的办法是安于这些裁判的公允，自己对自己说：罪有应得；摇摇耳朵，改正自己的行为；或者"我行我素"，但要遵守以上所说的条件。

我：你是对的。

他：加之，这些不好的故事，一个也不是我捏造的，我仅仅是当了一名传述者。据说几天以前，大约早晨五点钟光景，人们听到了可怕的喧哗，所有的铃都摇起来了。有一个被窒息的男人深重而断续的喊叫声："我……我……我透不过气来……我快要死了……"这些喊叫声是从保护人的房里发出来的。人们跑来救他。我们这个胖女人，简直是发了疯一般，正如在这时候所会发生的情形，什么也看不见了，神志也昏迷了，继续加速她的动作，竭力用两手把自己高高地撑起来，然后又用狂欢所激成的一种神速把两三百磅的重量落在这位度支官身上。人们费了很大力气才能够把他从她那里拉出来。一个小铁锤把自己安放在一个重的铁砧下面，这是一个何等怪诞的癖好啊！

我：你是一个无赖汉。让我们谈些别的吧。从我们谈话的时候起，我就有一个问题搁在唇边了。

他：你为什么把它搁起这么久呢？

我：因为我害怕它是唐突的。

他：在我刚才对你表白了那些事情之后，我不晓得我还有什么能够对你保守秘密的了。

我：你不怀疑我对于你的性格的评判吗？

他：丝毫也不；我在你的眼中是一个十分卑贱、十分可鄙的东西，有时在我的眼中也是这样，不过不常这样罢了；我因这些恶行而沾沾自喜比自怨自艾的时候还更多些；你却是更经常地保持你的轻蔑。

我：这是对的；但是为什么把你所有的卑鄙龌龊都暴露给我看呢？

他：首先，因为你已经晓得了好些，我觉得把其余的也对你坦白出来，所得比较所失是会更多些的。

我：怎么说呢？请告诉我吧！

他：如果在某些方面达到卓绝的造诣是很重要的，则为恶特别是如此。一个小偷被人唾骂；但对于一个大的罪犯是不能不表示某种的佩服的，他的勇气使你惊讶，他的残忍使你战栗。保持性格的始终如一总是可贵的。

我：可是这个可贵的性格一贯你还没有具备；我觉得在你的原则之中你还是不时地显出动摇的；究竟你的作恶是出于天性抑或出于学力，而学力是否已令你前进到所能到达的最远境界……都是可疑的。

他：我同意你的话；但我已尽了最大的力量，我不是很谦虚地承认有比我更完美的东西吗？我不是带着最深刻的敬仰对你谈到波勒吗？在我心目中波勒是世界上的第一名人物。

我：可是仅次于波勒的就是你吗？

他：不。

我：那么是巴里索吗？

他：是巴里索，可是不只是巴里索一人。

我：那么谁配合他分占着第二位呢？

他：亚维农的背教者。

我：我从来没有听说过这位亚维农的背教者，可是他一定是个了不起的人物。

他：他正是这样。

我：伟大人物的历史永远是令我发生兴趣的。

他：我很相信这一点。这个人从前住在亚伯拉罕的一个善良正直的后裔家里，这是对一切善男信女的祖先所许诺的，数量像繁星一样多的后裔当中的一个。

我：在一个犹太人家里吗？

他：在一个犹太人家里。他首先获得了犹太人的怜悯，然后他的善意，最后他的完全的信赖。因为事情照例是这样的：我们这样地信任我们的善行，以致我们对于那个曾饱受我们恩德的人很少保留什么秘密的。试想怎么能够没有忘恩负义的人呢？如果我们给人以这样做而不致受罚的引诱。这是我们的犹太人所没有想到的一个正确的思想。于是他把秘密告诉了背教者。他的良心是不允许他吃猪肉的。你将会见到,一个多才的心灵从这个秘密中所能得出的所有的好处。几个月过去了,这期间我们的背教者表现了加倍的亲热。当他相信这个犹太人已为他的殷勤十分地感动了,完全地被俘虏了,并且深信了在以色列的一切支派中他都找不到一个更好的朋友……你得要佩服这个人的慎重!他一点也不着急。他让梨子熟透了才摇撼树枝:过分的热衷会使这个计划失败的。由此可见,一般地说,一个伟大的性格总是由于好些相反的性质之间的自然的平衡作用所形成的。

我:呵,请把你的思想放开一边,继续讲你的故事吧。

他:这是做不到的。在有一些日子里我得要思想;这是个病症,得要让它自然地发展下去。我讲到什么地方了?

我:讲到这个犹太人和背教者之间很好地建立了的亲密友谊。

他:于是到了梨子熟透的时候了……但是你没有听我讲,你在想着什么事情呢?

我:我在想着你的音调的不均匀,有时高亢,有时低沉。

他:一个坏人的音调怎么能够是均匀的呢?……于是有一个晚上他带着惊慌失措的神情走到他朋友那里,声音断断续续地,脸色像死人一样的苍白,四肢发着抖。"你怎么样了?""我们要完了。""完了?怎么啦?""我告诉你,完了,无可挽救地完了。""请你说个明白吧。""等一会,让我的受惊的灵魂恢复过来。""镇定些吧",犹太人对他说,而没有这样说:"你是一个大骗子;我不晓得你将告诉我什么事情,可是你是一个大骗子;你是伪装受惊的。"

我:为什么他应该这样对他说呢?

他:因为这个人是虚伪的,而且他也实在做得太过分了;这一点我是很清楚的，所以请不要再打岔我了。“我们要完了……完了！……无法挽救了！”难道你没有感觉到这再三重复着的“完了”的不自然吗？“一个奸贼已向宗教裁判所把我们告发了，他告你是一个犹太人，我是一个背教者，一个无耻的背教者。”请看这个奸贼怎样不知羞耻地使用了最丑恶的名词。要叫出自己的名字来，必须有比你所想到的更大的勇气；你不晓得一个人要付什么代价才能做到这一点。

我：的确我不晓得。可是这个无耻的背教者……

他：是个骗子；可是这是十分巧妙的骗术。这个犹太人恐慌起来了，他扯着自己的胡子，在地上滚来滚去。他看见侦探就在大门边，他好像看见自己穿着受火刑者的奇异服装。他看见自己的火刑被安排好了。“我的朋友，我的亲爱的朋友，我的唯一的朋友，我们怎么办呢？”“怎么办？出现在人面前，做出最安详的神情，像平常一样地行动。这个裁判所的诉讼是秘密的，但是进行迟缓的；我们应该利用他的迟缓来出售一切东西。我要去租，或者找别人去租一只船；是的，找别人是最妥当的。我们要把你的财富藏在里面，因为他们所追求的主要是你的财富。我们，你和我，将要到另外一个天地去寻求自由，以便敬事我们的上帝，平安地遵守亚伯拉罕和我们的良心的法律。在我们所遭遇的这危急的情况中，最重要的一点就是绝不要有一点儿卤莽的举动……”说过就做了。租好了一只船，预备了粮食和水手；犹太人的财富被运入船上了。明天破晓他们就要开船了。他们现在可以快活地吃着晚餐，平安地睡眠了；明天他们就逃脱他们的迫害者了。背教者在夜里起来，把犹太人的票据、钱袋和珠宝都偷个精光，上船开走了……你以为这

就完了吗？那么你就想错了。当人们把这故事告诉我的时候，我就猜出了那些我为了测验你的聪明而不说出来的部分。你做个老实人是很合适的，要不然充其量你不过是个小骗子罢了。到这里为止，背教者不过是一个人人所不愿和他相似的可鄙的光棍。他的为恶的卓越造诣，在于他自己就是他的好朋友以色列人的告密者，当这个以色列人醒来时，就被宗教裁判所抓去，几天之后人们把他做成一个辉煌的篝火。于是背教者就安然享有把我们的主钉在十字架上的人们的这个该死后裔的财富了。

我：我不晓得在这两者当中更令我恐怖的究竟是你的背教者的穷凶极恶，还是你讲述这事时的音调。

他：这恰恰是我所要对你说的。这个行为的极端残忍使你不止于感到蔑视了；而这就是我的诚实的理由。我愿使你了解，在我的艺术里面我已达到了何等卓越的造诣；迫令你承认在我的卑鄙中我至少是有创造性的，使我在你心目里得厕身于大恶棍的行列之中，然后还要大声呼喊：Vivat Mascarillus，Fourbum Imperator。来吧，哲学家先生，来参加合唱吧：Vivat Mascarillus，Fourbum Imperator。

（他就这样地开始唱一个十分奇特的复格曲的调子。曲调一忽儿是庄重而堂皇的，一忽儿是轻松而滑稽的；一忽儿他模仿着低音部，一忽儿又模仿着一个高音部的音；他用伸长的胳膊和颈项给我表示出那些持续的段落，他这样为自己演奏了和作了一个凯旋曲，从这里可以看出来，他对于好音乐较之对于好品行是有更多认识的。

我不晓得应该留下来还是应该逃走，应该笑还是应该发怒；我

留下来了，目的是为了要使谈话转到某一问题，以便把占据着我心里的恐怖驱除出去。这样一个人，他谈论着一件可怕的行为，一件可恶的大罪，有如一个绘画或诗的鉴赏家在品评一件艺术品的美点一般，或者有如一个道德家或历史家把一件英雄事迹的详细情节追寻出来或生动地表述出来一般，这个人在我的面前开始使我觉得难以容忍了。我不由自主地阴郁起来；他觉察出来了，对我说：）

他：你怎么了？你觉得不舒服吗？

我：有一点，但一会儿就会好的。

他：你的神情好像是一个为某一不愉快的思想所烦恼着的人。

我：恰恰是这样……

（他和我都沉默了一会儿，这时他一边吹着唱着，漫步走着，然后我为了把他引回到他的才能，对他说）

我：近来你在作什么曲子吗？

他：什么也没有。

我：这是很累人的。

他：我本来就是够愚蠢的了，但在我听了杜尼和其他的年轻作曲家的音乐之后，这一下我就完结了。

我：那么你赞成这个风格吗？

他：当然的。

我：你觉得这些新歌曲很美吗？

他：我是否觉得美呢？天呵，我保证是的。就那样吟咏出来呵！何等的真实，何等的表现！

我：所有模仿的艺术都在自然里找到它的模型。当一个音乐家作一支曲子时他的模型是什么呢?

他:为什么不从更高的观点来看这事情?什么是一支曲子呢?

我:我得对你承认,这个问题超出了我的能力之外。我们大家都是这样子的:在我们的记忆中,不过有些语词,由于常常使用,并且甚至正确地应用它们,我们便以为懂得它们了;在我们的心中却只有模糊的概念。当我说出曲子这个词儿时,我并没有较清楚的概念,正如你同像你一样的大多数人在说:名誉、责备、光荣、恶、德、谦虚、端正、羞耻、滑稽这些词儿的时候一样。

他:曲子是物体的声音或情感的音节的模仿,借助于艺术所创造的,或者要是你喜欢说,自然所感发的音阶的音,或者用歌喉或者用乐器表现出来的;你可以看到,如果作一些适当的更改,这个定义恰好适用于绘画、修辞学、雕刻和诗。现在讲到你的问题:音乐家或曲子的模型是什么呢?如果模型是有生命的有思想的,那便是朗诵;如果模型是没有生机的,那便是声音。应该把朗诵看作一根线,把曲子看作缠绕着第一根的另一根线。曲子的原型,朗诵,越有力量和越真实,模仿着朗诵的曲子和它相交的点越多,这曲子就越真实越美丽;这是我们的青年音乐家们所很好地了解的。当我们听到:"我是一个可怜虫",我们便好像听到了一个守财奴的哀诉;如果他不唱歌曲,当他把他的黄金付托给大地说:"呵,大地,请接受我的宝藏吧"的时候,他也是用同样的调子对大地说话的。而这个小女孩,她觉得心脏急跳着,她脸红,羞涩不安,哀求大人让她离开,她就会表现出不同的调子来的。这些作品里有各种各样的性格,有变化无穷的吟诵:这是极妙的,我可以对你保证。请去听听这个曲子,听听那个年轻人觉得自己快要死了,便喊叫起来

道："我的心要离开了。"请听这曲调，请听这交响乐，然后你就会告诉我，在一个临死的人的真实的声音和这曲子的音调之间有怎样的差别。你就会见到这根曲调的线是否跟朗诵的线不完全相合。我暂且不谈到节奏，那是歌曲的另一个条件；我只限于表现；没有比我在某处所读到的一段话更显明的了：Musices Seminarium accentus，音节是曲调的苗圃。从这里可以判断，能够作一支好的吟诵调，是多么困难又是多么要紧的。决没有一个美丽的曲子，不能作一个美丽的吟诵调的，也决没有一个美丽的吟诵调，有技巧的人不能由它作出曲子来的。我不是要肯定，谁背诵得好，就会歌唱得好；但是如果一个人歌唱得好，却背诵不好，我就觉得很奇怪了。请相信所有我告诉你的这些话；因为那是真实的。

我：如果我不是有一个小小的障碍阻止着我的话，我是衷心愿意相信你的。

他：这个障碍？

我：这就是，如果这种音乐是绝妙的；那么神圣的吕依、康柏拉、狄杜塞、摩勒的音乐，并且不瞒你说，你亲爱的叔父的音乐，就会有点沉闷了。

他：（挨近我的耳朵边，回答我道）我不愿意被人听见，因为这里有许多人是认识我的；他们的音乐恰恰是这样。并不是因为我顾虑到亲爱的叔叔，你既然称呼他做亲爱的。但他这个人是石头造成的。尽管他看见我的舌头垂下来有一英尺长，他也不会给我一杯水喝。让他继续拿第八音和第七音做试验吧。轰轰，哼哼，都都都，都来律都都，弄出像魔鬼一样的喧噪声来。所有开始懂得这些、不再把喧哗声看成音乐的人，决不会以此为满足的。人们应该用警律来禁止任何人，不论是什么等级和职位，演唱柏高勒西的“斯达巴”。这个“斯达巴”应该由刽子手来亲手烧毁。实在的，这些该死的“丑角”①用他们的“女仆情妇”，和他们的“特拉哥罗”已经给我们狠狠地打了屁股。在从前，“唐克莱德”、“伊思”、“多情的欧罗巴”、“印度人”、“双子星”、“诗才”，这一类东西会演唱四个月，五个月，六个月，“阿尔米德”的演唱就没有停止的时候。现在所有这些都像纸牌城堡似地一个跟着一个的倒下来了。所以雷伯尔和佛兰葛就暴怒起来了。他们说一切都完了，他们要破产了；如果人们仍然容忍这种市场上的下流歌手，民族音乐就要完蛋了；死胡同里的王家学院②就要关门大吉了。这些话里面的确含有好些真理的成分。那些三四十年来每逢星期五都到那里来的老顽固们，没有像过去那样感到快乐，倒觉得厌倦、打呵欠，却不十分晓得究竟为什么。他们问自己一个为什么，却不能回答。为什么他们不问我呢？杜尼的预言就会实现了；按照事情发展的趋势来看，我愿意拿我的性命作赌注从“爱他的模特儿的画家”起算在四年到五年之内，不会再有一个活人还留在那著名的死胡同里了。那些尊贵的先生们，他们放弃了自己的交响乐，来演奏意大利的交响乐。他们以为他们的耳朵会听惯了这种音乐，而他们的歌唱却不受影响，好

① 这是指一群意大利歌唱家和舞蹈家，专上演柏高勒西，齐安比，崧密里等人的新的滑稽歌剧。他们在1752年出现于巴黎，引起舆论觉得对当时法国沉闷的音乐有改革得更自由些的必要。狄德罗和他的集团是支持这种新的意大利音乐的，而反动集团则对它猛烈攻击。这也是当时革命的和反动的思想意识的斗争的一方面的表现。——译者

② 观众在被允许入场之前常常伫立在歌剧院的“死胡同”里，这里就常常有两个敌对集团争论的场面。——译者

像交响乐对于歌曲的关系，除了由于乐器的音域和指头的灵敏动作得到的某些自由以外，不是和歌曲对于真实朗诵的关系一样似的。好像小提琴不是歌唱家的模拟者似的，而有一天当困难的代替了美丽的而出现的时候，歌唱家也就会成为小提琴的模拟者了。演奏洛卡德里的第一个人就是新音乐的传播者。让他们把他们的故事告诉旁人吧。人们将要令我们习惯于用歌曲和声音，用乐器来模拟热情的音节或自然现象的音节，因为这些就是音乐对象的全部范围了。难道我们还保留对于飞扬、长枪、光荣、凯旋、胜利的趣味吗？"去看看他们是否来了，若望！"他们想像着：配有音乐的悲剧或喜剧场面将会使他们哭或笑；他们将会听到愤怒、怨恨、嫉妒的音节，真正爱情的悲叹，讽刺，意大利或法兰西戏曲的谐谑，但他们却仍然是拉贡德和柏拉戴的喜爱者。我要说这是胡扯。他们不断地体验到，意大利语的和音、韵律、省略法和字位倒置，对于歌唱的艺术、它的音律、它的表现法、它的乐句、声音的有节奏的长短，给予了何等的便利，何等的灵活性，何等的柔和；但是他们却仍然不知道他们自己的语言是如何生硬、微弱、笨重、呆滞、学究气和单调。好了，好了，他们深信在把他们的眼泪和一个由于孩子死去而悲恸的母亲的眼泪混合了之后，在听到一个暴君下令杀人而战栗之后，他们不会嫌厌他们的魔术、他们的平淡的神话、他们的带甜味的小情歌，这些既表现了诗人的恶俗的趣味，也表现了竟然忍耐这种东西的艺术的贫乏。尊贵的先生们！不是这样的，也不可能是这样的。真、善、美，有它们的权利，人们会反对它们，但是结局只有叹赏。没有这个特征作为标记的任何东西，也许有一个时期会为人们所叹赏；但是结局只有令人打呵欠。那么，打呵欠吧，

先生们；请尽情地打呵欠吧。你们不要抑制自己。自然界和我所说的三位一体的统治，对于它们，地狱的门是决不能占优胜的；真是父，它产生了善，便是子，从此出现了美，那就是圣灵，这个统治渐渐地建立起来了。新来的神谦卑地把自己安置在祭坛上，在当地的偶像旁边；他的地位逐渐地更加稳固起来，有一天，他用胳膊肘推了他的同僚一下；于是砰的一声，那偶像就倒下来了。人们说耶稣会士们把基督教移植到中国和印度的情形就是这样。不管这些冉森教派的人怎么说，这个政治的方法，不声不响，不流血，没有殉道者，也没有拔掉一绺头发，便达到它的目标，我觉得是最好的方法。

我：你刚才所说的一切都是相当有理的。

他：有理？那就更好，如果我是勉力去求的，但愿魔鬼把我抓去！它的到来是很偶然的。我好像死胡同里的那些音乐家们一样，当我叔叔出现的时候；如果我幸而讲得不错，那就是因为一个烧炭的学徒谈到他的本行时，总是比较整个学院和世界上所有的杜哈美都要更好些。

（于是他开始漫步着，喉咙里哼着“疯人岛”、“爱他的模特儿的画家”、“马掌铁匠”、“女讼师”[①]的一些曲调；他还不时地举起手来，眼睛朝天，叫喊道：“这个美不美！上帝呵！这个美不美！难道一个人有了一双耳朵还能够提出这样的问题吗？”他开始激动了，低声地唱起来。他越加激动，便越加提高他的音调；然后是打手势、扮鬼脸、做作各种体态；我说：“好了，他已经失去了理性，现在

① 这些都是杜尼和斐列多的歌剧的名称。——译者

新的一幕是在准备着了。”果然不错，他突然大声唱起来：“我是一个可怜的穷苦人……大人，大人，让我走开吧……大地呵，接受我的黄金吧；请好好保护我的财宝……我的心灵，我的心灵，我的生命！呵，大地！……小朋友在这里了，小朋友在这里了！——Aspettare e non venire ...A zerbina penserete ...Sempre in contrastic on te si sta ...。”他把三十个曲子，意大利的、法兰西的、悲剧的、喜剧的，各种各样的，杂乱地混在一起；一忽儿唱着深沉的低音，他好像一直降落到地狱底下；一忽儿又高唱起来，用了假嗓，他好像把高空撕裂了一样，一面还用步伐，姿态和手势来模仿着歌中的各种人物；依次地露出愤怒、温和、高傲、冷笑的表情，一忽儿是一个哭哭啼啼的年轻姑娘，他扮演出她的一切媚态；一忽儿成了一个教士，一个国王，一个暴君，他威胁着，命令着，发着雷霆；一忽儿他又是一个奴仆，百依百顺。他沉静，他悲恸，他叹息，他笑；决没有不合音调和节拍，违背歌词的意义和歌曲的性质。所有棋手都离开了他们的棋盘，聚集在他的周围。咖啡店的窗外也挤满了听喧噪声而停下来的行人。人们的笑声简直把屋顶都震破了。他什么也看不见；他照样继续下去，陷于精神错乱和一种近乎疯狂的激情中，简直使人怀疑他是否还能清醒过来；是否要让他立刻坐上了马车，把他一直送到疯人院里去。他唱着茹密里的“悲叹”的片段，用非常的准确性，真实性和热情来反复歌唱每一个曲子最美丽的段落；唱到这个美丽的有伴奏的吟诵调，先知描写着耶路撒冷的破灭那一段，他流下满眶的热泪来，使大家都流了眼泪。这里面什么都有了，歌唱的优美，表现的力量和悲哀。他着重那些特别表现了作曲家的伟大的段落；他会离开歌唱的部分，去演唱乐器的部分，然后马上又放开乐器，转回到歌声来；把歌声和乐器这样地配合起来以保持联系和整个的统一性；他夺去了我们的灵魂，把它们悬挂在我从未感受过的最奇特的情况之中……我叹赏吗？是的，我叹赏！我感到怜悯吗？是的，我感到怜悯！可是在这些感情当中搀杂着一点嘲笑的色调，改变了它们的性质。

但是你看见他模拟各种乐器的样子，一定会失声笑出来。用膨胀地鼓起来的两颊，发出嘎哑而阴沉的声音，他是在演奏着喇叭和笛子；他发出尖锐的鼻音代替双簧管，他用难以相信的速度发出急促的声音来表现弦乐器，他力求最准确地模拟这些乐器的声音，他吹着口哨便是小笛；他作鹧鸪叫便是横笛；叫着唱着，像一个疯子一样地摇晃着；自己一个人演着男舞蹈者和女舞蹈者、男歌唱者和女歌唱者的角色，演奏着整个乐队和整个歌剧团，同时扮演着二十个不同的角色，跑着，停下来，好像着了魔的人一样的神情，眼睛闪闪发亮，口边流着泡沫。天气热得要命；沿着他额上皱纹和他脸颊淌着的汗混合着他头发上的粉倾注下来，弄湿了他的衣服的上部，有什么事我没有看见他做呢？他哭，他笑，他叹息；他注视着，温柔地或安静地或愤怒地注视着；这是一个因悲痛而晕倒的妇人；这是为绝望所压倒的一个可怜人；一个高耸的神殿；日落时静默不语的飞鸟；在寂寥清凉的地点潺潺流着的水，或是从高山上急流下注的水；一场风暴；一场雷雨；就要死亡的人的哀号和呼啸的风声、霹雳的雷声混合起来了；这是黑暗的夜；这是阴影和静寂，因为甚至静寂也可以用声音表现出来。他已经完全失去理性了。精疲力竭地，好像一个由沉睡中或长期出神中苏醒过来的人一样，他呆着

不动，感到迷惘，惊讶。他把目光向四周环顾一下，好像一个迷失的人在努力去认识自己所在的地方一样。他等候着自己的体力和智力的恢复；他机械地揩一揩自己的脸孔。好像一个人醒过来后，看见自己的床四周聚着许多人，完全忘记了或者丝毫不知道自己曾经做了什么事，他首先大声叫道：）喂，先生们，这是怎么一回事？为什么你们笑、你们惊骇？这是怎么一回事？于是他接着说：这就是真正的音乐，和一位真正的音乐家。但是，先生们，吕依的某些作品是不应该轻视的。如果有人不用更改词句便能够改善“啊！我将等候”这一场；我就要跟他打赌。康柏拉的某些段落是不应该轻视的，我叔父的小提琴曲，他的法兰西舞曲也是一样；他的战士进行曲，他的神甫和主祭曲……“淡白的烛光，比黑暗更可怕的夜……地狱之底的神，遗忘的神……”这里，他增强他的声音，他拉长他的音调；邻人们都走到了窗户边，我们把手指塞进了耳朵。他接着说：这就是需要用肺的地方；一个强有力的器官；一个空气容量。但不久我们就要迎接圣母升天祭了；四旬斋和主显节已经过去。他们还不知道什么应该配上音乐，因此，也不知道对于一个音乐家什么是相宜的。抒情诗还没有产生出来。但他们会得到它；由于常听柏高勒西，撒克逊人，特拉道格里亚，突勒达和其他的人；由于诵读梅达斯塔西，他们一定会得到它的。

我：怎么样？难道昆诺、拉·莫德、封德内尔对于此道一点也不懂得吗？

他：对于新风格是不懂得的。他们的所有可爱的诗篇中，找不到连续的六行是可以配上音乐的。这都是些巧妙的格言，轻松的、温柔的、精致的情诗；但是为了要知道对于我们的艺术——一切艺术中最激烈的，德摩斯底尼[1]的艺术也没有除外——这个是如何无用的，你可以让人们把这些诗篇背诵出来，就会觉得它们是如何冷淡的，无生气的，单调的了。那里面没有丝毫东西是可以作为歌曲的典型的。我宁愿拿路希佛高的“格言”或巴斯噶的“随想录”来作曲也一样。只有动物般的热情的呼声才能够指出来哪些诗句是适合于我们的。我们需要一句紧跟着一句的歌词；词句应该简短；它的意义应该直截了当，耐人寻味；音乐家能够自由处置语句的全部或每一部分，省略一个字或把它重复一遍，添加一个原来没有的字；拿它像水母一样地翻来覆去，而不会把它毁了；所有这些都是使法兰西语的抒情诗，较之在富于字位倒置，本身就具有这一切优点的那些语言中，要困难得多了。“……残忍的野蛮人，把你的剑插进我的胸膛吧，看我正在准备接受这致命的一击。打击吧。胆敢……唉，我要倒下来了，我要死了……一股隐藏的火在我的官能里燃烧着……残酷的爱情，你要我怎么样？让我享受那憩静的和平吧……令我清醒过来……”感情应该是强烈的；音乐家和抒情诗人的温柔应该是极度的；歌曲几乎经常是在一场的结尾。我们需要赞美、感叹、停顿、中断、肯定、否定；我们呼唤，我们祈求，我们喊叫，我们叹息，我们痛哭，我们由衷地笑。没有隽语，没有警句，没有你们那些美丽的思想。那是离开单纯的自然太远了。那么请不要相信，舞台上演员的做作和台词能够作为我们的范型。呸，不是的。我们所需要的是更有生气的，更少做作的，更真实的东西。我们的语言越加单调，越加缺乏重音，则平常的讲话，热情的普通的

① 德摩斯底尼，纪元前四世纪雅典著名演说家。——译者

呼声，对于我们就越加必要。动物的呼喊，激情的人的呼喊会生出重音来。

（当他这样对我说话的时候，围着我们的众人，或者一点也听不懂，或者对于他所说的话不感兴趣，因为小孩像大人一样，大人也像小孩一样，通常都是爱娱乐甚于爱受教育的，所以他们都走开了；每人回到自己的游戏上；我们便单独地留在我们的角落里。他坐在一张板凳上，头靠着墙，胳膊垂下来，眼睛半闭着，对我说道）

我不晓得是怎么回事？我刚来的时候，是壮健的、愉快的；现在却是疲乏了，衰弱了，好像走了十英里路一样。这是突然令我感受到的。

我：你想要喝些什么吗？

他：很好，我觉得喉咙嘎哑，气力衰弱；胸部也有点疼，差不多天天都感到这样；不晓得是什么缘故。

我：你要什么呢？

他：请随便吧。我并不是很考究的，穷困已经教会我对任何东西都觉得合适了。

（人们给我们端来啤酒和柠檬水。他倒满了一大杯，跟着两三口便喝干了。于是像一个恢复了元气的人一样，他大声地咳嗽，身体摇晃着，继续说下去）

他：但是按照你的意见，哲学家阁下，那不是一件很奇怪的事情吗？要一个外国人，一个意大利人，像杜尼，倒来教我们怎样给我们的音乐标志音符，怎样使我们的歌曲能够顺从各种的音律，各种的节拍，各种的音程，各种的格调，而不致违背韵律学。究竟这个不是像要把海水喝干一般的难事。任何人都曾听见一个乞丐在街上向他求乞，一个人在狂怒当中，一个嫉妒的妇人生着气，一个爱人到了绝望的境地，一个谄谀者，是的，一个谄谀者用甜蜜的声音把自己的音调弄得很柔和，把自己的音节拉长了；一句话，一种不管什么样的激情，只要它的强烈值得作为音乐家的模范，我们便应该注意它的两件事情：第一，无论是长的或短的音节，都没有固定的时间，甚至它们各自所用的时间之间也没有固定的比例；其次，激情几乎是完全随意地支配韵律；它能够达到最大的音程，那个在极度痛苦中大叫："唉，我真是不幸呵"的人把这个感叹的音节提到最高和最尖锐的音调，而把其他的音节降低到最浊的和最低的音调，便得到一个第八音或者甚至更大的音程，给予每个声音一种适合于旋律的变化的音量；而不致觉得不悦耳，并且长的音节和短的音节，都没有保存在平静的说话中的那样长短。自从那个时候，当我们把阿尔米德的插句："雷诺的征服者（如果有人能够是）"和"多情的印度人"中的"让我们毫不犹疑地服从"提出来，作为音乐吟诵调的奇迹，我们已经走过了多大的一段路程呵！现在，这些奇迹只令我觉得可怜地耸耸肩膀罢了。按照艺术的发展的速度，我不晓得它将会达到什么境地。还是让我们喝一杯吧。

（他喝了两三杯还不知道自己在做什么。因为他已经精疲力竭，他一定会不自觉地把自己淹没了，要不是我把酒瓶移开，而他还心不在焉地摸索着呢。于是我对他说）

我：为什么有了这样敏锐的判断力，对于音乐艺术的美有了非常的敏感，而你对于道德中的美却这样盲目，对于德性的魅力却这样无动于衷呢？

他：显然是因为后者需要一种我所没有的感觉；一种我所未曾

禀有的神经纤维，一根松懈的弦，人们徒然地弹它，它也不会震动；或者也许因为我一向都是跟好音乐家和坏人在一起生活；因此结果我的耳朵变成很敏锐，而我的心却变成麻木不仁了。此外还有一些遗传的成分。我父亲和我叔叔的血液是同样的血液。我的血液和我父亲的血液是一样的。父方的分子是坚硬的、冥顽的；而这个可恶的原始分子却把其余的都同化了。

我：你爱你的孩子吗？

他：我那么爱他，那个小流氓，我对他简直发了狂呢。

我：难道你不想认真地努力阻止父方的那个可恶的分子在他里面发生影响吗？

他：我相信，这样的努力将是十分无用的。如果他注定要成为一个好人，我将不会加以妨害，可是如果那个分子要使他成为一个像他父亲一样的无赖，那么我要把他造成一个善良人所费的力气，对于他将是十分有害的；他的教育将不断地和那个分子的趋向背道而驰，他将是好像被两个相反的力量牵引着似的，在人生的道上将会歪歪斜斜地向前行进，正如我所看见过的无数人一样，对于为善和为恶都是同样拙劣的；就是这些我们叫做"贱人"的，这是一切绰号中最可怕的，因为它表示平凡和最高程度的轻蔑。一个大无赖是一个大无赖，但绝不是一个贱人。要是那样做，那么在父方的分子重占优势，把他引导到像我所已经达到的这种卑贱透顶的状态之前，将需要经过无限长的时间，简直是把他的最美丽的年华荒废掉了。所以现在我一点也不下手。我让他自然地成长起来；我在观察他。他已经是贪食者，谄媚者，诈骗者，懒汉，说谎者。我很害怕他将是同他的祖先一模一样。

我:为了使他没有一点不相像的地方,你将要把他造成一个音乐家吗?

他:一个音乐家!一个音乐家!有时我望着他,一面咬紧牙齿;我说,如果有一天你会懂得一个音符,我相信我会把你的颈骨折断的。

我:为什么这样呢?请你告诉我。

他:这是没有什么出息的。

我:这是有一切出息的。

他:如果你的确有卓绝的造诣,那是这样的;可是谁能够拿得稳自己的孩子将会有卓绝的造诣呢?一万比一的机会却是,他将不过是一个可怜的乱弹者,像我一样。你晓得吗?要找一个孩子适宜于治理一个国家,做一个伟大的国王,比做一个伟大的提琴家,也许还要容易些。

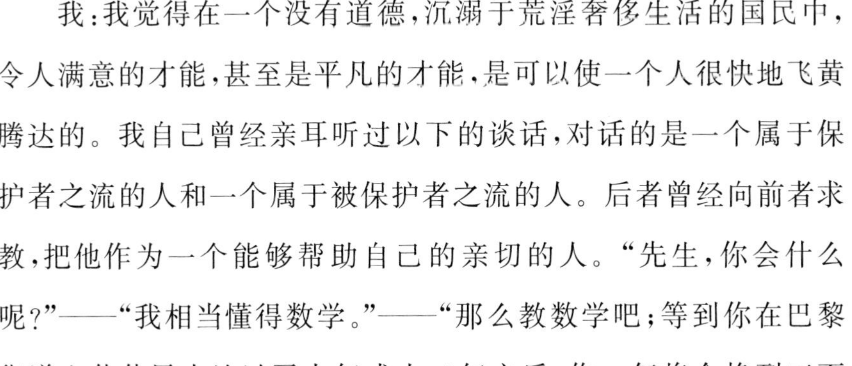

我:我觉得在一个没有道德,沉溺于荒淫奢侈生活的国民中,令人满意的才能,甚至是平凡的才能,是可以使一个人很快地飞黄腾达的。我自己曾经亲耳听过以下的谈话,对话的是一个属于保护者之流的人和一个属于被保护者之流的人。后者曾经向前者求教,把他作为一个能够帮助自己的亲切的人。“先生,你会什么呢?”——“我相当懂得数学。”——“那么教数学吧;等到你在巴黎街道上仆仆风尘地过了十年或十二年之后,你一年将会挣到三百到四百利佛。”——“我曾经学习法律,谙熟法学”——“如果普芬道夫[1]和格劳秀斯[2]再回到世间上来，他们将会在街头上饿死的。”——“我对于历史和地理有很好的知识”，——“如果有些父母亲很关心他们的孩子的好教育，你将会发财；可是却没有这样的父母。”——“我是相当好的音乐家。”——“那么，为什么你不首先说这个呢？为了让你晓得从这后一种才能可以得到什么利益，我有一个女孩。每天晚上从七点半到九点钟你来吧；你将教她功课，我每年给你二十五个金币。你早餐、正餐、午后小吃、晚餐，都跟我们一起。每天其余的时间是属于你自己的；你可以好好地利用。”

他：这个人后来怎样了呢？

我：如果他是聪明的，他就会发财了，显然这就是你所注意的唯一事情啦。

他：的确，黄金，黄金。黄金就是一切；其余的，没有黄金，就不值什么了。因此，我不让他的头脑装满了好的格言，这些是他必须忘记的，否则就有成为乞丐的危险；当我得到一个金币，而这是不常有的事，我就站在他面前。我把金币从袋里拿出来。我叹赏地把金币拿给他看，我抬起眼睛看着天。我在他面前吻这个金币。为了使他更加了解这个神圣的一圆的重要性，我呐呐地对他说话；我用手指指点出人们拿着它可以购买到的一切东西，一件美丽的紧身衣，一顶美丽的帽子，一个好吃的糕饼。于是我把金币放进衣袋里。我骄傲地来回踱着；我把我的背心的衣裾揭起来；我用手拍拍我的口袋；我就是这样地令他认识到，就是从这里的一块金币产

① 普芬道夫(1632—1694)，德国著名法学家和历史家。——译者

② 格劳秀斯(1583—1646)，荷兰著名法学家。——译者

生出来了他所见到的我的自信心。

我：再好也没有了。可是如果竟然发生这样的事情：由于深刻地感觉到这块金币的价值，有一天……

他：我懂得你的意思。在这上面必须闭着眼睛不看见。没有任何道德的原则不是带有它的缺点的。最坏时，这也不过一时觉得不快，一会儿什么事情就都过去了。

我：甚至按照你这样勇敢的和这样明智的见解，我还是认为，让他成为一个音乐家是有好处的。我不晓得有什么其他办法，可以更快地和大人物接近，替他们的恶习效劳，也就使自己得到好处。

他：这是真的，可是我却有更快地和更稳地获得成功的计划。唉！如果是一个女孩子就好了，但既然人们不能做自己所心愿的，就只好接受已经安排好的；尽量地从其中取得最大的好处；为着达到这个目的，不要愚蠢地让一个注定要在巴黎生活的孩子受一种斯巴达式的教育，正如大多数的父亲所做过的一样。如果他们存心要他们的孩子们遭受灾难，也不会做出比这个更坏的事了。如果我孩子的教育是不好的，这是我们国民道德的过错，而不是我的过错。让谁能够负责的来负责吧。我愿我的孩子得到幸福；或者，也是一样的，愿他被人崇拜，有钱并且有势力。我晓得一些达到这个目的的最便捷的途径；我将要及时地把这些教给他。尽管责备我吧，你们这些聪明人，群众和我的成功将会给我赦免的。他将会获得黄金；你相信我的话吧。如果他有了很多黄金，那么他将什么都不欠缺，甚至你的重视和尊敬。

我：这个你也许弄错了。

他：或者他可以不要这些，正如许多其他的人一样。

（在这一切中有许多事情是人们心里这样想，也是照着这样来做的；可是却没有说出来。实在说，这就是这位先生和我们周围大多数的人最显著的不同之点。他坦白了他曾有的恶习，这也是其他的人所有的；但他却不是一个伪君子。他比起他们来，不会更糟糕，也不会好一些；他只是更加诚实，更加前后一贯罢了；而且在他的堕落中有时是很有深意的。我一想起在这样一位老师教导之下，他的孩子将会变成的样子，我就战栗起来。按照这些严格地拿我们的习俗做榜样的思想来进行教育，他一定会走到很远的地步，除非先期地就阻止了他的发展，这一点却是可以断定的。）

他：（他对我说）请不要害怕吧。一个好父亲应该特别注意的一个重要之点，困难之点，倒不是让他的孩子得到使他致富的恶习，和使他获得大人物宠爱的滑稽言行——人人都是这样做的，如果不是像我一样有系统地，至少是用实例和教训做的——而是指示他怎样适可而止，如何巧避耻辱、不名誉和法律的艺术；在社会和谐中的这些不协调是需要善于布置、准备和解决的。一连串的完美无缺的调和是最平淡不过的了。需要有一些富于刺激性的东西，把光束来分开、把它的光线散布成各种各样的色彩。

我：很好。你用这个譬喻，把我从道德引回到音乐上去，那是我不由自主地搁下来的题目；我要谢谢你；因为不瞒你说，你作为一个音乐家较之作为一个道德家，是更令我喜欢的。

他：然而我在音乐方面却是很不足道，而在道德方面是很卓越的。

我：我怀疑你所说的话；但是如果这个的确是真话，我却是一个老实人，你的原则不是我的原则。

他：那么你就更糟糕了。唉，要是我有你那样的才能呵！

我：请不要管我的才能吧；让我们谈谈你的才能。

他：要是我能够像你一样地表白自己！可是我说的是荒唐的鬼话，一半属于社交界和文人学者的，一半属于市场上的。

我：我没有口才。我只会说真话；你知道，这个并不是常常成功的。

他：可是我不是为了要说真话；相反，而是为了要把谎话说得动听，才贪图你的才能。要是我会写作；能编凑一本书；善作一首献词，善令一个蠢人沉醉于自己的功绩，能够巧妙地取得妇女们的欢心呵！

我：所有这些，你都能够做得比我胜过一千倍，我甚至还不配当你的学生哩。

他：有多少了不起的品质已经浪费了，而你还不晓得它们的价值呢。

我：我所给它们估定的价值我都全部收回了。

他：如果是这样，你就不会穿着这样的粗上衣，这件呢背心，这双羊毛袜子，这双厚底鞋子，戴着旧的假发了。

我：对的。如果一个人千方百计要发财，而没有发财，他一定是十分笨拙的，可是却还有像我这样不把发财看作世间上最宝贵的事情的一些人；奇怪的人呵！

他：十分奇怪。这个性情不是生来如此的。是人们后来得到的；因为这不是本性所有的。

我：人的本性？

他：人的本性。所有生活着的东西，人也不是例外，都牺牲同类来寻求自己的幸福；我确信，如果我让那个野孩子自然长大起来，什么话也没有对他说；他还是爱穿得漂亮，吃得讲究，为男子们所亲热，为妇女们所爱恋，并且把生活上所有的幸福聚集到自己身上来。

我：如果让这个野孩子放任自由；他就会保存他固有的愚昧无知，并且把三十岁男子的激烈的热情和摇篮里的孩子的缺乏理性结合起来，他将来就会把他父亲的颈骨扭断，而和他的母亲睡觉的。

他：这就证明好的教育是必要的；有谁反驳这一点呢？而所谓好的教育，如果不是没有危险地、没有麻烦地，引导到一切的享受，又是什么东西呢？

我：我差一点儿没有赞成你的意见！但是我们还是不要说明吧。

他：为什么呢？

我：因为我害怕我们只是表面上彼此同意；如果我们一旦对于所要避免的危险和麻烦加以讨论，我们就不再互相了解了。

他：这有什么关系呢？

我：我告诉你，让我们不要谈这个吧。我在这题目上面所知道的，也不能把它教给你；而你却能较容易地把我所不懂的和你所知道的音乐教给我。亲爱的拉摩，让我们谈音乐吧，告诉我为什么，有了欣赏、记忆和演奏音乐大师最美丽的段落的这个才具，有了他们给你鼓舞起来，而你又传授给他人的这个热情，为什么你却没有作出一点有价值的东西来呢？……

（他不答复我的话，却摇起头来，用手指指着天上，说道）那些星宿，那些星宿！当自然创造出里奥、文西、柏高勒西、杜尼的时候，它微笑着。它却带着威严的、庄重的神情去造成我亲爱的叔叔拉摩，这个将在十年之内被人们称为伟大的拉摩，而不久又要被人遗忘的人。可是当它草率地制造他的侄儿的时候，它做了一个鬼脸，又做了一个鬼脸，又再做了一个鬼脸；（当他这样说的时候，他脸上做出了各种丑怪的样子；表示轻蔑、藐视和嘲弄；他好像手里捏着一块面粉团，并且对于自己所捏成的各种奇形怪状，觉得可笑。做成之后，他又把这个奇异的偶像远远地扔开，说道）它就是这样地把我造出来的，把我扔在其他偶像的旁边，有的是患中风症的，有皱皮的大肚腹，粗短的颈项，从头上凸出来的大眼睛；其他的有弯曲的颈项；也有的是形容憔悴的，有灵活的眼睛和勾鼻子；他们大家在看见我时都忍不住大笑起来。我呢，把两个拳头放在腰上，也大笑起来，瞧着他们；因为傻子和疯子是可以互相取乐的；他们互相找寻着，互相吸引着。

如果在到达那里的时候，我不曾找到这个现成的俗谚，所谓“一个傻子的钱财就是聪明人的遗产”，我也会自己发明了它的。我感觉得自然已经把我的遗产部分放在这些偶像的钱袋中：我要千方百计去把它取回来。

我：我知道这些方法；你已经对我说过了，我十分赞赏它们。但是在这许多办法中，为什么你不试试去做一件美丽的艺术作品呢？

他：这恰恰是一个善于处世的人对方丈勒·勃朗所说的

话……方丈说："蓬巴多侯爵夫人[①]牵着我的手，把我一直带到学院的门槛；在那里她缩回了她的手。我跌倒在地上，折断了我的两腿……"善于处世的人对他说："方丈，你应该站起来，用头来撞开大门……"方丈回答道："这恰是我曾经尝试的；你知道我从这样做所得到的结果么？额头上肿了一大块。"

（讲了这个故事之后，我的朋友垂下头来，来回地走着，脸上现出深思和懊丧的神情。他叹息着，哭泣着，悲伤着，举起双手，抬起眼睛，用拳头来捶击自己的头部直到几乎要把额头和手指弄伤了；他继续说）我觉得仍然是有些什么东西在里面；可是我尽管打他，摇他，却没有什么东西冒出来。（于是他开始更厉害地摇着自己的头，打着自己的前额说）或者里面没有任何人，或者人们不愿意回答。

（一会儿过后，他现出了高傲的神情，抬起头来，把右手放在胸前，一边走一边说）我有感情，是的，我有感情。（他模仿着一个愤激的、发怒的、深受感动的、命令的、恳求的人、即席作出了表示愤怒、怜悯、憎恨和爱情的讲演，他表现出惊人的锐敏和逼真，来描述这些激情的特征。于是他继续说）我相信，就是这个了。现在它来了；这就是把一个助产妇找来的好处，她知道怎样刺激和加速生产时的阵痛，使孩子产生下来。独自地，我握起笔来；我想写作。我咬咬我的指甲，我搔搔我的额头。顺从的仆人，晚安，神没有来。我深信自己有天才；在写了一行后，我看出我是一个傻瓜，一个傻瓜，一个傻瓜。但是人们怎能感受、提高、思想、作有力的描写呢，

① 蓬巴多侯爵夫人（1721—1764），法国国王路易十五的情妇。——译者

如果常常要和这一流为了糊口而必需会见的人们厮混着？在人们所作的和所听见的这一类谈话的氛围中，以及诸如此类的闲话：今天，林荫大道上的景致真美！你听见过那个“小鼬鼠”吗？她表演得真是动人！某某先生有你所能够想像到的最美丽的斑灰色的驾车马。美丽的某某夫人已开始有点衰老了。想想在四十五岁的年龄，头发还要那样的打扮！年轻的某某小姐戴着她简直不花钱的金刚钻——你是要说她花钱很多的？——不，不。——你在哪里看见她的？——在“失去又寻着了的阿勒根的孩子”戏中。失望的一幕那样地演出是从前所未曾做过的。福亚尔戏院的波里契纳尔有歌喉，但是一点也不细腻，一点也不动人。某某夫人一胎产下了两个孩子。每个父亲都得到自己的……难道你相信每天说着，反复地说着，听着这些话，会使人奋发，引导人去做出伟大的事情来吗？

我：不！还不如把自己关在顶楼里，喝着白开水，吃着干面包，搜索着自己的灵魂更好些。

他：也许是的；可是我没有那样做的勇气；难道要为不一定的成功牺牲自己的幸福吗？还有我所担负的姓名呢！拉摩！名字叫做拉摩是很使人为难的。才能不是像贵族身份一样传下来，由祖父传给父亲，由父亲传给儿子，由儿子传给孙子，愈来愈有光彩的，而祖先却并不要求他的子孙有什么功绩！从老的始祖分支出来的后嗣是一群傻子；这有什么要紧呢？才能就不相同了。只要想得到和他的父亲一样的声名，他就应当比父亲还要聪明些。他就应该继承父亲的素质。我缺乏这个素质；但是我的手腕已变灵活了，弓弦被频频弹弄，水壶煮沸了。如果没有光荣，却有羹汤可吃。

我:处在你的地位,我就不会认为这是定局;我会尝试一下。

他:你以为我未曾尝试么?还没有到十五岁的时候,我就第一次对自己说:“拉摩!你这是怎么了?你是在梦想呵,你梦想什么呢?你很愿已作出来了或要作出来一些使全世界都赞美的作品。唔,是的,只需吹一口气,动一下指头罢了。只要把芦管裁剪一下,就会有一个笛子了。”年纪更大的时候我曾重复说过小孩时所说的话。今天我还是重复着它;然而我仍是停留在曼农塑像的旁边。

我:你说的曼农塑像是什么意思呢?

他:我觉得这是很容易明白的,在曼农塑像的四周,有无数的其他塑像,都同样地被日光照射着;可是只有他的塑像是能够发声的。有一个诗人,这就是伏尔泰;还有谁?伏尔泰,第三个呢,伏尔泰;第四个呢,伏尔泰。有一个音乐家,这就是卡布亚的里纳道;这就是哈舍;这就是柏高勒西;这就是阿尔伯底;这就是塔的尼;这就是洛卡德里;这就是特拉道格里亚;这就是我的叔叔;这就是貌既不扬又无风采的小杜尼,但是他却有感情,上帝呵,他有歌曲和表情。在这少数的曼农旁边,其余的就都好像是镶在手杖一端上的这么多双耳朵罢了。所以我们是贫困的,这样地贫困,简直是一种被净式了。唉,哲学家先生,穷苦是一件可怕的事情。我看见它蹲下来,张开口来接受从达那意德大桶[①]上流出来的几滴冰水。我不晓得它是否会使一个哲学家的心思灵敏起来;可是它却可怕地冷却了一个诗人的头脑。在这个大桶底下人们是唱不好的。能够在那里找到位置的还是顶幸运哩;我曾到过那里,却不能够在那里

① 达那意德,是神话中的人名:达那意德大桶就是无底的桶。——译者

停留下来。从前我就曾经做过一次这样的蠢事。我曾在波希米亚、德意志、瑞士、荷兰、佛兰德旅行过，远极了。

我：在穿了洞的大桶底下？

他：在穿了洞的大桶底下；有一个富裕而好挥霍的犹太人，他喜爱音乐和我的傻气。按上帝的意思我弄弄音乐；我还做做丑角；我样样都不缺乏。我的犹太朋友是知道他的法律的人，有时在朋友们中间，常常是在陌生人中间，他非常严谨地遵守它。它惹起了一件麻烦的事情，我应该讲给你听，因为这是很有趣的。在乌特莱斯有一个漂亮的妓女。他中意了这个基督徒；他派了一个媒人带着很大数目的一张汇票去找她，这位奇怪的人物拒绝了他的馈赠。犹太人为了这事很失望。媒人对他说："你为什么要这样苦恼呢？你想要跟一个美丽的女人睡觉吗；再容易没有了，甚至跟比你所追求的这一位更美的睡觉——就是我的太太，我愿意用相同的价钱让给你。"说了就做，媒人拿着汇票，我的犹太朋友跟媒人的太太睡觉。汇票到期了，犹太人拒用这汇票，申明它是假的。诉讼。犹太人对自己说："这个人绝不敢说出在什么情况下他得到我的汇票，所以我决不付款。"在法庭中他质问这个媒人："这汇票你是从谁手中得到的？"——"从你自己手中。"——"是为了借你的款吗？"——"不是。"——"为了你所供应的货物吗？"——"不是。"——"是为了酬劳吗？"——"不是。但那个和这事情毫无关系。我是它的所有主。是你签了字的。你就得付款。"——"我并没有签字。"——"难道我是伪造者吗？"——"你，或者你所代理的另外一个人。"——"我是一个下流人，可是你却是一个恶棍。相信我，不要迫我太甚了。我会把一切都说出来。我将毁坏自己的名誉，可是我要令你

倾家荡产。”犹太人不考虑这个威胁；下次开庭，媒人把全盘底细都坦白了出来。两人都有罪；犹太人被判偿付汇票的款，把这笔款子用来救济穷人。于是我就和他分手了。我回到了这里来。我怎么办呢？因为我一定要穷困而死，或者就得做点事。我心里想起了各种各样的计划。有一天我决定第二天要参加某一地方剧团去了，那里无论是在舞台上或乐队中，不管好坏，我都可以同样地混混的。第二天，我打算请人给我画一幅在十字路口竖起来的木杆一端上钉着的那样的画，我便会站在那里尽力大叫起来：“这就是他出生所在的城市；这里他和他的当药剂师的父亲告别了；这里他来到了首都，找寻他叔叔的住处；这里他跪在要把他赶走的叔叔跟前；这里他和一个犹太人一起，——等等。”第二天，我起床时就下了决心要跟街头歌者同甘共苦；那倒不会是我所要做的一件较坏的事情；我们会在我叔叔的窗下开个音乐会，这一定会使他愤怒得要死的。我决定了另一个主意。

（这里他停下来，开头做出一个人捧着小提琴，挥动着胳膊来调弄琴弦的姿态，接着又做出一个疲乏得要死的穷苦人的姿态，他的体力已支持不住，两腿在发抖，除非有人给他一块面包就会马上断气似的；他用一个手指指着半开的口，表示自己的急迫需要；然后他接着说）你晓得，他们扔给我们一些碎片，我们这三四个饿鬼就争夺起来；那么，处在像这样的绝境中，想你的伟大思想吧；做你的美丽作品吧。

我：这确是很难的。

他：这样跳来跳去，我终于落到那个地点。在那里我像生活在极乐国中一样。我又从那里出来。现在我又得要再拉小提琴，回复到用手指指着张开的口的姿态了。在这世界上是没有一点稳定的。今天在轮子的顶上，明天就转到底下去了。可恶的境遇带领着我们，并且带领得很坏。

（然后他喝干了留在瓶底的一口酒，向他的邻人说）先生，请大发慈悲，给我一小撮吧。你那个鼻烟盒子真漂亮。你不会是一位音乐家吧？——不！……——那就更好了。因为他们是可怜的穷光蛋。命运决定我是一个，可是也许在蒙马特，在一个磨坊里，有一个磨坊主，一个磨坊主的跟班，他将不会听到磨声以外的任何声音，而他倒会发明了最美丽的歌曲。拉摩，到磨坊去吧！到磨坊去，那里才是你所属的地方。

我：人们所致力的无论是什么事，这都是自然给他这样决定的。

他：它犯下了些奇异的错误。就我自己说，我并没有从这样的高处来看，以致分不清一个用剪刀来修剪树木的人和一个咬着它的叶子的毛虫，从那里人们只看见两个不同的昆虫各尽自己的责任。你栖息在水星的旋转轨道上，从那里，如果你愿意，可以模仿雷奥莫[①]把蝇类分为裁缝的蝇、测量的蝇和收割的蝇的办法，把人种划分成细木匠，木匠，泥瓦匠，舞蹈家和歌唱家。这是你的事情，我不加以干涉。我是在这世界上，我要停留在这里。但是如果人有胃口是自然的事情——我常反复谈到胃口上来，谈到经常伴随着我的这种感觉——我想经常没有东西吃，并不是好的秩序呵。这是何种的鬼制度，有些人吃厌了一切东西，而其他的人也有像他

① 雷奥莫（1683—1757），著名的博物学家。——译者

们一样紧急要求的胃口，像他一样不断重来的饥饿，却没有东西放在牙齿底下。最坏的是穷困令我们采取了局促的姿态，贫穷的人并不像其他的人那样走路，他跳着，匍匐着，蠕动着，爬行着；他一生都在做作和表演着各种姿势。

我：什么是姿势？

他：去问问诺维尔[①]吧。世界上所提供的姿势比他的艺术所能模仿的要多得多。

我：这样你不也是，用你的词句或者蒙田的词句："栖止在水星的旋转轨道上"，静观着人类的各种各样的哑剧吗？

他：不，不，我告诉你。我是太笨重了，升不了那样高，我把云雾中的寓所让给了白鹤。我痴守着地面。我向四周眺望；我作我的姿势，或者我观察着他人所作的姿势来消遣自己。我是卓越的演哑剧者，正如你所要断定的。

（于是他开始笑起来，模拟着谄媚者，恳求者，和献殷勤者的姿态；他右脚在前，左脚在后，背弯下去，头抬起来，眼睛似乎注视着他人的眼睛，口微张开，胳膊向着某一对象伸出去；他等候着命令，他接到了命令；他像箭一样跑开；他又回来，命令已执行了；他报告经过情形。他注意着一切的事情；他捡起掉下来的东西；他把一个坐垫或一个踏脚凳放在某人的脚下；他端着一个茶托，他拉来一把椅子，他打开一扇门；他关起一个窗；他放下帐幔；他端详着主人和主妇；他站着不动，两臂垂下来；两腿凑拢来；他留神听着；他努力去察看脸色；然后他接着说：）这就是我的哑剧，跟所有谄媚者、朝

---

① 诺维尔，喜歌剧院的芭蕾舞师。——译者

臣、仆人和乞丐的哑剧大致一样。

这个人的滑稽做作，加里阿尼方丈[①]的故事，拉伯雷的荒唐传奇，有时使我作深沉的思索。这是三个仓库，我从那里取来可笑的面具，拿来放在最庄严的人物的脸孔上；我就把一个主教看作庞达龙[②]，一个会长看作半人半羊的森林神，一个修士看作一口猪，一个大臣看作一个鸵鸟，他的秘书长看作一只鹅。

我：(我对这位朋友说)但是按照你的想法，这世界上的乞丐是很多的；并且据我所知，不熟识一点你的舞蹈的步法的人，一个也没有。

他：你说得对。在全国中只有一个人是笔直走路的，那就是国王。所有其余的人都装模作样。

我：国王吗？你还有什么要说的吗？难道你相信，他不也会发现有时在他的身旁有小的脚，小的辫子，小的鼻子，令他做出一些哑剧来？任何人需要别人的时候，就是贫穷的，也就作了姿态。国王在他的情妇和上帝面前作姿态；他表演他的哑剧步法。

大臣在国王面前作出侍臣，阿谀者，从仆，或乞丐的步法。热衷者的一群在大臣面前，表演着你的姿态，用了一百种的花样，每一种都比另一种更下贱些。高尚的方丈穿着长袍和饰带也至少每星期一次在管理僧禄清册的官吏面前作姿态。告诉你，你所谓的乞丐的哑剧是全世界的大舞蹈。每人都有他的小胡丝和他的贝尔廷的。

① 加里阿尼(1728—1787)，是那不勒斯人，狄德罗和他的集团的亲密朋友。他的“关于小麦贸易的对话”是和狄德罗合作的。——译者

② 庞达龙，意大利喜剧中的人物。——译者

他:这就令我得到安慰了。

(但是当我说话的时候,他却在模仿我所提名的人物的姿态,简直令人笑死;例如,作为小方丈,他把帽子挟在腋下,用左手捧着祈祷文;他用右手拉起袍子的长裾,向前走着,头稍偏在一边肩上,眼睛朝下看,把这个伪善者模仿得这样"惟妙惟肖",以致我好像看见了"驳议"的作者①在奥里昂主教的面前一样。当我说到阿谀者和热衷者的时候,他俯伏在地上。这就是波勒在总检察官面前的样子。)

我:(我对他说)这是非常精彩的表演。可是仍然有一个人是不需要做哑剧的。这就是什么也没有而且什么也不需要的哲学家。

他:这样的动物在哪里呢?如果他什么也没有,他一定会受苦;如果他什么也不乞求,他就什么也不会得到,他就会永远受苦了。

我:不。第欧根尼是嘲弄一切需要的。

他:可是他得要衣服穿。

我:不。他一丝不挂地走着。

他:雅典有时是很冷的。

我:比这里好一点。

他:那里人们还是要吃的。

我:当然。

① 是指"对近代各种作品的分析和驳议(1753—1763)"的作者高夏方丈。——译者

他：花费谁的呢？

我：花费自然的。野蛮人要求谁照顾呢？要求土地，动物，鱼，树木，野草，树根，溪水。

他：很坏的筵席。

我：却是很大的。

他：但是安排得不好。

我：然而我们却把它撤除掉，来供应我们自己的筵席。

他：但你应该承认，我们的厨师、制糕饼者、烤肉者、供膳者、制糖食者都贡献了自己的一分。你的第欧根尼既然吃了这样菲薄的食物，他一定不会有很执拗的器官吧。

我：你错了。在从前昔尼克派[①]的服装就像现在我们的修士的服装一样，具有同样的效力。昔尼克派就是雅典的圣衣院修士和方济各会修士。

他：这里我可抓住你了！那么第欧根尼也是同样地跳哑剧的；如果不是在柏里克利面前，至少是在拉依丝或弗里芮[②]面前。

我：你又错了。别人用很贵的价钱才买得到的妓女，却会为了欢乐自愿地委身于他的。

他：如果恰巧逢着妓女忙于应接而昔尼克又迫不及待的时候呢？

我：他就会到他的大桶里去，而放弃她了。

他：你劝说我去模仿他吗？

① 昔尼克派（旧译犬儒派），古希腊的哲学派。——译者

② 拉依丝和弗里芮，古希腊以才艺和美貌出名的两个妓女的名字。——译者

我：如果这个不胜过卑躬屈节，自轻自贱，我就愿意死了吧。

他：可是我需要一张好的床，好的食物，冬天有温暖的衣服；夏天有凉爽的衣服；休息、钱和许多其他的东西，我宁可受别人的恩惠，不愿用自己的劳动去获得它们。

我：这因为你是一个懒汉，一个贪食者，一个懦夫，一个卑鄙的人。

他：我相信这些都是我告诉你的。

我：当然，人世间的好东西也有它们的价值；可是为了获得它们你所作的牺牲的代价，你却不认识。你现在还演着，曾经演过也继续演下去你的下流的哑剧。

他：这是真的。可是这个曾令我花费的很少，而现在我就再也一点不用花费了。就是为了这个缘故，我觉得采取另外一种使我劳累而且我不会继续保持的步伐，将是很不幸的。可是，从你所告诉我的话看来，我知道我的可怜的小女人是所谓的一种哲学家。她有像狮子一般的勇气。有时候我们欠缺面包，口袋里一文钱也没有。我们差不多把我们所有值点钱的小东西都卖光了。这时我就横倒在床脚上，在那里苦心焦思，设法找一个人借一个银币，这个我是不会再还给他的。她却像一只金丝雀一般的快活，坐在大键琴前面，一边唱着一边给自己伴奏。她有像夜莺一般的歌喉，我很可惜你没有听过她。当我参加任何音乐会演奏的时候，我就把她带去。在路上我对她说："来吧，太太，让人们赞赏你吧；把你的才能和魅力施展出来吧。把他们迷住吧。令他们颠倒吧。"我们到了音乐会；她歌唱，她把人们迷住了，令人们颠倒了。唉呀！我就失去了她，可怜的小宝贝。除了她的才能之外，她有简直容纳不下一个小手指的樱桃口;牙齿像一排贝壳一样;眼睛,脚,皮肤,脸颊,胸脯,像牡鹿一样的小腿,适合做模特儿的大腿和臀部。迟早她会至少把一个田赋包收人弄到手的,怎样的体态!怎样的臀部,唉,上帝呵,怎样的臀部!

(于是他开始模仿他太太走路的姿势;他小步地走着;他把头高高地抬起来;他挥舞着扇子;他扭动着他的臀部;这是对于我们的卖弄风情的小女郎的最有趣又最可笑的漫画。

然后重复捡起他的谈话的线索,他继续说)

我带着她到各处散步去,到兑勒利公园去,到御花园去,到林荫大道去。我是不可能保住她的。当她在早晨露着头发,穿着内衣,横过大街的时候,你会停下来看她,你用四个手指来围抱她也不会把她握紧的。那些跟着她的人,看着她用她的小脚快步地走着,端详着她的丰满的臀部,在薄的短裙下面呈现出一个轮廓来,都加快他们的脚步;她会让他们走到跟前来;于是她敏捷地回转了头,用她的一双又黑又亮的大眼睛瞅着他们,使他们猛地停下来。因为她的正面和背面是一样美观的。但是唉,我已经失掉了她,我的一切发财的希望也都完全随她消逝了。我只是为了这个目的才娶了她,我把我的计划都给她透露了;她是太伶俐了,不会不认识到这些计划的必定成功的把握,又是太聪明了,不会不赞同这些计划。

(于是他呜咽起来,哭着说)

不,不,失掉了她,我决不会得到安慰了。从那时起我就戴起了教士的小帽和饰带了。

我:由于悲痛吗?

他：要是你愿意。可是实在是为了把我的碗举在头上……但是请看看现在几点了，因为我得要到歌剧院去。

我：今天演的什么剧？

他：杜维尼的作品。他音乐中有相当美的东西；可惜他不知道第一个把它们说出来。在这些已故的人们当中，永远有一些人是令活着的人们苦恼的。这有什么办法呢？我们每个人在下一世都会得到适当的惩罚。

但现在已经是五点半了。我听见钟声响了，那是让卡纳依方丈做晚祷的，也是呼唤我的钟声。再会吧，哲学家先生。我永远都不会改变样子，难道不是真的吗？

我：唉，是的，不幸得很。

他：但愿我再经历四十年间的这种不幸吧。最后笑的人是笑得最好的。

图书在版编目(CIP)数据

狄德罗哲学选集/(法)狄德罗著;江天骥,陈修斋,王太庆译.—北京:商务印书馆,2017
(汉译世界学术名著丛书:120年纪念版:珍藏本)
ISBN 978-7-100-14753-8

Ⅰ.①狄… Ⅱ.①狄… ②江… ③陈… ④王… Ⅲ.①狄德罗(Diderot,Denis 1713-1784)—哲学思想—文集 Ⅳ.①B565.28

中国版本图书馆CIP数据核字(2017)第158497号

汉译世界学术名著丛书
(120年纪念版·珍藏本)
狄德罗哲学选集
江天骥 陈修斋 王太庆 译

商务印书馆出版
(北京王府井大街36号 邮政编码100710)
商务印书馆发行
北京冠中印刷厂印刷
ISBN 978-7-100-14753-8

2017年12月第1版 开本710×1000 1/16
2017年12月北京第1次印刷 印张20¼
定价:100.00元